westermann

O-Ton 1

Arbeitsbuch
für den Musikunterricht
Jahrgangsstufen 5 und 6

Herausgegeben von   Bernd Clausen
   Norbert Schläbitz

Erarbeitet von   Michael Ahlers
   Bernd Clausen
   Stefanie Dermann
   Burkhard Fabian
   Robert Lang
   Michael Puchbauer
   Marco Ringel
   Anja Rosenbrock
   Norbert Schläbitz

O-Ton 1

Zusatzmaterial zu O-Ton 1

Für Lehrerinnen und Lehrer:
BiBox für Lehrer/-innen (Einzellizenz): WEB-14-143601
BiBox für Lehrer/-innen (Kollegiumslizenz): WEB-14-143602

Für Schülerinnen und Schüler:
BiBox (Einzellizenz für 1 Schuljahr): WEB-14-143603
BiBox (Einzellizenz für 4 Schuljahre): WEB-14-143604
BiBox (Einzellizenz PrintPlus für 1 Schuljahr): WEB-14-143605

westermann GRUPPE

© 2021 Westermann Bildungsmedien Verlag GmbH, Braunschweig, www.westermann.de

Druck A[1] / Jahr 2021
Alle Drucke der Serie A sind im Unterricht parallel verwendbar.

Illustrationen: Gerhard Straeter, Essen
Umschlaggestaltung: LIO Design GmbH, Braunschweig
Fotos: iStockphoto.com/damircudic (l.), iStockphoto.com/Maica (r.)
Layout: Alexandra Brand, Paderborn
Druck und Bindung: Westermann Druck GmbH, Braunschweig

ISBN 978-3-14-**143600**-6

Dieses Symbol im Buch zeigt
Kapitel oder Teilkapitel an,
in denen Medienkompetenzen
besonders gefördert werden.

Inhaltsverzeichnis

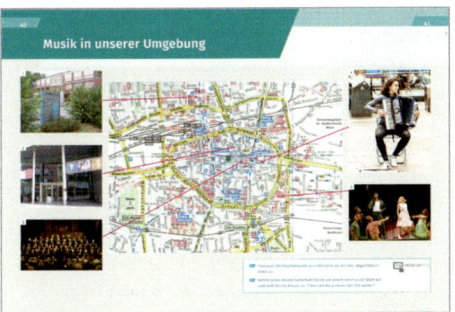

Musik tritt auf   60

Die Stimme – ein vielfältiges Instrument   76

Musikinstrumente und Musikmachdinge

Musik in Zeit und Raum 120

Musikwerkstatt   198

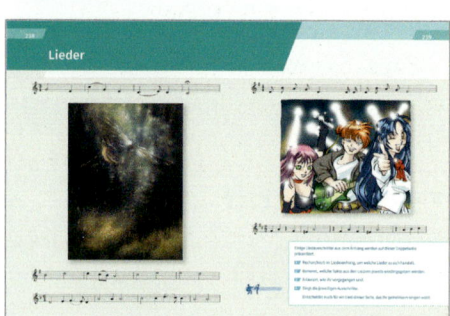

Vorwort

Liebe Schülerinnen, liebe Schüler,

vor euch liegt „O-Ton", euer neues Musikbuch. Es wird euch für die nächsten zwei Jahre durch den Musikunterricht begleiten.

Das Buch informiert euch nicht nur über die vielfältigen Formen von Musik, sondern hilft, Musik aus vielen Blickwinkeln besser zu verstehen. Schließlich soll es euch immer wieder anregen, selbst Musik zu machen, allein oder mit Freunden: mit Instrumenten aus eurem Musikraum, mit selbst gebauten Instrumenten oder indem ihr gemeinsam singt.

Wir haben Interviews zu verschiedenen Themen mit vielen Menschen geführt, die mit Musik zu tun haben. Damit erklären wir euch auf spannende und verständliche Weise viele musikalische Zusammenhänge und lassen die Musikwelt lebendig werden.

 Das sind Jona und Sophie. Im Kapitel „Musik in Zeit und Raum" begleiten sie euch durch die Wirren der Musikgeschichte und erzählen von ihren Erlebnissen zu verschiedenen Zeiten und in fremden Ländern.

 Mit diesem Symbol ermuntern wir euch, selbst Musik zu machen. Und zwar auf unterschiedlichste Art und Weise. Manchmal mit Musikinstrumenten und manchmal ohne, oft angeregt durch Geschichten, aber auch durch Bilder. Eurer Fantasie sind also keine Grenzen gesetzt.

 Dieses Symbol kennzeichnet Aufgaben, in denen ihr Medienkompetenz aufbauen könnt.

 Werkzeugkasten

Mit den grünen Werkzeugkästen bekommt ihr wichtige Hilfsmittel und Tipps an die Hand, wie ihr Aufgaben lösen könnt.

Infobox In den orangen Infoboxen findet ihr Erklärungen und Erläuterungen zu vielen Fachbegriffen aus der Musik.

Geht auf die Suche z. B. zu Hause, in der Bibliothek

Suche im Web Jekyll & Hyde

Bei diesen Kästen heißt es: Nun werdet selbst aktiv! Mit gezielten Recherchen im Internet, in der eigenen Musiksammlung und im Bücherregal zu Hause oder in der Bibliothek könnt ihr euch eigenständig auf die Suche nach weiteren Materialien und Informationen machen.

Oft findet ihr an den Aufgaben blaue Sternchen. Hier könnt ihr eine Aufgabe auswählen. Mit einem Sternchen fangt ihr an. Wenn ihr Zeit habt, löst ihr die Zusatzaufgabe mit zwei Sternchen. Wenn ihr knifflige Aufgaben mögt, erarbeitet ihr alleine oder in der Gruppe die Aufträge mit den drei Sternchen.

Zusatzseite Wenn ihr dieses oder ähnliche Zeichen in grün seht, ist das ein Signal dafür, dass euch über den Webcode WES-143600-001, den ihr auf der Seite https://www.westermann.de/webcode eingeben müsst, weiteres Material in digitaler Form zur Verfügung steht. Das Material kann ganz unterschiedlicher Art sein, mal ist es eine Zusatzseite, mal ein Arbeitsblatt zum Kapitel oder eine Hilfekarte.

Seht ihr ein ähnliches Zeichen in grau, bittet eure Lehrerin/euren Lehrer um das entsprechende Material.

Viele Lieder zum gemeinsamen Singen sind über das ganze Buch verteilt. Zusätzlich haben wir am Ende des Buches weitere Lieder nach verschiedenen Themen zusammengestellt, die euch durch das Jahr begleiten können.

Im Register findet ihr in alphabetischer Reihenfolge wichtige Namen und Begriffe mit den entsprechenden Seitenzahlen aus dem Buch. So könnt ihr euch schneller orientieren.

Die Herausgeber, Autorinnen und Autoren wünschen viel Spaß und einen spannenden Musikunterricht mit „O-Ton"!

Musik und Natur

Seit jeher lauschen Komponistinnen und Komponisten in aller Welt den Klängen der Natur. Viele Musikerinnen und Musiker versuchen, diese Klänge musikalisch nachzuahmen. Oder sie versuchen, ihre eigenen Stimmungen und Gefühle beim Hören dieser Klänge mit musikalischen Mitteln auszudrücken. So dient ihnen die Natur als Quelle der Nachahmung und der Anregung.

„Nie haben die Vögel so schön gepfiffen, wie in der Musik des 20. Jahrhunderts."

(Helga de la Motte Haber)

 HB 1 – 4

Ihr hört vier Musikbeispiele, die durcheinandergeraten sind.

a) Nennt die Naturereignisse.
b) Hört genau zu und legt die Reihenfolge fest.
c) Bei welchen Hörbeispielen werden Naturklänge nachgeahmt und bei welchen dienen Naturerscheinungen als Inspirationsquelle?
d) Was können die Klangbeispiele ggf. noch alternativ darstellen? Begründet eure Meinung. (→ **Programmmusik S. 26 ff.**)

Klangräume

Unwetter

liv
Gewitternacht

Slit wit gitzi biz
don borom tottakum
dizi dizi lischi zischi
womkolom rohabom
5 ssit hit diwicht
morgowo tortowo
wiwizi sitizi
bofkoro rogbomdoro
lischi, zischi hizibiz
10 wommbomm
zigizig
bomm
ts

Der Wind

In allem Frieden
schlief abgeschieden
hinter der Hecke
der Wind.
Da hat ihn die Spitzmaus
— wie Spitzmäuse sind —
ins Ohr gezwickt.
Der Wind erschrickt,
springt auf die Hecke
fuchsteufelswild,
brüllt
packt einen Raben
beim Kragen,
rast querfeldein
ins Dorf hinein,
schüttelt einen Birnbaum beim Schopf,
reißt den Leuten den Hut vom Kopf,
schlägt die WetterfAHNE murrд,
wirft eine um,
wirbt den STAUB in die HÖH E:
wehe,
der WiND ist los!

Josef Guggenmos

 Zusatzseite

 AB 1, 2

1 Tragt das Gedicht „Gewitternacht" vor.

2 Erfindet anschließend zum Thema „Sturmnacht" eine eigene Fantasiespra-
che und ein Gedicht. Tragt es vor.

3 Setzt das Gedicht „Der Wind" um. Lasst euch von der Schreibweise anregen.
★ Setzt es ausschließlich mit der Stimme um. (→ **Die Stimme S. 84 ff.**)
★★ Unterstützt die Stimmkomposition mit Instrumenten.

4 Wählt eines der beiden Gedichte („Fröhlicher Regen", „Gewitter") aus und
gestaltet es so, dass man sieht, was es bedeutet und wie es klingt.
★ Präsentiert euer Gedicht anschließend mit verteilten Rollen.
★★ Präsentiert euer Gedicht szenisch.

5 Schreibt ein ähnliches Gedicht über Schnee und Eis. Es muss nicht fröhlich
sein, kann auch im Schneesturm enden.
★ Tragt es vor.
★★ Entwickelt zu eurem Vortrag eine musikalische Gestaltung mit
Instrumenten. Achtet dabei auf die Verständlichkeit beim Text.
★★★ Ergänzt eure Interpretation durch eine szenische Darstellung.

Georg Britting
Fröhlicher Regen

Wie der Regen tropft, Regen tropft,
An die Scheiben klopft!
Jeder Strauch ist nass bezopft.

Wie der Regen springt!
5 In den Blättern singt
Eine Silberuhr.
Durch das Gras hin läuft,
Wie eine Schneckenspur,
Ein Streifen weiß beträuft.

10 Das stürmische Wasser schießt
In die Regentonne,
Dass die überfließt,
Und in breitem Schwall
Auf den Weg bekiest
15 Stürzt Fall um Fall.

Und der Regenriese,
Der Blauhimmelhasser,
Silbertropfenprasser,
Niesend fasst er in der Bäume Mähnen,
20 Lustvoll schnaubend in dem herrlich vielen Wasser.

Und er lacht mit fröhlich weißen Zähnen
Und mit kugelrunden, nassen Freudentränen.

Erwin Moser
Gewitter

Der Himmel ist blau
Der Himmel wird grau
Wind fegt herbei
Vogelgeschrei
5 Wolken fast schwarz
Lauf, weiße Katz!
Blitz durch die Stille
Donnergebrülle
Zwei Tropfen im Staub
10 Dann Prasseln auf Laub
Regenwand
Verschwommenes Land
Blitze tollen
Donner rollen
15 Es plitschert und platscht
Es trommelt und klatscht
Es rauscht und klopft
Es braust und tropft
Eine Stunde lang
20 Herrlich bang
Dann Donner schon fern
Kaum noch zu hör'n
Regen ganz fein
Luft frisch und rein
25 Himmel noch grau
Himmel bald blau!

Werkzeugkasten — Ein Gedicht vortragen

Wenn man ein Gedicht ausdrucksvoll vortragen will, ist es hilfreich, dass man das Gedicht mit Vortragszeichen versieht.

I — kurze Pause. Ihr haltet kurz mit der Stimme ein.

| — lange Pause. Ein Sinnabschnitt ist zu Ende.

___ Unterstreiche die Wörter, die betont werden sollen.

▬ Sollen Wörter besonders betont werden, werden sie auch besonders **dick** unterstrichen (auch farbig).

↑ od. ↓ Soll die Stimme am Ende eines Wortes abgesenkt werden ↓ oder gehoben ↑, kann man dies mit einem speziellen Zeichen deutlich machen.

p od. f Auch laut f und leise p könnt ihr im Text markieren.

Wald

nach Karoline Kono
Septembermorgen

Und wieder *raschelt* der Sturm den Regen,
zwitschert ihn der Birke ins Geäst,
Und *summt* die Blätter auf den Wegen,
er hat heut ganz auf Sieg gesetzt!
5 *Springt* das Dach als wilder Reiter!
Ich seh kurz raus – und schlafe weiter.

hetzen

springen

krabbeln

brechen

peitschen

säuseln

rütteln

jagen

wogen

wehen

hüpfen

rascheln

huschen

knistern

zwitschern   zirpen   summen

1 Hier stimmt etwas nicht. Übertragt das Gedicht in euer Heft und ersetzt die Verben durch besser passende. Ihr findet sie auf dieser Seite.

2 Probiert verschiedene Lesarten aus. Muss man das Gedicht eher laut oder leise, langsam oder schnell vortragen? Begründet eure Entscheidung.

3 Unterstützt euren Vortrag mit Geräuschen und Klängen, die ihr mit eurem Körper erzeugt.

Wasser

1 Wart ihr schon einmal an einem See oder am Meer?

★ Erzählt von euren Erlebnissen und Empfindungen.

★★ Schreibt ein Erlebnis auf. Unterstreicht alle Verben und prüft, ob darunter weitere Verben sind, die zum Wasser oder Meer passen.

2 Welche der unten angegebenen (oder der von euch gefundenen) Verben passen zum Meer? Ordnet auch die anderen Verben einem Ursprung zu.

3 Erfindet zu fünf Verben grafische Lösungen, die diese darstellen. Tauscht eure Darstellungen untereinander aus. (→ **Klangpfad, S. 84**)

4 a) Setzt eure grafischen Lösungen mit der Stimme um und stellt sie der Klasse vor.

b) Tauscht euch darüber aus, wo es Ähnlichkeiten oder Unterschiede gegeben hat.

c) Begründet und entscheidet, welche ihr als gelungen betrachtet.

rinnen

glucksen

perlen

plätschern

tosen

rauschen

tropfen

branden

strömen

fließen

wogen

5 Hört gut zu. Welche Klänge passen nicht zum Wasser?

HB 5

6 Nehmt mit dem Handy eigene Klänge auf. Erstellt eine Klangcollage, in der drei Wasserklänge versteckt sind.

AB 3

7 ★ Ahmt einzelne Wassergeräusche nach. Erstellt dazu einen Klangpfad, siehe S. 84 f.

★★ Schreibt ein Gedicht zum Thema *Wasser*. Vertont es.

8 Präsentiert eure Ergebnisse.

Klangbilder

Musik und Bild

1 Beschreibt die Stimmung jedes Bildes mit drei Adjektiven. (**→ Werkzeug-kasten, S. 145 f.**) Begründet eure Wahl.

   ★   Gebt jedem Bild einen Titel.

 HB 6

2 Hört euch die Musik an und entscheidet, welches der Bilder am besten zur Musik passt.

3 Eignen sich die Adjektive, die ihr für das Bild gefunden habt, auch für die Musik? Begründet euren Standpunkt.

4 Gestaltet ein eigenes Bild zur Musik.

   ★   Ihr könnt die gegebenen Motive auch zur Grundlage eurer eigenen Bilder machen und übernehmen.

1

2

4

3

5 Hört die Musik ein weiteres Mal. Gebt nun der Musik einen Titel.  HB 6

6 Vergleicht euren Titel mit dem tatsächlichen in Bezug auf Stimmung oder Motiv. Begründet, warum sich euer Titel von diesem ggfs. unterscheidet oder nicht.

7 Welcher der Ausschnitte, die ihr hört, entspricht dem Notenbeispiel? Begründet eure Wahl.  HB 7 – 9

8 Bringt eigene Fotos mit außergewöhnlichen Motiven mit.  AB 4
 ★   Bringt eine passende Musik dazu mit.
 ★★   Gestaltet eine eigene Melodie dazu.
 ★★★ Gestaltet eine Musik mit Melodie und Begleitung.

9 Diskutiert eure Vorschläge, inwieweit sie euch passend erscheinen oder nicht.

Edvard Grieg

Die Musik, die ihr gehört habt, stammt von Edvard Grieg. Sie ist Teil einer Sammlung von Orchesterstücken, die den Titel „Peer Gynt-Suiten" trägt.

Edvard Grieg, Jahrgang 1843 (Dänemark), studiert in Leipzig bei Schumann und Mendelssohn. Seine Mutter, die Pianistin gewesen ist, hat ihm das geraten. Später komponiert er dann die dänische Nationalhymne. Rikard Nordraaks, ein Freund von ihm, rät ihm, sich der heimatlichen Volksmusik zu widmen. Grieg wird mit der „Peer Gynt-Suite", einem Musikstück, so berühmt, dass Henrik Ibsen daraus ein Bühnenstück macht. Als Griegs Mutter stirbt, kehrt er in die Heimat zurück. Dort heiratet er seine Nichte. Ihr Name ist Nina Hagerup, von Beruf ist sie Sopranistin. Ihre gemeinsame Tochter wird nur 5 Jahre alt. Daraufhin schreibt er das Klavierkonzert a-Moll, das Franz Liszt so toll findet, dass er Grieg ein Stipendium in Paris verschafft. Trotz seiner einflussreichen Freunde Brahms und Strawinsky muss Grieg Zeit seines Lebens hart arbeiten. Er ist berühmt, wissenschaftliche Ehrungen erhält er aber nie. Als Grieg 1907 stirbt und beerdigt wird, begleiten ihn über 4 000 Menschen.

Hilfekarte

AB 5

1 Fehlerhaft. Vergleicht den Fehlertext mit den nachfolgenden Angaben zum Leben von Edvard Grieg.

2 Notiert die richtigen Informationen.

3 Vergleicht euer Ergebnis mit dem eures Banknachbarn.

4 Schreibt eure eigene, korrigierte Fassung des oberen Textes ins Heft.

Edvard Grieg, Leben und Werk:
In der Handelsstadt Bergen wird der Komponist 1843 geboren. Ursprünglich heißt seine Familie, die schottische Wurzeln hat, Greig! Sein Vater ist von Beruf Kaufmann. Zugleich engagiert er sich als britischer Konsular. Griegs Mutter widmet sich als ausgebildete Pianistin der künstlerischen Entwicklung ihres Sohnes. In der Schule fühlt sich Grieg nicht besonders wohl. So muss er beispielsweise die 3. Klasse wiederholen. Auf Anraten des Geigers Öle Bull, der auch der „Paganini des Nordens" genannt wird, besucht Grieg als 15-Jähriger das Leipziger Konservatorium, wo auch Schumann und Mendelssohn Unterricht hatten. Er erhält dort eine fundierte musikalische Ausbildung. Mit Niels Gade und Rikard Nordraak, dem Komponisten der norwegischen Nationalhymne, begegnen ihm in Kopenhagen, wo er seit 1863 wohnt, zwei wichtige Musiker. Nordraak vermittelt ihm die Liebe zu den Volksliedern und Volkstänzen seines Heimatlandes. Die Wende zum nationalen, die heimatliche Volksmusik pflegenden Komponisten ist damit vorgezeichnet. Eine Begegnung mit dem Dramatiker Henrik Ibsen 1865 in Rom veranlasst Grieg später, dessen Bühnenstück „Peer Gynt" zu vertonen, dem er mit den zwei gleichnamigen Orchester-

suiten ein musikalisches Denkmal setzt. Nach dem Tod seines Freundes Nordraak zieht er nach Kristiania in Norwegen. 1867 heiratet er dort seine Cousine, die Sopranistin Nina Hagerup. Ein Jahr später wird seine Tochter Alexandra geboren, die aber schon ein Jahr später wieder stirbt. Edvard Grieg komponiert daraufhin sein Klavierkonzert a-Moll, das seinen Weltruhm begründet. Franz Liszt, dem er ein Stipendium verdankt, verfolgt Griegs Werdegang mit wohlwollendem Interesse. Seine musikalischen Leistungen verschaffen ihm mit 31 Jahren eine Staatspension auf Lebenszeit. Mit der Ernennung zum Dr. h. c. ehren ihn die Universitäten Cambridge und Oxford. Edvard Grieg erliegt am 04.09.1907 einem Herzanfall in Bergen. Nahezu 40 000 Trauergäste geben ihm das letzte Geleit. In der Nähe seines Hauses wird seine Asche beigesetzt.

5 Was ist eine Sopranistin?

6 Wer oder was ist „Paganini"?

Geht auf die Suche
z. B. zu Hause,
in der Bibliothek

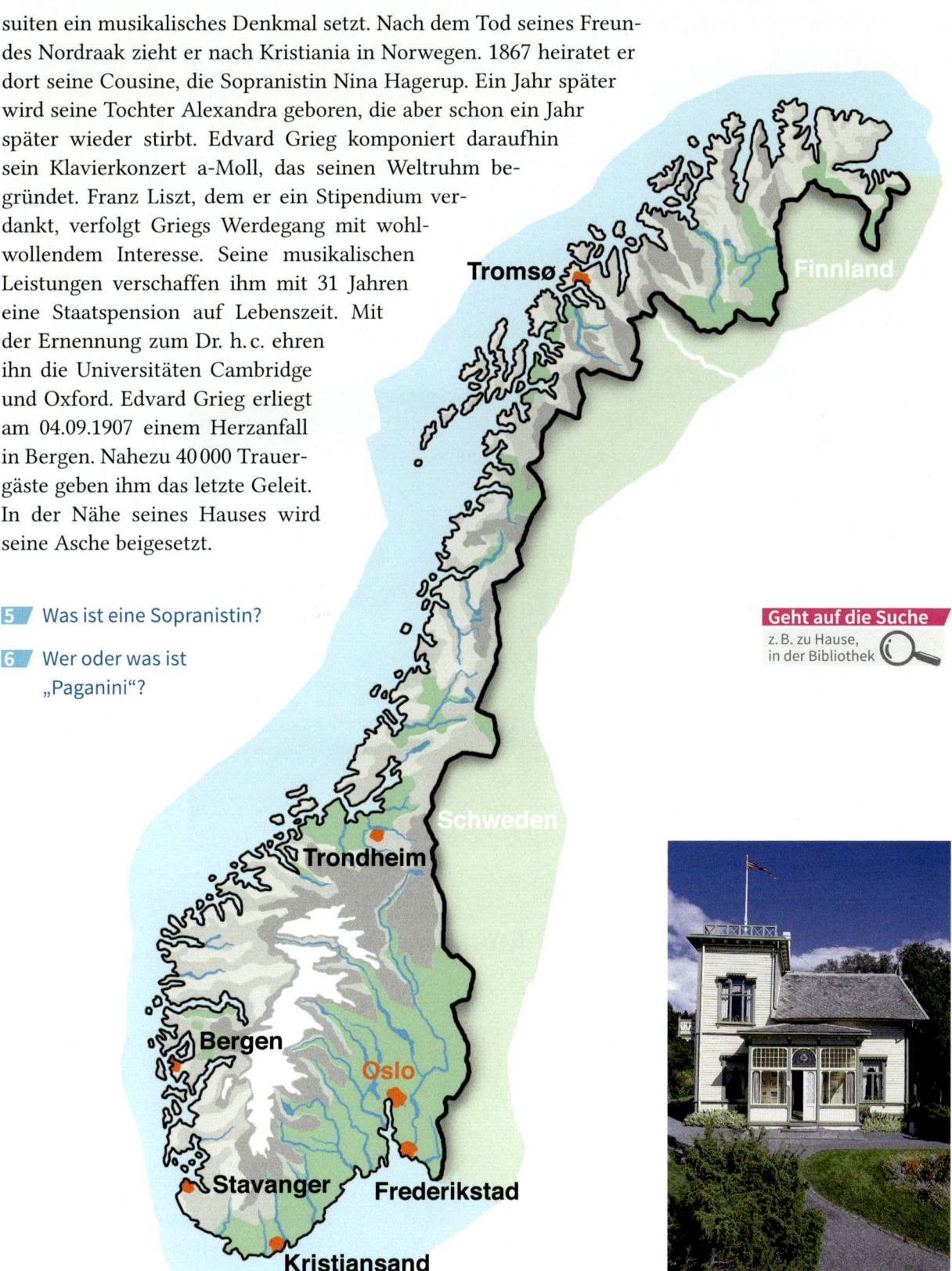

Griegs Landhaus „Troldhaugen"

Lange Zeit hat Edvard Grieg in der Stadt Kristiania gelebt.

Suche im Web

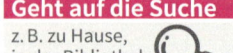
Kristiania

7 Recherchiert im Internet. Wie heißt die Stadt heute und wo liegt sie auf der Karte?

8 Stellt die Stadt Kristiania euren Mitschülern vor.

9 Wie heißt das Land, das an Finnland und Schweden angrenzt?

10 Später lebte Grieg bis zu seinem Tod in seinem Landhaus „Troldhaugen" nahe der Stadt Bergen. Zeigt auf der Karte, wo sie liegt.

Geht auf die Suche
z. B. zu Hause,
in der Bibliothek

11 Stellt die „Peer Gynt-Suiten" vor. Welche Geschichte erzählen sie? Was könnte die folgende Abbildung damit zu tun haben?

Trollfigur

Stimmungen Ausdruck verleihen

Edvard Grieg hat einer besonderen Stimmung musikalische Gestalt verliehen. Auch ihr könnt mit Musik, Bild und Wort euren Stimmungen Ausdruck verleihen.

1 Sucht zu den Adjektiven (1) *geheimnisvoll* und (2) *schrill* Bilder, die euch passend erscheinen.

2 Schreibt ein Elfchen. Lasst euch dabei von euren Bildern inspirieren. Ein Beispiel, wie man es macht, seht ihr auf der nächsten Seite.

3 Bringt von zu Hause Musik mit, die eurer Meinung nach zu Bild und Gedicht passt.

4 Tragt eure Gedichte zu Musik und Bild ausdrucksvoll vor.

Ein Beispiel:

Mark Rothko: Blau und Grau, 1962

<table>
<tr><td align="center">**Trostlos**
1</td><td>← vorgegebenes Adjektiv</td></tr>
<tr><td align="center">diese Ferne
1   2</td><td>← Begründung am Bild</td></tr>
<tr><td align="center">die Konturen verschwimmen
1   2   3</td><td>← genauere Bestimmung</td></tr>
<tr><td align="center">ich starre ins Leere
1   2   3   4</td><td>← Was denke, empfinde, träume, sehe *ich*?</td></tr>
<tr><td align="center">Flimmern
1</td><td>← ein abschließendes Wort</td></tr>
</table>

= 11 Wörter

Franz Marc

Vincent van Gogh

5 a) Wählt eines der beiden Bilder auf der linken Seite aus. Überlegt euch einen Titel, der die Stimmung dieses Bildes ausdrückt.

b) Jeder erhält ein Instrument. Probiert es aus.

c) Jeder findet für sein Instrument genau drei unterschiedliche Spielmöglichkeiten.

d) Stellt sie euch gegenseitig vor: Welche Spielmöglichkeit passt mit ihrer Klangfarbe am besten zum Bild oder zu einem Teil des Bildes?

e) Spielt nun gemeinsam zum Bild. Jeder spielt in der Art, die er am passendsten findet.

f) Überlegt auch Folgendes: Wollt ihr immer alle zugleich spielen? Wer könnte zu welchem Zeitpunkt einsetzen oder auch mal aussetzen? Variiert beispielsweise das Tempo. Probiert auch hier so lange aus, bis ihr zufrieden seid.

Infobox

Als **Tempo** wird in der Musik die Geschwindigkeit eines Musikstückes bezeichnet. Man unterscheidet dabei *largo/adagio*: langsam; *andante/moderato*: mittleres Tempo; *allegro/vivace*: schnell; *accelerando*: beschleunigen; *ritardando*: langsamer werden.

Morning Has Broken

Eine morgendliche Stimmung drückt das Lied „Morning Has Broken" von Cat Stevens aus, das Anfang der 1970er-Jahre ein großer Hit war. Cat Stevens, der 1977 zum Islam konvertierte, nennt sich heute Yusuf Islam. Nach Jahrzehnten, in denen er kaum noch Musik machte, tritt er heute wieder auf und veröffentlicht CDs.

Bei dem Lied „Morning Has Broken" handelt sich um eine gälische Hymne aus dem frühen 19. Jahrhundert, die ursprünglich „Bunessan" hieß und 1931 von Eleanor Farjeon (1881 – 1965) mit neuen Strophen versehen wurde. Cat Stevens ist auf das Lied beim Stöbern in einem Buch gestoßen, das den Titel „Hymns – Ancient and Modern" trägt. Sein Freund, der Gitarrist Alun Davies, kannte die Musik und sang sie ihm vor. Die einprägsame Klavierbegleitung stammt von Rick Wakeman (* 1949).

Cat Stevens, 1975

Yusuf Islam, 2019

Infobox

Hymnen: feierliche Gesänge, die Ausdruck eines Gemeinschaftsgefühls sind, wie zum Beispiel Nationalhymnen (→ **Infobox, S. 150)**, Europahymne, Fußballhymnen etc.

Morning Has Broken

Musik: Traditionell
Text: Eleanor Farjeon

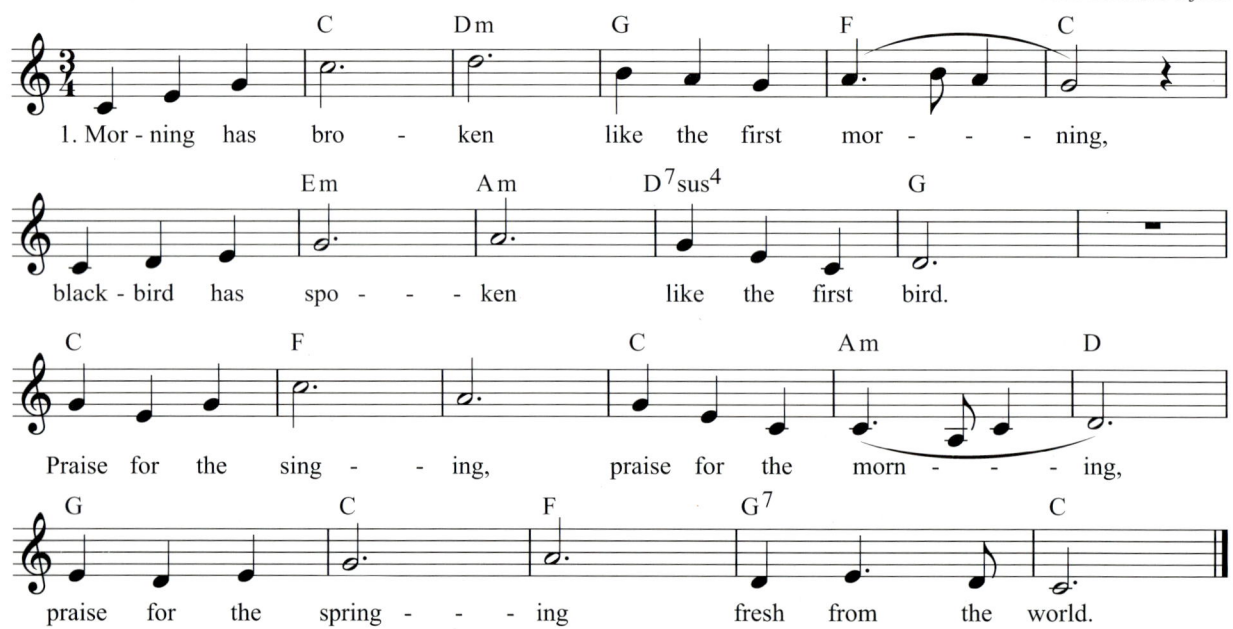

1. Mor - ning has bro - ken like the first mor - - - ning,
black - bird has spo - - - ken like the first bird.
Praise for the sing - - ing, praise for the morn - - - ing,
praise for the spring - - - ing fresh from the world.

2. Sweet the rain's new fall, sunlit from heaven.
Like the first dewfall, on the first grass.
Praise for the sweetness of the wet garden,
sprung in completeness where his feet pass.

3. Mine is the sunlight, mine is the morning,
born of the one light, Eden saw play!
Praise with elation, praise every morning
God's recreation of the new day.

 Werkzeugkasten **Im Internet recherchieren**

Das Internet ist eine wertvolle Informationsquelle, wenn man es richtig zu nutzen weiß. Bei der Recherche solltet ihr aber im Auge behalten, dass nicht alle Informationen im Internet gesichertes Wissen darstellen.

1. Für einen ersten Zugang zu einem Thema sind „freie Enzyklopädien" eine gute Adresse. Dort findet ihr zu sehr vielen Themen und Begriffen Artikel, die in aller Regel gut recherchiert sind. Auf den Seiten gibt es Suchfenster, in die ihr euren Suchbegriff eingeben könnt.

2. Ihr könnt auch über Suchmaschinen nach Internetseiten suchen, die bestimmte Begriffe enthalten, und dort nachlesen. Ihr könnt folgendermaßen vorgehen:

a) Überlegt euch genau, welche Stichwörter ihr in das Suchfenster eingebt, um aussagekräftige Informationen zu erhalten. Um die Fundstellen sinnvoll einzugrenzen, ist es oft ratsam, nicht nur ein einziges Stichwort einzugeben. Beispielsweise kann die Eingabe „Grieg" etwa 8 000 000 Einträge ergeben; die Eingabe von „Edvard Grieg Morgenstimmung" immerhin noch etwa 19 000. Natürlich müsst ihr nicht alle Seiten lesen oder gar auswerten. Die besten Suchtreffer stehen bei den Ergebnissen meist ganz vorn.

> **Suche im Web**
>
> Edvard Grieg
> Morgenstimmung

b) Arbeitet mit den Zeichen „+" und „-" . Wenn ihr eure Suchwörter mit dem Pluszeichen verbindet (ohne Leerzeichen!), dann erhaltet ihr alle Seiten, auf denen diese Begriffe vorkommen. Das Minuszeichen schließt Begriffe aus. Bei der folgenden Eingabe erhaltet ihr also alle Seiten, die die Wörter „Grieg" und „Morgenstimmung", aber nicht das Wort „Klingelton" enthalten. Ihr schließt also zum Beispiel die Seiten aus, auf denen Griegs Stück „Morgenstimmung" als Klingelton angeboten wird.

> **Suche im Web**
>
> Grieg+Morgenstim-
> mung-Klingelton

Setzt ihr eurem Suchbegriff ein Sternchen * vor, dann taucht der gewählte Begriff auf alle Fälle auch im Titel der Seite auf.

c) Wenn ihr mehrere Begriffe in Anführungszeichen „..." setzt, dann werden die Seiten aufgeführt, auf denen diese Wörter in genau dieser Reihenfolge erscheinen. Die Suchmaschine behandelt die Wortfolge, als sei sie ein einziges Wort. Man nennt solche Wortkombinationen in diesem Zusammenhang auch „Phrase".

> **Suche im Web**
>
> „Keinen Geist kann man so umfassend lieben wie die Natur"

Musik mit Programm

AB 6 – 7

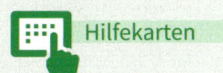
Hilfekarten

Was ist denn hier los?

1 Beschreibt die Abbildung.

2 Was hat das alles mit Musik zu tun? Deutet die Vorgänge.

Vom Fliegen, Frösteln, Sich-Begegnen

Was ist ein Programm?

Zusatzseite

AB 8 – 10

Das Wort Programm leitet sich von dem griechischen Wort *prographein* her. Das bedeutet so viel wie *„vorher schreiben"* oder *„öffentlich hinschreiben"*.

Dem Begriff begegnen wir in unserem Alltag sehr häufig. So gibt uns beispielsweise das Radio- oder Fernsehprogramm Auskunft darüber, welche Hörbeiträge oder Filme gesendet werden.

Geht ihr in ein Konzert, könnt ihr im Programmheft die verschiedenen Musikstücke mitverfolgen oder etwas über die Musiker erfahren.

1 Benennt Merkmale, die die unten stehende Abbildung zu einem Programm machen.

2 Wendet euer Wissen an.

   ★   Erstellt ein Programm, wie ihr euch einen schönen Tag vorstellt.

   ★★   Ihr sollt das Programm des nächsten Schulfestes erstellen. Es soll an einem Freitag stattfinden.

   ★★★ Plant ein zweitägiges Musikfestival, an dem eure Lieblingsbands auftreten und erstellt ein Programm.

3 Ist euer Stundenplan ein Programm? Diskutiert.

Eine Naturerscheinung, ein Bild oder eine Geschichte und vieles mehr können Anlässe für einen Komponisten oder eine Komponistin sein, sogenannte Programmmusik zu schreiben. Dabei gibt es vielfältige Möglichkeiten: Der Komponist oder die Komponistin kann versuchen, seine oder ihre eigenen Empfindungen und Eindrücke von Gesehenem oder Gelesenem in Musik zu fassen. Handelt es sich um Lebewesen, kann er oder sie mit musikalischen Mitteln diese Erscheinungen imitieren, z. B. deren Bewegung oder Geräusche. In solchen Fällen liegt der Musik ein Programm zugrunde, das manchmal aufgeschrieben und dem Stück in Form einer Überschrift oder einer kurzen Geschichte vorangestellt wird.

In der europäischen Musikkultur war Programmmusik schon zur Zeit des Barocks (→ S. 136 ff.) sehr beliebt, wurde aber in allen Musikepochen immer wieder komponiert. Einen Höhepunkt erreichte die Programmmusik im 19. Jahrhundert vor allem mit Kompositionen für Sinfonieorchester.

Liegt einem Musikstück kein außermusikalisches Programm zugrunde, so bezeichnet man es oft als *absolute Musik*. Absolute Musik ist also Musik, die losgelöst von Vorgaben aus der Literatur oder der Malerei oder anderen außermusikalischen Einflüssen komponiert wird.

4 Erklärt den Unterschied zwischen Programmmusik und absoluter Musik …

★ … mit euren eigenen Worten.

★★ … und findet Beispiele.

5 Recherchiert weitere Informationen zum Begriff Programmmusik.

Suche im Web

Programmmusik

Der Hummelflug

„Der Hummelflug" wurde von dem russischen Komponisten Nikolai Rimski-Korsakow (1844 – 1908) geschrieben. Tatsächlich glaubt man beim Hören des Stückes eine umherschwirrende Hummel zu erkennen.

6 Hört euch den „Hummelflug" an und beschreibt das Stück mithilfe des
→ **Werkzeugkastens „Musik mit treffenden Adjektiven beschreiben", S. 145**.

HB 10

AB 11 – 12

7 „Der Hummelflug" hat mehrere Abschnitte, die sich gut hörbar voneinander unterscheiden.

a) Aus wie vielen Abschnitten besteht der „Hummelflug"?

b) Beschreibt sie.

c) Wie verhält sich die Hummel in den einzelnen Abschnitten? Haltet eure Überlegungen schriftlich fest.

8 Stellt euch vor, eine Hummel fliegt vor eurem Gesicht herum. Verfolgt ihre Flugbewegung zusammen mit der Musik und mit eurem Zeigefinger.

9 Stellt das Stück am Tageslichtprojektor als Schattenspiel dar:

a) Schneidet die Umrisse einer Hummel aus.

b) Ergänzt euer Insekt durch weitere Elemente, die für eure Interpretation wichtig sind, wie z. B. Blüten oder Blätter.

c) Führt euer Schattenspiel mit dem Tageslichtprojektor auf. Bewegt dazu die Papierschnipsel mit den Fingern passend zur Musik.

David Garrett

Rimski-Korsakow komponierte den „Hummelflug" als Teil einer Oper mit dem Titel „Das Märchen vom Zaren Saltan". Er wurde rasch so berühmt, dass er für fast alle Musikinstrumente bearbeitet wurde. Da er schnell und dadurch schwer zu spielen ist, können Musikerinnen und Musiker zeigen, wie virtuos, also wie perfekt sie ihr Instrument beherrschen. So wird der „Hummelflug" beispielsweise mit dem Klavier, der Geige, der Gitarre und sogar mit der Tuba gespielt. Wirklich beeindruckend wirkt das Stück, wenn ihr der Musikerin oder dem Musiker beim Spielen zuschauen könnt. Viele Internetplattformen bieten Videos des Hummelfluges an.

Jennifer Batten

Der Geiger David Garrett (* 1980) stellte im Jahre 2008 mit einer Aufführungszeit von 66,56 Sekunden einen Weltrekord auf. Das entspricht rund 13 Noten pro Sekunde.

Canadian Brass

Suche im Web

„David Garrett"
Hummelflug

10 Im Internet findet ihr zahlreiche Videos des Hummelfluges.

★　Findet im Internet zwei Videos von unterschiedlichen Versionen des Hummelflugs und prüft sie auf Gemeinsamkeiten und Unterschiede.

★★　Findet im Internet Hummelflugversionen der Interpreten David Garrett, Jennifer Batten und Canadian Brass und vergleicht sie.

Die vier Jahreszeiten

Antonio Vivaldi (1678–1741)

Zusatzseite

AB 13–14

Suche im Web

„Antonio Vivaldi"
Werkverzeichnis

Antonio Vivaldi wurde im Jahre 1678 in Venedig geboren. Er war der Sohn eines Violinisten und das älteste von insgesamt neun Kindern. Vivaldis musikalisches Talent soll sich schon im Kindesalter gezeigt haben, als er seinen Vater im Orchester vertrat.

Im Alter von 15 Jahren begann Vivaldi eine Ausbildung zum Priester. Im 25. Lebensjahr wurde er zum Priester geweiht und trat eine Stellung an der Kirche Santa Maria della Pietà in Venedig an. Doch nach 18 Monaten brach er seine Tätigkeit als Seelsorger ab und arbeitete seitdem ausschließlich zuerst als Violinlehrer und dann als Orchesterleiter (*maestro dei concerti*) im Waisenhaus für Mädchen, das der Kirche angeschlossen war.

Antonio Vivaldi war nicht nur einer der berühmtesten italienischen Komponisten seiner Zeit. Auch das von ihm geleitete Mädchen-Orchester war über die Grenzen Venedigs hinaus bekannt. Zahlreiche Instrumentalkonzerte entstanden für dieses Orchester, aber Vivaldi schrieb auch eine große Anzahl an Opern sowie Kirchenmusik. 1740 zog er nach Wien, wo er zehn Monate später im Alter von 63 Jahren starb.

1 Fertigt einen Steckbrief zu Antonio Vivaldi an. (→ **Werkzeugkasten „Einen Steckbrief erstellen", S. 185**)

2 ★　Informiert euch über weitere Werke von Antonio Vivaldi.

★★　Findet heraus, für welche Instrumente er bevorzugt komponiert hat.

Heute denkt man beim Namen Vivaldi sofort an sein vielleicht berühmtestes Werk: „Die vier Jahreszeiten" („Le quattro stagioni").

Dabei handelt es sich um insgesamt vier zusammenhängende Konzerte für Solo-Violine und Orchester, für jede Jahreszeit eines.

Der Komponist hat jedem Konzert ein Gedicht vorangestellt, in dem jeweils der Frühling, der Sommer, der Herbst und der Winter beschrieben werden. Diese Gedichte stellen die Programme für „Die vier Jahreszeiten" dar. Im Jahr 1725 wurden sie in Amsterdam und Paris zeitgleich gedruckt.

Hilfekarte

Infobox

Das **Instrumentalkonzert** ist eine besonders in der Barockzeit sehr populäre musikalische Gattung, die vor allem in zwei Erscheinungsformen auftritt: als **concerto grosso** und als **Solokonzert**. Bei einem concerto grosso werden konzertierende Instrumente (= *concertino*) in beliebiger Anzahl gegenübergestellt, wie z. B. zwei Violinen, ein Violoncello und ein Cembalo den begleitenden Instrumenten (= *ripieno*). Bei einem Solokonzert besteht das *concertino* nur aus einem Instrument. Die Verwendung von nur einer Violine – wie z. B. in Vivaldis „Die vier Jahreszeiten" – macht dieses Instrumentalkonzert eigentlich zu einem Violinkonzert.

Der Winter

Im vierten Solokonzert wendet sich Vivaldi dem Winter zu. Die folgende Tabelle zeigt einen Ausschnitt aus der Übersetzung des italienischen Gedichtes. Die Passagen sind jeweils den einzelnen Sätzen zugeordnet.

HB 11

Der Winter	
1. Satz: *Aggiacoiato tremar trà nevi algenti* *Al severo spirar d'orrido vento,* *Correr battendo i piedi ogni momento;* *E per soverchio gel batter i denti;*	*Erstarrt zittern bei schimmerndem Schnee.* *Zum erbarmungslosen, schrecklichen Wind* *ununterbrochen mit den Füßen stampfend laufen* *und vor Übermaß an Kälte die Zähne aufeinanderschlagen.*
2. Satz: *Passar al foco i di quieti e contenti* *Mentre la poggia fuor bagna ben cento*	*Ruhige und zufriedene Tage am Kamin zubringen,* *während draußen Regen viele durchnässt.*
3. Satz: *Caminar sopra 'l giaccio, e à passo lento* *Per timor di cader gersene intenti;* *Gir forte sdruzziolar, Cader à terra* *Di nuovo ir sopra 'l giaccio e correr forte* *Sin ch' il giaccio si rompe, e si dissera;* *Sentir uscir dalle serrate porte* *Sirocco Borea, e tutti i Venti in guerra* *Quest' è 'l verno, mà tal, che gioja apporte.*	*Gehen über Eis und mit behutsamem Schritt* *aus Furcht vorm Fallen bedächtig laufen.* *Kräftig gehen, ausrutschen, zu Boden fallen.* *Von neuem über das Eis laufen und kräftig gehen,* *bis das Eis bricht und sich öffnet.* *Bei verschlossenen Türen herauskommen hören* *Schirokko, Boreas und alle streitenden Winde.* *So ist der Winter! Doch – welche Freude bringt er.*

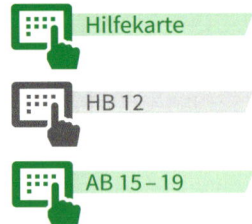

Hilfekarte

HB 12

AB 15 – 19

3 Lest das Gedicht und findet jeweils eine Überschrift für die drei Gedichtteile.

4 Setzt den ersten Satz von Vivaldis Winter szenisch um. Bildet dazu Zweier-
teams. Eine Person schlüpft in die Rolle eines Menschen, die andere stellt den
Wind dar und so weiter.

   a) Überlegt, wie ihr die Musik szenisch umsetzen könnt. Der Text des Gedichtes kann euch bei der Umsetzung helfen.

   b) Übt die szenische Umsetzung zur Musik.

   c) Stellt eure szenische Umsetzung des Satzes der Klasse vor.

   d) Die zuschauende Klasse teilt sich in zwei Gruppen auf und beurteilt die
   Darstellung der Dinge (Gruppe 1) und die Darstellung der Stimmung
   (Gruppe 2).

Infobox

Ein **Triller** ist die
Verzierung einer Note.
Er besteht aus einem
schnellen Wechsel
zwischen der
notierten Note und
der darüberliegenden
Nebennote. Im
Notenbild wird dies
durch das Kürzel *tr*
angezeigt.

Der Winter – Erster Satz

Im folgenden Ausschnitt der Violinstimme (*Violino Principale*) könnt ihr die
beiden ersten Verse des Gedichtes erkennen, die Vivaldi über die Noten geschrieben hat.

5 Findet heraus, wie Vivaldi das Gedicht vertont.

   a) Benennt die Takte, in denen die Verse wiedergegeben sind.

   b) Schaut in der Übersetzung nach, was die Verse bedeuten.

   c) Beschreibt nun das Notenbild. Orientiert euch dabei an den Vortragsbe-
   zeichnungen und den Besonderheiten des Notenbildes.

   d) Stellt mithilfe eurer Beobachtungen Vermutungen an, mit welchen
   musikalischen Mitteln möglicherweise welche Wirkungen erzielt werden
   sollen.

AB 20

Mitlaufpartitur

Die vier Jahreszeiten, Der Winter, 1. Satz

Antonio Vivaldi
(1678 – 1741)

Al Severo Spirar d'orrido Vento

 Hilfekarte

Infobox

Bei einem **Solo** singt oder spielt nur eine Person.
Im Gegensatz dazu bezeichnet **Tutti** das Einsetzen des vollen Orchesters oder des Chores.
In der Musik bezeichnet **Satz** einen in sich geschlossenen Abschnitt einer Komposition.

6 Hört den ersten Satz des „Winters". Treffen eure Vermutungen aus Aufgabe 5, S. 32 zu? Diskutiert und begründet euren Standpunkt.  HB 12

Der Winter – Zweiter Satz und dritter Satz

Der zweite Satz von Vivaldis „Winter" ist ruhiger. Im Gegensatz zum ersten Satz spielt die Solovioline mit dem Orchester zusammen. Der Zuhörer wird in ein gemütliches Haus versetzt: *Ruhige und zufriedene Tage am Kamin ...*

7 Hört den zweiten Satz des „Winters" und schreibt die kurze Geschichte, in der der Zuhörer am Kamin sitzt, zu Ende.  HB 13

8 Erfindet ein Hörspiel zu euren Geschichten. (→ **Werkzeugkasten „Ein Hörspiel erstellen", S. 35**)  Hilfekarte

Der dritte und letzte Satz des Violinkonzerts beginnt mit der Solovioline. Vivaldi stellt musikalisch dar, wie Menschen vorsichtig über einen eisigen Weg gehen und ein Schlittschuhläufer seine Bahnen zieht, bis er fällt und das Eis unter ihm bricht.  HB 14

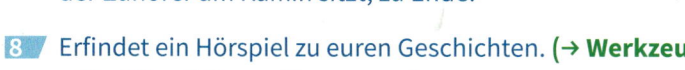

9 Beschäftigt euch näher mit dem dritten Satz der Jahreszeiten.

★   Tragt Bildmaterial aus Zeitschriften zusammen und gestaltet eine Collage zum Verlauf der Musik.

★★   Der dritte Satz besteht aus mehreren Teilen. Entwerft zu jedem Teil ein Standbild.

★★★ Stellt den dritten Satz in Form einer digitalen Präsentation vor.
(→ **Werkzeugkasten „Informationen über Musik digital präsentieren", S. 80**)

AB 21

„Die vier Jahreszeiten" erfreuen sich bis heute großer Beliebtheit. Manche behaupten, dass das deshalb so ist, weil die Naturerscheinungen so eindrucksvoll und gut verständlich in Musik umgesetzt wurden.

Werkzeugkasten   Ein Hörspiel erstellen

Ein Hörspiel ist ein Text, der mit verteilten Rollen gesprochen wird und oft mit Musik und Geräuschen unterlegt ist. Wie ein Theaterstück hat es eine Handlung und ist meist spannend aufgebaut.

1. Entwerft einen Hörspieltext und schreibt ihn auf ein Blatt. Lasst jedoch zwischen den einzelnen Zeilen viel Platz, um später Ergänzungen einzufügen.

2. Legt innerhalb eurer Gruppe Aufgaben fest. Ihr braucht für jede Rolle einen Leser/eine Leserin, einen Regisseur/eine Regisseurin und einen Geräuschemacher/eine Geräuschemacherin.

3. Ein Hörspiel lebt von den Hintergrundgeräuschen. Überlegt, mit welchen Geräuschen ihr euer Hörspiel aufwerten könnt, und schreibt entsprechende Anweisungen zwischen die Zeilen des Dialogs.

4. Es bietet sich ebenfalls an, dem Text Musik zu unterlegen. Wählt Musik aus, die ihr live bei der Hörspielaufführung singt oder dazu abspielt. Fügt die entsprechenden Hinweise auf eurem Textbogen ein.

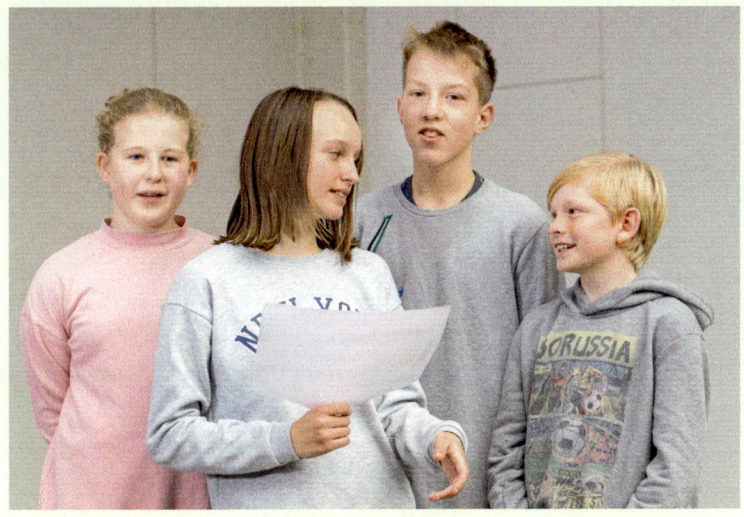

5. Übt euer Hörspiel so lange, bis ihr es sehr gut könnt. Der Regisseur/die Regisseurin achtet auf gute Aussprache sowie richtige Betonung. Der Geräuschemacher/die Geräuschemacherin erzeugt die Hintergrundgeräusche.

6. Nun könnt ihr euer Hörspiel als Live-Performance aufführen. Ihr könnt es auch mit einem beliebigen Aufnahmegerät mitschneiden.

7. Wenn euch noch Zeit bleibt, könnt ihr zu eurer Hörspiel-CD noch ein Coverbild entwerfen oder sogar ein Booklet dazu gestalten.

Eine Steppenskizze aus Mittelasien

 Hilfekarte

Die Sinfonische Dichtung „Eine Steppenskizze aus Mittelasien" stammt von dem russischen Komponisten Alexander Borodin (1833–1887). Mithilfe des zugehörigen Programms können die Ideen des Komponisten gut nachvollzogen werden.

Alexander Borodin
(1833–1887)

> In der einförmigen Steppe Mittelasiens erklingen die bisher fremden Töne eines friedlichen russischen Liedes. Aus der Ferne vernimmt man das Getrappel von Pferden und Kamelen und den Klang einer morgenländischen Melodie. Eine einheimische Karawane nähert sich. Unter dem Schutz der russischen Waffen zieht sie sicher und sorglos ihren weiten Weg durch die unermessliche Wüste. Weiter und weiter entfernt sie sich. Das Lied der Russen und die Melodie der Asiaten verbinden sich zu einer gemeinsamen Harmonie, deren Widerhall sich nach und nach in den Lüften der Steppe verliert.

1 Die Abbildung oben zeigt den Bildausschnitt einer Steppenlandschaft in Zentralasien.
  ★ Was zeichnet die Natur dieser Gegend aus?
  ★★ Beschreibt das Bild mit Adjektiven. Orientiert euch dabei am Werkzeugkasten (→ **Musik mit treffenden Adjektiven beschreiben, S. 145**).
  ★★★ Sammelt Informationen über die Steppe Mittelasiens und schreibt einen Bericht.

Suche im Web

„Steppe Mittelasien"

Suche im Web

„Alexander Borodin"

2 ★ Informiert euch über den Komponisten Alexander Borodin.
  ★★ … und zeigt seine Verbindung zur Steppenlandschaft auf.

Die Steppenskizze im Detail

Borodins Musik besteht aus insgesamt vier unterschiedlichen musikalischen Begleitungen und Melodien, die jeweils den einzelnen Abschnitten des Programms zugeordnet werden können. Sowohl die Begleitungen als auch die Melodien zeichnen sich durch einen besonderen Charakter aus. Im Verlauf der Stücke setzt der Komponist sie zueinander in Beziehung, indem er sie nacheinander, aber auch gleichzeitig erklingen lässt. In der folgenden Tabelle sind die einzelnen Klangbeispiele und die Textausschnitte durcheinandergeraten.

3 Hört die folgenden Klangbeispiele.
   a) Beschreibt sie mit Adjektiven (→ **Werkzeugkasten S. 145**).
   b) Ordnet sie anhand des Notenbildes dem passenden Textabschnitt zu.
   Schreibt die Lösungen in euer Heft.

A Mit dieser sprunghaften Begleitung wird die Bewegung der Menschen angekündigt. Es symbolisiert sowohl die Bewegung der Karawane als auch die der russischen Soldaten.

B Diese Melodie ist charakteristisch für die russische Kultur. Sie hat den Klang eines russischen Volksliedes.

C Mit dieser Melodie soll ein orientalisches Volkslied dargestellt werden. Es steht für die Bevölkerung der Landschaft. Typisch dafür ist die Umspielung der Töne.

D Der lange Ton in den Streichern steht für die beständig sengende Steppensonne, vielleicht auch für die endlose Weite der Steppe.

4 Gebt den Klangbeispielen jeweils passende Namen.

Hilfekarte

5 Hört euch nun die „Steppenskizze" an und vervollständigt die folgende Verlaufsskizze. Achtet dabei nur auf die Klangbeispiele M 2 und M 3.

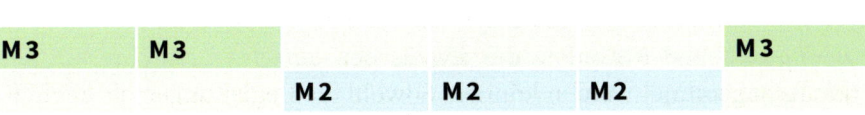

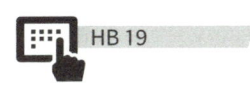
HB 19

6 ⟋ Hört das Stück ein weiteres Mal. Kontrolliert euer Ergebnis, indem ihr die Melodien M 2 und M 3 summt, wenn sie erklingen. Teilt euch dazu in zwei Gruppen auf. Die eine Hälfte summt M 2, die andere M 3.

Eine Steppenskizze aus Mittelasien

Alexander Borodin (1833-1887)
Übertragung für Klavier von Théodore Jadoul

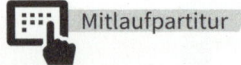

7 ⟋ Findet die Klangbeispiele M 1, M 3 und M 4 in dem Klavierauszug zur „Steppenskizze" und nennt die Stellen im Notentext. Schaut dazu in den
→ **Werkzeugkasten „Sich im Notentext orientieren", S. 39**.

Mitlaufpartitur   8 ⟋ Schaut euch die Mitlaufpartitur an. Es wird jeweils eines der vier Themen markiert.

Werkzeugkasten   **Sich im Notentext orientieren**

1. Grundlegende Informationen zu einem Stück sind immer an der gleichen Stelle zu finden: Der Titel (1) des Werkes steht ganz oben auf der ersten Seite. Der Komponist/die Komponistin (2) steht am rechten Blattrand. Die beteiligten Instrumente (3) oder die Singstimmen sind vor dem jeweiligen Notensystem, in dem ihre Stimme geschrieben ist, angegeben. Die Bezeichnung für das Tempo (4) steht links, direkt über dem ersten Notensystem.

„*Eine Steppenskizze aus Mittelasien" (1) wurde von Alexander Borodin (2) komponiert. Die abgebildeten Noten stammen aus dem Klavierauszug des Orchesterwerkes (3). Die Tempobezeichnung lautet „Allegretto con moto" (4).*

2. Zur Orientierung innerhalb des Notentextes zählt man alle Takte der Reihe nach durch. Häufig stehen an markanten Stellen Taktangaben. Meist steht die Taktzahl am Zeilenanfang.

   Ich möchte gerne den Takt 22 genauer anschauen.

3. Bei der Angabe eines Taktes, der sich mitten im Notentext befindet, zählt ihr ganz einfach von der letzten Taktangabe an weiter.

   Ich beschäftige mich mit Takt 24.

4. Um auf einen besonderen Ton innerhalb eines Taktes hinzuweisen, könnt ihr zusätzlich die Zählzeit innerhalb des Taktes nennen.

   Schaut euch bitte den Ton auf der Zählzeit 2 in Takt 30 an.

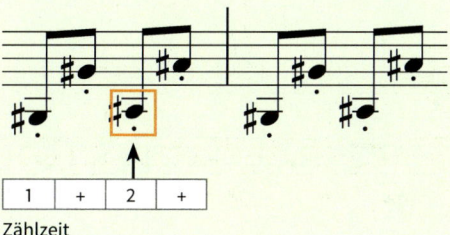

Infobox

In einer **Partitur** (lat. *partire*: teilen/einteilen) sind die einzelnen Stimmen eines mehrstimmigen Werks nach Instrumentengruppen untereinander Takt für Takt aufgeschrieben. So kann sowohl der Verlauf der einzelnen Stimmen als auch ihr Zusammenklingen gelesen werden. Ein Dirigent braucht die Partitur vor allem, um bei den Proben die Spieler zu korrigieren, aber auch um das gemeinsame Spielen zu ordnen.

Musik in unserer Umgebung

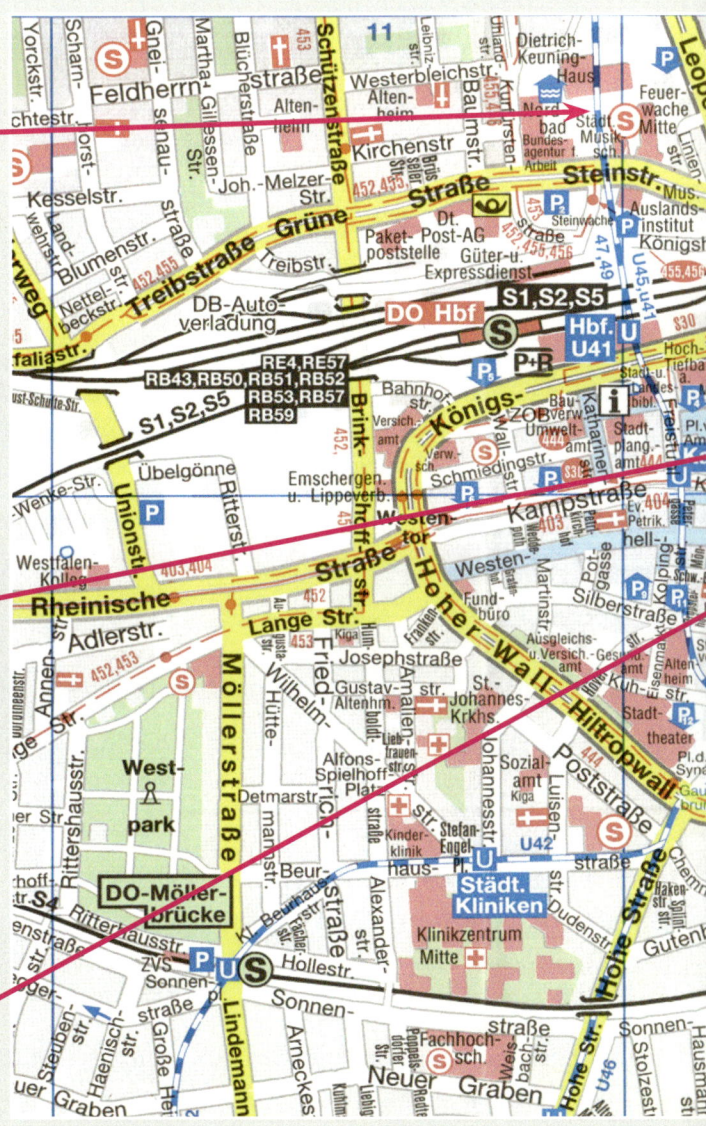

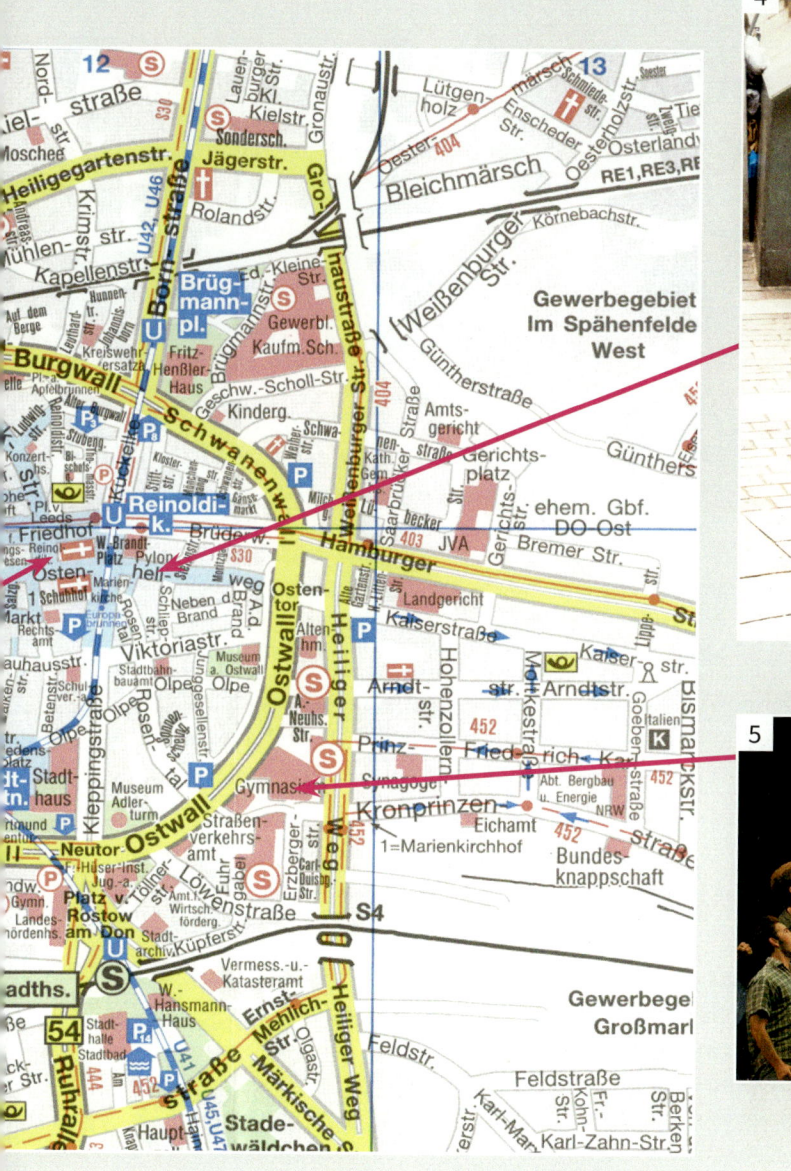

4

5

HB 20 – 24

1 Hört euch die Musikbeispiele an und ordnet sie den hier abgebildeten Orten zu.

2 Nehmt einen kleinen Ausschnitt Musik von einem Ort in eurer Stadt auf und stellt ihn der Klasse vor. Erkennen die anderen den Ort wieder?

Musik und wir

Ich und meine Musik

1 ⁄ Beschreibt, was die Menschen auf den Bildern machen.

2 ⁄ Wie könnte man sonst noch mit Musik umgehen?

 AB 22

3 ⁄ Erzählt, welche der Tätigkeiten in eurem Leben eine Rolle spielen.

★ Zählt aus, wie viele von euch die einzelnen Tätigkeiten regelmäßig (mindestens einmal pro Woche) ausüben.

Thyrid Epsen
12 Jahre alt, Hamburg, Klasse 5

Pink. Ihren neuesten Hit finde ich toll. Ich mag ihre Stimme. Und bei dem Refrain kann man toll mitsingen.
Langsame Musik mit vielen Geigen und wenig Rhythmus gefällt mir nicht so gut. Sie macht mich so müde.
Musik ist wichtig für mich. Meistens höre ich Musik über mein Handy. Ich schaue mir auch gern die Musikvideos an. Wenn ich Hausaufgaben mache, darf ich aber keine Musik hören.

Name, persönliche Daten

Lieblingsmusiker mit Begründung

Musik, die ich nicht mag, weil …

Bedeutung von Musik in meinem Leben

4 Legt nach der Vorlage einen musikalischen Steckbrief über euch selbst an und stellt ihn der Klasse vor. (→ **Werkzeugkasten „Einen Steckbrief erstellen",** **S. 185**)

5 Ergänzt eure Vorstellung mit einem Musikbeispiel, das ihr mögt, um z. B. zu entspannen oder um danach zu tanzen.

(Musik-)Interessen von Jugendlichen

In der JIM-Studie werden regelmäßig 1 200 Jugendliche im Alter von 12 bis 19 Jahren nach ihren Freizeitinteressen befragt. In den Diagrammen auf dieser Seite findet ihr eine Übersicht der Antworten von Jugendlichen aus dem Jahr 2019. Die Zahlen hinter den Balken geben dabei an, wie viele von je 100 Befragten diese Antwort gegeben haben. Man nennt das auch Prozent („von Hundert").

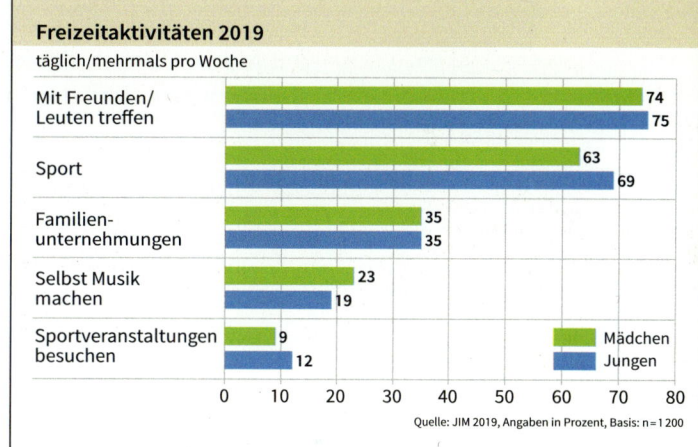

Freizeitaktivitäten 2019
täglich/mehrmals pro Woche

Quelle: JIM 2019, Angaben in Prozent, Basis: n = 1 200

6 Beschreibt das Balkendiagramm.
   a) Nennt dazu die Überschrift, die Freizeitaktivitäten und die Anzahl ihrer Nennungen.
   b) In welchen Bereichen gibt es Unterschiede zwischen Mädchen und Jungen?
   c) Vergleicht den Bereich „Selbst Musik machen" von 2019 mit dem des Jahres 2009. Beschreibt die Veränderungen.

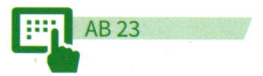
AB 23

7 Recherchiert, wofür die Abkürzung „JIM"-Studie steht.

8 Welches sind eure Freizeitaktivitäten? Stellt die Befragungsergebnisse für eure Klasse mit einem Balkendiagramm dar.

Geht auf die Suche
z. B. zu Hause, in der Bibliothek

9 Beschreibt die veränderte Nutzung der verschiedenen Wege zum Musikhören.

Musik hat eine hohe Bedeutung für Jungen und Mädchen. Etwa 95 % von ihnen hören mehrmals die Woche Musik. Der Anteil der selbst musizierenden Jugendlichen hat in den vergangenen Jahren leicht zugenommen. Hier sind inzwischen die Mädchen etwas aktiver. Das Hören von Musik hat nach wie vor eine hohe Bedeutung bei Jugendlichen. In den letzten Jahren haben sich aber die Wege zum Musikhören verändert. Dies ist im folgenden Diagramm zu erkennen.

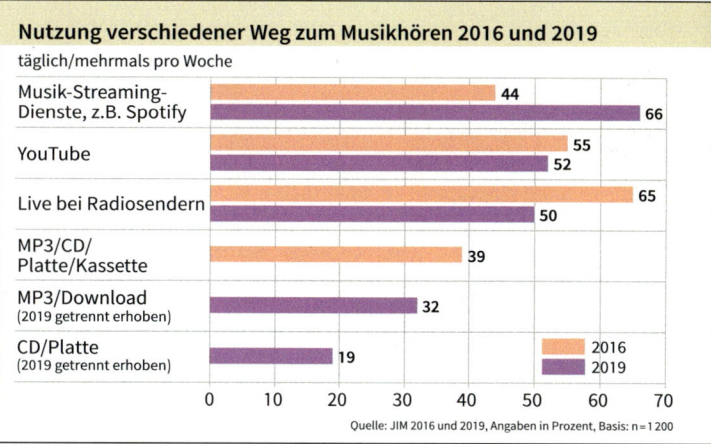

Nutzung verschiedener Weg zum Musikhören 2016 und 2019
täglich/mehrmals pro Woche

Quelle: JIM 2016 und 2019, Angaben in Prozent, Basis: n = 1 200

Vor Ort

Angebote zum Zuhören und Mitmachen

 Zusatzseite

Man kann fast an jedem Ort musikalisch aktiv werden. Die Stimme als Instrument haben wir beispielsweise immer dabei: Wir können im stillen Keller, im Fußballstadion, auf dem Fahrrad oder auf einem Berggipfel singen. Ob uns jemand zuhört oder nicht, ist gar nicht immer wichtig. Es gibt darüber hinaus aber Orte und Einrichtungen, wo ganz bestimmte Musikangebote zum Zuhören, manchmal sogar zum Musikmachen einladen. Zu allen Umgangsweisen mit Musik (Tanzen, Musizieren, Hören, …) finden sich vor Ort oder in der Umgebung meist vielfältige Angebote.

1 Erstellt in Partner- oder Gruppenarbeit eine Mindmap zum Thema „Musik in unserer Umgebung". Nehmt die folgende Abbildung dafür als Vorlage. Hilfe findet ihr auch im → **Werkzeugkasten „Eine Mindmap gestalten", S. 78**.

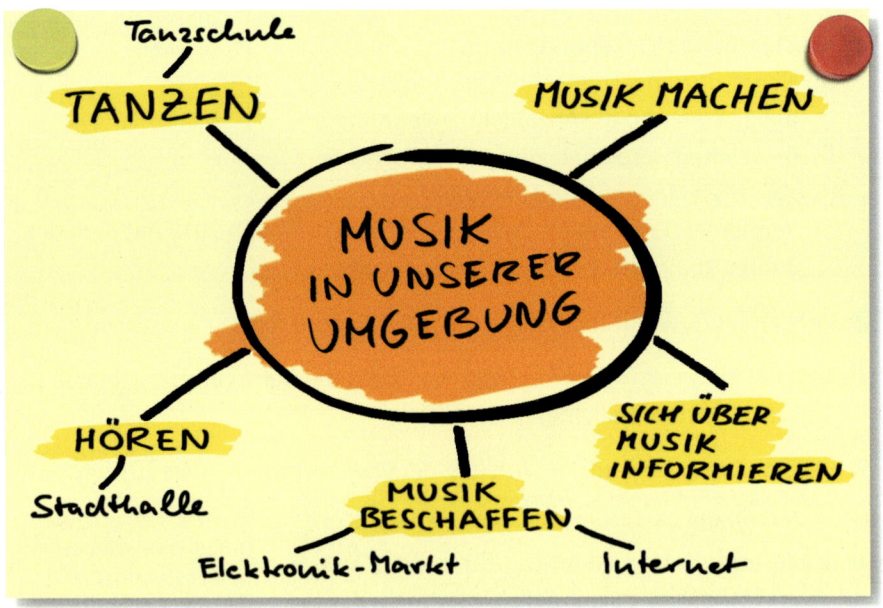

2 Stellt entweder a) einen Musikverein, b) eine Musikgruppe, oder c) eine Musikschule vor. (→ **Werkzeugkasten „Ein Plakat erstellen", S. 50**). Ihr könnt auch mit einem Computerprogramm oder einer App eine digitale Version präsentieren. Informationen über Vereine und Musikgruppen findet ihr beim Kulturamt eurer Stadt/Gemeinde, in Zeitungen, oder auch im Internet. Sprecht euch ab, wer Infos von welchem Verein einholt.

3 **a)** Ordnet den Bildern die folgenden Begriffe zu: Spielmannszug, Chor, Posaunenchor und Musikverein/Blaskapelle.

b) Hört euch die Hörbeispiele an und ordnet sie der jeweiligen Musikgruppe (Ensemble) zu.

 HB 25 – 28

Infobox

Das Wort **Ensemble** kommt aus dem Französischen und bedeutet „miteinander". Jede kleinere musizierende Gruppe nennt man auch Ensemble (z. B. ein Flötenensemble).

1

2

3

4

O-Ton

Let's Dance ! Zu Gast in der Tanzschule von Oana Nechiti und Erich Klann.

Oana Nechiti und Erich Klann

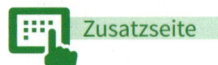
Zusatzseite

Oana, du bist als Tänzerin und Choreografin tätig. Wie sieht dein Arbeitsalltag aus?

Ja, Hallo erstmal. Jeder Tag ist bei mir unterschiedlich. Und ich glaube, dass ist es, was mir sehr viel Energie gibt. Wir kommen nicht so schnell in diesen ganz normalen Alltag rein. Wir treffen immer auf viele neue Menschen, der musika- 5 lische Geschmack verändert sich, die Tanzstile verändern sich. Man versucht auch immer, sich weiterzuentwickeln. Die Tage sind sehr unterschiedlich. Es gibt Tage, an denen ich sehr viel für die Tanzschule mache, mich aktiv auch an die Verwaltung oder Organisation setze – das ist der unschönere Part für mich als Künstlerin. Es gibt aber auch Tage, wo wir den zeitlichen Luxus haben, zu 10 unterrichten oder Choreographien zu entwickeln für verschiedene Künstler, für unsere Schüler, auch für verschiedene Veranstaltungen usw.

Wie bist du zum Tanzen gekommen? Erinnerst du dich an deine ersten Tanzschritte?

Ich kann mich noch ganz genau erinnern. Es war ein Zwang von der Schule. 15 Ich wollte nicht tanzen oder hätte mir nie vorstellen können, dass ich einmal zum Tanzen komme. Wir hatten damals – ich komme aus Rumänien – einen großartigen Tanzlehrer, einen ehemaligen Weltmeister im Tanzen und er wollte dort Kurse anbieten. Und da sind alle Mädels hingegangen. Ich war eher mit den Jungs auf dem Fußballplatz. Nach einigen Wochen kam die klare Ansage 20 der Lehrerin: Bald ist Weihnachten, wir müssen eine Vorführung für die Eltern vorbereiten. Ich wünsche mir, dass ihr alle zum Tanzkurs geht. Dann bin ich da hingegangen und so hat es angefangen.

Und das war eher Modern Dance oder Standard?

Nein, das war tatsächlich Standard-/Lateintanz. Direkt. 25

Was ist dein Lieblingstanzstil – Standard oder Latein?

Das ist wirklich schwierig zu sagen. Ich habe Zeiten, in denen ich mich ganz klassisch bewege und mag das sehr. Ich liebe Paartanz, das muss ich schon sagen. Aber wenn es kein Paartanz ist, dann mag ich auch die ganzen Sachen, die tatsächlich jetzt aktuell sind: Dancehall, Reggaeton. Es ist sehr lateinisch ange- 30 haucht, auch durch die HipHop-Szene und das, was die Jugendlichen heutzutage tanzen. Das ist genau mein Geschmack.

Wie hat sich das weiterentwickelt? Wann hast du gemerkt, dass das ein Beruf werden könnte?

Ich weiß nicht, ob es ein klarer Moment war. Mich gab es nicht mehr komplett 35 ohne Tanzen. Das hat einfach zu mir gehört. Ich habe Tanzen nie als Beruf angesehen und ich sehe es immer noch nicht als Beruf. Das ist ein Teil von Oana Nechiti! Ich existiere nur, wenn Tanzen in meinem Leben mit dabei ist. Ich habe nie geplant, das als Beruf zu machen. Ich gehe stark nach meinem Gefühl und mache das, was mir gut tut. Ich weiß auch, dass wenn man gut ist, in dem was 40 man tut, dann wird es eh irgendwann erfolgreich. Ich habe nie darüber nachgedacht, wie viel ich in welchem Beruf verdienen könnte. Man kann Glück nur im Hier und Jetzt finden und nicht in Zukunftsplänen, die sich eventuell realisieren oder auch nicht.

45 **Was begeistert dich am Tanzen ?**
Man lebt komplett im Hier und Jetzt und schaltet komplett ab – auch von dem, wie man sein muss, was die Gesellschaft einem vorgibt oder was sich die Eltern von einem wünschen. Da ist man frei, so pur wie kaum noch irgendwo. Wir versuchen, auch als Tanzschule die Jugendlichen und Kinder dazu zu animieren,
50 sich frei zu machen von den Gedanken, was andere sagen. Wir wollen Freiheit schaffen. Ich habe geschafft, mich frei zu machen von sehr viel Frust und Problemen, die ich als Kind schon hatte. Ich habe mich als Kind nicht schön gefühlt. Und was jedes Kind so über sich denkt: Ich bin nicht gut genug, ich bin nicht schön genug. Man ist sehr verunsichert. Und wenn ich getanzt habe, das war
55 meine kleine heile Welt. Das hat mich zu einem anderen Menschen gemacht. Es hat mir Kanten gegeben, es hat mich konturiert und es hat mir sehr viel gegeben.

Tanzschritte zu können ist demnach dann nur die Grundvoraussetzung. Sich auf den Moment zu konzentrieren, bei sich zu sein sind weitere Bedingungen. Was spielt noch eine Rolle?
60 Erich Klann: Ich habe das Tanzen und das Training immer als Kurzurlaub gesehen. Ich bin vom Alltag auf die [Tanz-]Fläche und habe mich mit mir beschäftigt, mit meiner Entwicklung – und mit der Musik. So oder so – das ist das Wichtigste, gerade beim Tanzen: die Liebe zur Musik und das Gespür für die Musik und die Gefühle, die man dann hat. Wir sind keine Maschinen, wir sind
65 Menschen. Und oft vergessen wir im Alltag, dass wir keine Maschine sind, die 24 Stunden am Tag laufen kann. Für zwei bis drei Stunden war ich frei, ohne Stress.

Vielen Dank für das Interview!

Infobox
Die 1988 in Rumänien geborene Tänzerin Oana Nechiti war Mitglied im rumänischen Nationalkader in der Sparte Lateinamerikanischer Tanz. Seit 2011 lebt sie in Deutschland.

Cha-Cha-Rhythmus:
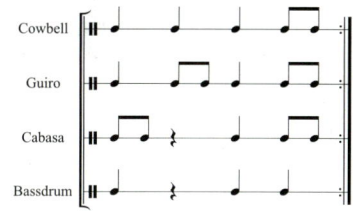

1. Beschreibt kurz, wer Oana Nechiti ist. Ergänzt mit Informationen einer kurzen Recherche.
2. Erklärt, wie Oana Nechiti zum Tanzen gekommen ist.
3. Beschreibt, was die beiden Tänzer – Nechiti und Klann – am Tanzen begeistert.
4. Hört das folgende Musikstück und beschreibt die Wirkung auf euch.
5. Recherchiert, welche Tänze
   a) zur Gruppe der Standardtänze gehören,
   b) zur Gruppe der lateinamerikanischen Tänze gehören,
   c) Dancehall und Reggaeton sind.
6. ★ Übt das nebenstehende Rhythmusmuster (Cha-cha-cha) ein.
   ★★ Musiziert den Rhythmus zu Jennifer Lopez „Let's get loud".

z. B. zu Hause, in der Bibliothek

 HB 29

Musikangebote finden und nutzen

Um beispielsweise einen Besuch in einer Stadt- oder Konzerthalle, einer Kirche oder einem Theater zu planen, benötigen wir Informationen. Auch wenn wir Tanzen lernen, selbst Musik machen oder ein Musikinstrument erlernen wollen, müssen wir Auskünfte einholen. Diese finden wir auf Plakaten, in Tageszeitungen, Flyern und Prospekten, Programmheften sowie auf Seiten im Internet.

Geht auf die Suche
z. B. zu Hause,
in der Bibliothek

1 Recherchiert im Internet eine Musikschule, möglichst in Wohnortnähe. Erkundigt euch telefonisch oder auf deren Homepage, wie viel der Unterricht für einen Anfänger kostet.

2 Erweitert eure Suche. Wie sieht es beispielsweise mit Tanzschulen in eurer Nähe aus?
   ★   Beschreibt, für welche Altersgruppen Kurse angeboten werden.
   ★★   Wie viel kostet ein Tanzkurs (z. B. für eure Altersstufe)?

3 Musikinstrumente kann man in Geschäften vor Ort kaufen. Große Online-Musikgeschäfte verkaufen ihre Instrumente aber auch online. Recherchiert, wie teuer Anfängerinstrumente sind: Gitarre, Trompete, Querflöte.

4 Ein Freund oder eine Freundin kommt für eine Woche zu Besuch. Er oder sie ist musikalisch sehr interessiert.
   a) Sucht aus einem Programmheft eurer Umgebung Musikveranstaltungen heraus, die für euch beide infrage kommen.
   b) Stellt mithilfe der gesammelten Daten ein musikalisches Programm zusammen.

5 Besorgt euch Informationsmaterial eines Veranstaltungsortes in eurer Region.
   a) Wählt eine Musikveranstaltung aus.
   b) Notiert wichtige Informationen wie Veranstaltungsbeginn, Veranstaltungsart, Veranstaltungsort und Eintrittspreise.

JAZZ !!!

4. Januar, Freitag, 20.00 Uhr
Götz Alsmann in Rom
Götz Alsmann und seine Musikerfreunde gehen mit ihren ganz individuellen Fassungen unvergänglicher italienischer Evergreens auf Tournee.
Eintritt: € 37,10; 34,90; 32,70; Abendkasse: € 38,20; 33,80

5. Januar, Samstag, 15.00 Uhr
Das Dschungelbuch – Musical
Mit viel Humor kommt der zeitlose Bestseller von Rudyard Kipling über das mutige Findelkind Mogli als rasantes Live-Erlebnis mit eigens komponierten Musical-Hits auf die Bühne.
Eintritt: € 24; 22; 19; 15; Menschen bis einschließlich 14 J.: € 22; 20; 17; 13
Abendkasse: € 25; 24; 21; 17; Menschen bis einschließlich 14 J.: 24; 22; 19; 15

6. Januar, Sonntag, 20.00 Uhr
ABBA Gold – Having the time of your life
Diese Live-Show sorgt dafür, dass die Fans das eigenartige Feeling der unvergessenen ABBA-Songs originalgetreu erleben können. Von den Originalkostümen bis hin zum schwedischen Akzent – jedes noch so kleine Detail ist authentisch.
Eintritt: € 49,95; 47,95; 45,95

Werkzeugkasten / **Informationen über Musik erarbeiten**

Oft müsst ihr euch Informationen erarbeiten, um Aufgaben oder Problemstellungen lösen zu können. Hier seht ihr einige Vorschläge für mögliche Verfahren. Am Ende entstehen dann Notizen, die ihr handschriftlich oder auch digital sichert. Mit diesen Informationen wird dann später weiter gearbeitet.

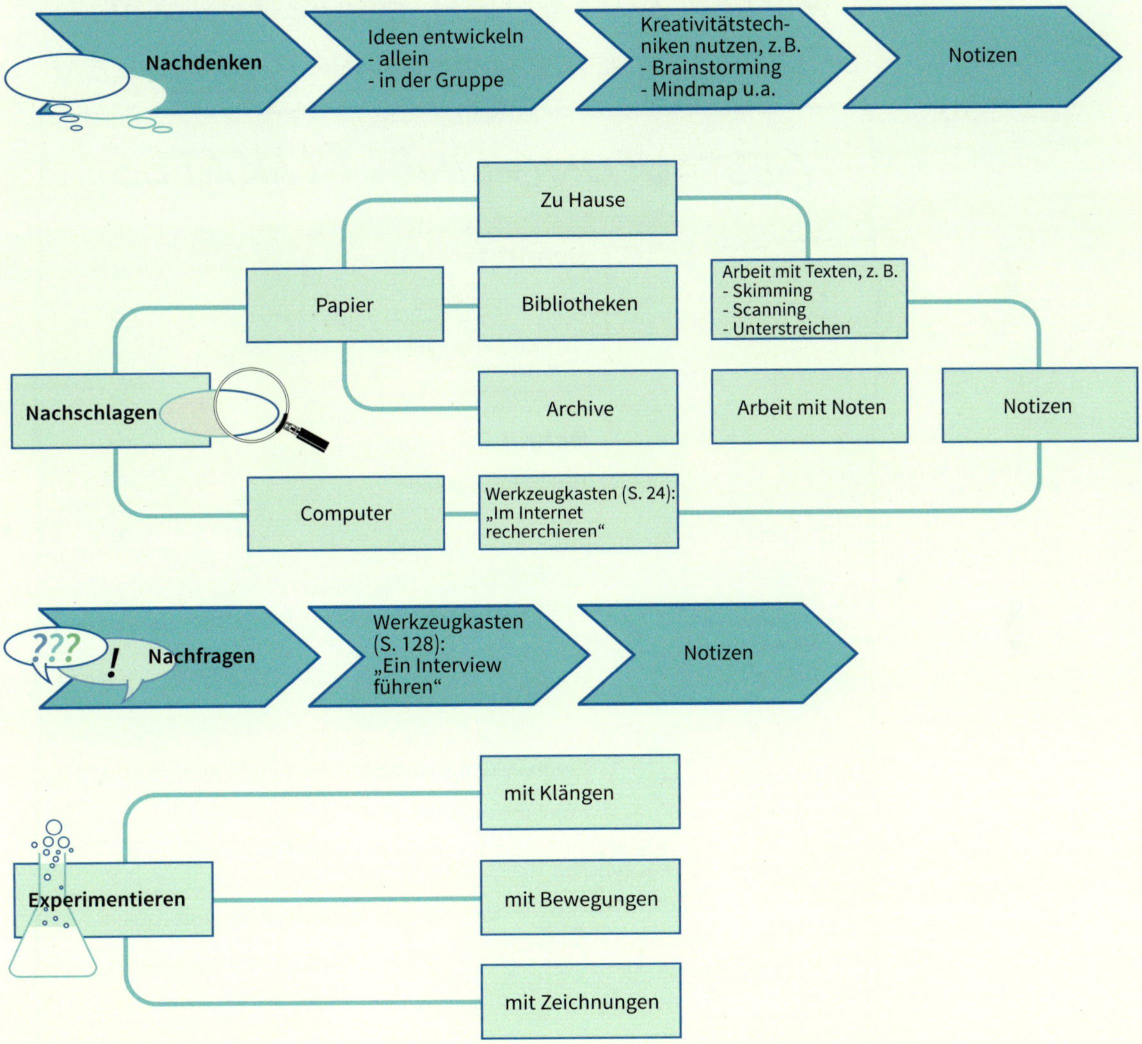

Nachdenken → Ideen entwickeln - allein - in der Gruppe → Kreativitätstechniken nutzen, z.B. - Brainstorming - Mindmap u.a. → Notizen

Zu Hause

Nachschlagen → Papier → Bibliotheken → Archive → Arbeit mit Texten, z. B. - Skimming - Scanning - Unterstreichen → Arbeit mit Noten → Notizen

Computer → Werkzeugkasten (S. 24): „Im Internet recherchieren"

Nachfragen → Werkzeugkasten (S. 128): „Ein Interview führen" → Notizen

Experimentieren → mit Klängen / mit Bewegungen / mit Zeichnungen

Informationen bewerten
Am Schluss stellt ihr euch die folgenden Fragen, um die Qualität der Informationen nochmals zu überprüfen:
– Haben wir alles verstanden?
– Sind die Personen, Texte und Materialien glaubwürdig?
– Ist eine Bestätigung der Informationen möglich?

Werkzeugkasten **Ein Plakat erstellen**

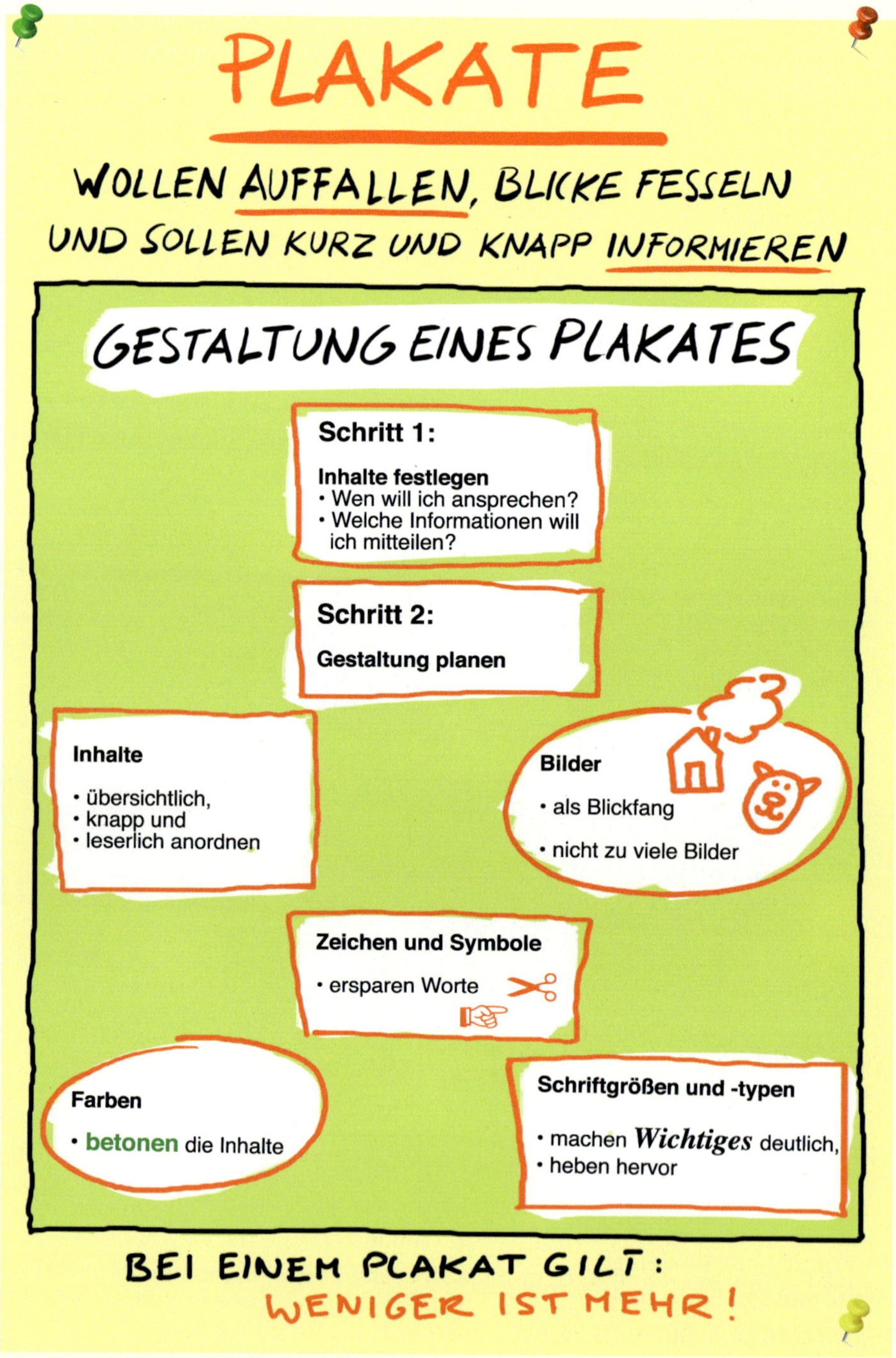

PLAKATE

WOLLEN AUFFALLEN, BLICKE FESSELN UND SOLLEN KURZ UND KNAPP INFORMIEREN

GESTALTUNG EINES PLAKATES

Schritt 1:

Inhalte festlegen
- Wen will ich ansprechen?
- Welche Informationen will ich mitteilen?

Schritt 2:

Gestaltung planen

Inhalte
- übersichtlich,
- knapp und
- leserlich anordnen

Bilder
- als Blickfang
- nicht zu viele Bilder

Zeichen und Symbole
- ersparen Worte

Farben
- **betonen** die Inhalte

Schriftgrößen und -typen
- machen *Wichtiges* deutlich,
- heben hervor

BEI EINEM PLAKAT GILT: WENIGER IST MEHR!

Ab ins Konzert

Musik und Musizierende hautnah zu erleben, ist für viele Menschen ein besonderes Ereignis. Musik wird zwar in erster Linie gehört, aber das Wahrnehmen mit mehreren Sinneskanälen kann das Musikerleben noch steigern. Oft sind Konzerte schon Wochen vorher ausverkauft. Für zahlreiche Konzerte werden daher Karten in Vorverkaufsstellen oder über das Internet angeboten. Manchmal kann man aber auch am Konzerttag vor Ort an der Abendkasse noch Eintrittskarten kaufen.

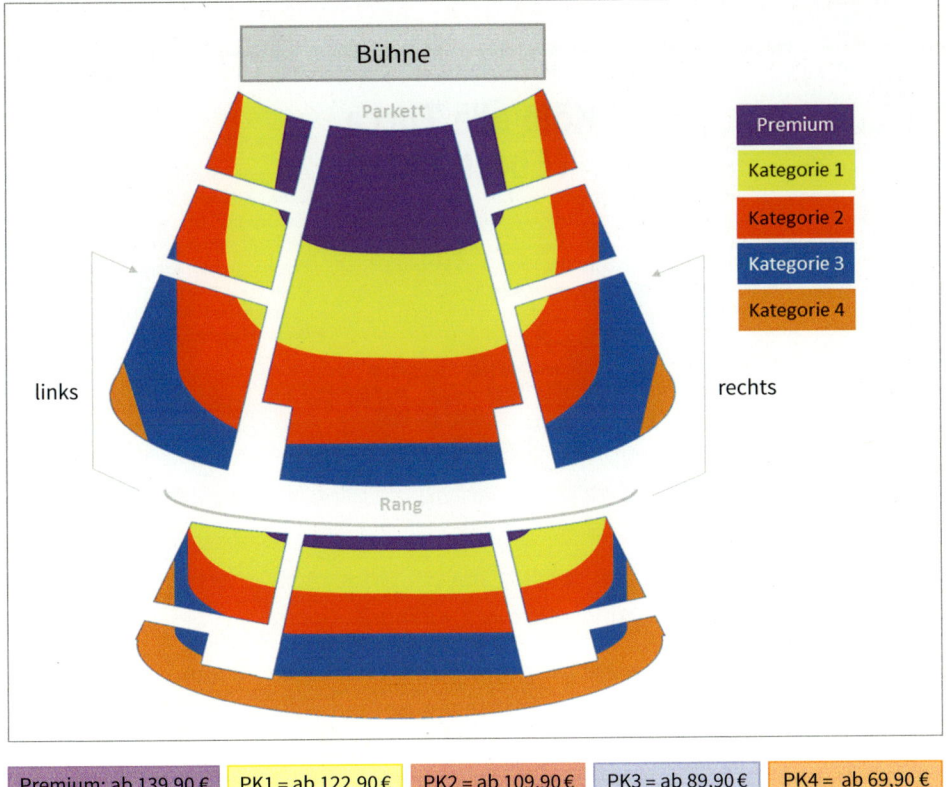

Premium: ab 139,90 €   PK1 = ab 122,90 €   PK2 = ab 109,90 €   PK3 = ab 89,90 €   PK4 = ab 69,90 €

Theater im Hafen Hamburg

Infobox

Parkett nennt man den Sitzplatzbereich, der etwa auf gleicher Ebene mit der Bühne liegt. Der **Rang** befindet sich ein Stockwerk höher, er liegt auch etwas weiter von der Bühne entfernt. In großen Häusern gibt es manchmal sogar einen 2. und 3. Rang. (→ Seite 63)

6 Beschreibt den Aufbau des Theaters im Hafen in Hamburg. Verwendet dazu auch Begriffe aus der Infobox und beschreibt die Form des Raumes.

7 Was kosten die Karten im Parkett? Begründet die Preisgestaltung.

8 Schaut euch die Preisgestaltung noch einmal genau an.
Findet ihr die Abstufung der Preise gerechtfertigt? Findet Argumente dafür und dagegen.

9 Geht auf die Internetseite des Theaters im Hafen in Hamburg.
Welches Musical läuft dort gerade?

 AB 24

Suche im Web

„Theater im Hafen Hamburg"

Musik ohne Grenzen

„… ein östlicher Klang in der westlichen Welt.“

Etwas andere Stadtführungen als solche, die berühmte Sehenswürdigkeiten zum Ziel haben, werden in verschiedenen größeren Städten in Deutschland angeboten. Das folgende Beispiel ist aus Köln:

Mode aus dem hippen Istanbul, Gemüse vom Basar um die Ecke, Zentral- und Hinterhof-Moschee, sogar verschiedene muslimische Dachverbände:
Der türkische Einfluss diverser Volksgruppen ist an vielen Ecken spürbar. Bei dieser Kulturwanderung machen Sie einen Crashkurs in türkischer Sprache.

Köln alla Turca (Ehrenfeld)

Stationen zu Körperpflege, Haushalt und Kulinarik schärfen den Blick für den Alltag von vielen tausend Einwohnern der Stadt.

Beiträge aus traditioneller und moderner Kunst und Musik begeistern für die mit Köln eng verbundene und stark präsente türkische Kultur. Wer möchte, kann seinen Aufenthalt bei türkischem Wein und landestypischen Häppchen nach eigenem Gusto verlängern.

Reisedetails:
Datum: Freitag, 15.11.2019
Uhrzeit: 17.00 bis 20.00 Uhr
Treffpunkt: Gemüsemarkt

U-Bahnstation: Venloer Straße
Länge der Tour: 3,5 km
Teilnehmerzahl (max.):
25 Personen

bağlama

1 Klärt die folgenden Begriffe: *alla turca, Kulinarik, Gusto.*

2 Recherchiert, ob es in eurer Umgebung ähnliche Angebote gibt.
   a) Welche Arten von Kulturwanderungen werden angeboten?
   b) Auf was wird besonders Wert gelegt?
   c) Nehmt als Klasse an einer Kulturwanderung teil.

Das vor allem in der Türkei verbreitete Instrument ist die *bağlama*.

Infobox

Das Wort **bağlama** bezieht sich auf die in früheren Zeiten aus Schafdarm, heute zumeist aus Nylon bestehenden Bünde. Es ist abgeleitet von dem Wort *bağlamak*, was so viel bedeutet wie „befestigen, binden, verknüpfen“.

3 Fertigt einen Steckbrief zur *bağlama* an.
   a) Recherchiert den Bau und die Spielweise der *bağlama*.
   b) Stellt eine Reihe von Hörbeispielen zusammen, in der die *bağlama* als Soloinstrument vorkommt.

4 Die *bağlama* ist aber auch in Deutschland ein sehr populäres Musikinstrument. Spielt jemand in eurer Klasse dieses Instrument oder hört es sich gerne an? Fragt auch Freunde und Verwandte. (→ **Werkzeugkasten „Ein Interview führen", S. 128**)

Musik der bağlama

Die *bağlama* ist nicht nur ein Solo-Instrument, sondern wird sehr häufig auch in der Liedbegleitung eingesetzt.

5 Recherchiert im Internet die Begriffe *deyiş* und *aşik*. Fertigt eine Infobox dazu an.

Suche im Web

deyiş, aşik

„Gitme turnam" („Flieg nicht fort, Kranich!") ist ein volkstümlich-religiöses Lied Ostanatoliens. Es ist ein Liebeslied. Ein bevorzugtes Bild in der Dichtung Ostanatoliens ist der Kranich (*türk.: turna*). Er ist ein Zugvogel, der zu bestimmten Jahreszeiten das Land in beeindruckenden Flugformationen verlässt, aber auch zurückkehrt. Der Kranich symbolisiert damit die Nähe und die Ferne zu einer geliebten Person oder aber auch die Liebe zu Gott.

6 Sprecht über eure Höreindrücke.

 HB 30

   ★★ Beschreibt das Verhältnis zwischen Singstimme und *bağlama*.

   ★★★ Erstellt einen Formverlauf: Kennzeichnet die einzelnen Abschnitte mit Buchstaben und schreibt die Abfolge auf.

7 Vergleicht nun die zuvor gehörte Version mit einer weiteren Aufnahme des gleichen Stückes „Gitme turnam".

 HB 31

8 Diskutiert, welche Unterschiede oder Gemeinsamkeiten ihr erkennt, wenn ihr auf das Verhältnis zwischen Singstimme und *bağlama* achtet.

Gitme turnam

Strophen

1. Git - me tur - nam   bi - zim el - den,   Git - me tur - nam   bi - zim el - den,
1. Flieg nicht, Tur - na,   in die Frem - de,   flieg nicht, Kra - nich,   in die Frem - de,

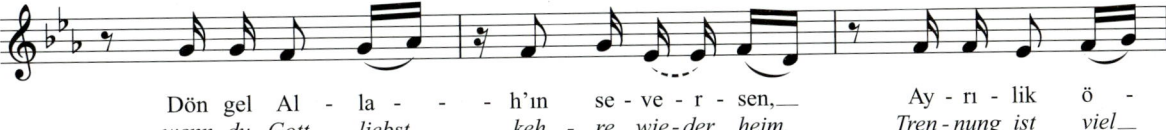

Dön gel Al - la - - h'ın se - ve - r - sen,   Ay - rı - lik ö -
wenn du Gott liebst,   keh - re wie - der heim.   Tren - nung ist viel

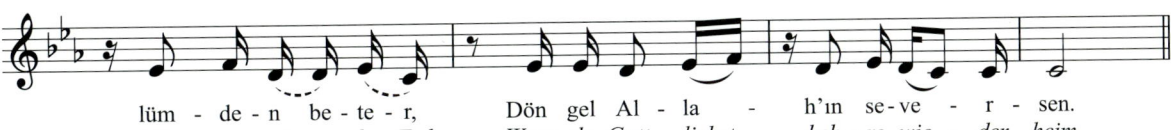

lüm - de - n be - te - r,   Dön gel Al - la - h'ın se - ve - r - sen.
schlim - mer als der Tod.   Wenn du Gott liebst,   keh - re wie - der heim.

Refrain

Git - me tur - nam___ vu - ra - ca - kla - r, Ka - na - dı - nı___
Flieg nicht, Tur - na,___ Un - glück holt dich ein. Dei - ne Flü - gel___

ki - ra - ca - kla - r, se - ni yar - sız___ ko - ya - ca - klar.
wer - den bre - chen, oh - ne Lieb - ste(n) musst du le - ben.

2. Ikrar verdim dönülürmü, Ikrar verdim dönülürmü,
Kalbim hain görülürmü?
Yarsız devran sürülürmü, Dön gel allahın seversen!

2. Darf ich sorglos den Schwur brechen, (2x)
oder werd ich zum Verräter?
Kann man ohne Liebste(n) leben?
Vertrau auf Gott, kehre wieder heim!

A a	meistens kurz wie in matt, Salz	Ö ö	kurz und offen wie in öffnen, können	Ğ ğ	nicht gesprochen, Dehnung des vorangegan-
E e	kurz wie in Heft, Kälte	U u	ähnlich wie in Mut aber kürzer		genen Vokals
I ı	ähnlich dem unbetonten e in haben	Ü ü	ähnlich wie in üblich aber kürzer	R r	rollendes r (Zungenspitze)
İ i	kurz wie in bin	C c	j wie in joggen	Ş ş	Sch wie in Schwester
O o	kurz und offen wie in Orgel, voll	Ç ç	stimmlos, wie tsch	Y y	J wie in Jacke
				Z z	stimmhaftes s wie in Salbe

© Aus: Lo Berde, hrsg. vom Verein „Musik und Migration" (Richard Kronig und Claudio Ambrosi), sprachliche Überarbeitung:
Erna Brandenberger, Hug Musikverlag, Zürich

 **AB 25**

9 Spielt das Lied „Gitme turnam" mit Instrumenten, die euch zur Verfügung
stehen.
a) Erarbeitet zunächst die Melodie und übt die Aussprache.
b) Setzt die einzelnen Stimmen nacheinander zusammen.
c) Überlegt euch dazu auch eine Bewegungsfolge oder einen Kreistanz.
Achtet dabei auf die Verteilung der Verse und Strophen.

Suche im Web

Gitme turnam

10 Das Lied „Gitme turnam" gibt es in zahlreichen Versionen, von denen jede
einen andere Charakter hat. Teilt euch in zwei Gruppen ein und recherchiert
zwei verschiedene Aufnahmen von „Gitme turnam" im Internet.
a) Tauscht euch zunächst untereinander über den ersten Höreindruck aus.
b) Analysiert das Hörbeispiel: Identifiziert die Musikinstrumente und beschreibt den Formverlauf.
c) Präsentiert eure Ergebnisse. (→ **Werkzeugkasten „Ein Plakat erstellen",**
S. 50) Diskutiert, welche der Versionen euch am besten gefällt.

11 Findet weitere Fassungen von „Gitme turnam". Vergleicht sie mit den vorigen.
(→ **Werkzeugkasten „Informationen über Musik erarbeiten", S. 49**)

Die Welt der Musik ganz nah

Die Möglichkeit, Musik automatisch wiederzugeben, begeistert die Menschen schon seit Jahrtausenden. Die chinesische Musikkultur des Altertums kannte handbetriebene Musikautomaten, die Vogelstimmen imitieren konnten.

300 v. Chr. wurde in der griechischen Antike eine Wasserorgel konstruiert und 200 v. Chr. erfand der griechische Mathematiker Apollonius einen mechanischen Flötenspieler. Glockenspiele, Spieluhren und andere mechanische Musikautomaten waren in späteren Jahrhunderten sehr populär. Sie konnten ganze Orchester imitieren und wurden nicht selten mit sich bewegenden Figuren kombiniert. Die Musik konnte so beliebig oft wiedergegeben werden.

1877 wurde der Phonograph erfunden, mit dem zum ersten Mal Geräusche, Töne und Musik aufgenommen und wiedergegeben werden konnten. Bald wurden das Grammofon und die Schallplatte entwickelt. Jetzt war es möglich, Musik aus der ganzen Welt in den eigenen vier Wänden hörbar zu machen, ohne dass ein Musiker selbst anwesend war.

Orchestrion

1 Was genau ist ein Orchestrion? Seit wann gibt es dieses?

2 Erklärt die Funktionsweise eines Reproduktionsklaviers.

AB 26

Heute ist die Vielfalt der Abspielgeräte kaum noch zu überschauen: Radio, Fernseher, CD und DVD-Player, Computer, Handy, MP3-Player und vieles mehr ermöglichen eine fast unerschöpfliche Musiknutzung.

	Phonographie	Schallplatte		Tonband	Kassette	Video	MP3
1850		**1900**		**1950**			**2000**
Telefon		Film	Radio	Fernsehen		PC CD	Internet
			Reproduktionsklavier				Handy

Grammofon mit
Schellack-Schallplatte

3 Ergänzt: Mit welchen Medien kann noch Musik wiedergegeben werden?

4 Was versteht man unter einem „Podcast"?

5 Die öffentlich-rechtlichen Medienanstalten haben oft spezielle Seiten mit Videos oder „Podcast"-Angeboten für Kinder. Schaut, welche Musik-Beiträge euch zum Beispiel beim WDR oder BR interessieren. Stellt sie den anderen in der Klasse vor.

Suche im Web

Kinder WDR Podcast

6 Viele Radiosender könnt ihr auch als sogenannte „Live-Streams" anhören, oder sie sind in Radio-Apps zu empfangen.

    a) Geht auf die Homepage eines Senders in eurem Bundesland und findet heraus, wie viele verschiedene Programme der Sender bietet.

    b) Erstellt eine Liste mit Radiosendern im Internet, die Musik nach eurem Geschmack spielen. Achtet dabei auf kostenfreien Zugang!

Musik im Internet oder per App

Die vielfältige Welt der digitalen Medien eröffnet scheinbar unbegrenzte Möglichkeiten der Musiknutzung, an fast jedem Ort der Welt. Mit Internetradio und Radio-Apps, Streaming-Diensten und vielen weiteren Musikangebotsseiten im Internet steht fast die gesamte Welt der Musik zur Verfügung – 24 Stunden am Tag. Die Kosten für den Musikgenuss werden dabei immer geringer, oft sind es nur noch die Verbindungsgebühren, um ins Internet zu gelangen. Einige Streaming-Dienste bieten sogar kostenloses Musikhören an – zumindest für den Anfang oder mit Einschränkungen. Manchmal sind Kosten für die Nutzung digitaler Angebote aber auch für Nutzer nicht sofort erkennbar, oder bewusst verschleiert.

 1 **a)** Nennt digitale Musikangebote und beschreibt ihre Vorteile.

    b) Beschreibt Nachteile, die vor allem kostenlose digitale Musikangebote mit sich bringen können.

 2 Erklärt die grundsätzlichen Unterschiede zwischen Musikprogrammen von Radiosendern und Streamingdiensten.

Apps und Abzocke

Kostenlose Apps finanzieren sich meist über Werbung und hier bringen sich Abofallen, meist getarnt als simple Werbeeinblendung, in Stellung. Oftmals reicht ein Antippen der Ein-
5 blendung seitens des Nutzers und ohne dass dieser davon Kenntnis genommen hat, hat er einen kostenpflichtigen Vertrag abgeschlossen oder sein Smartphone versendet kostenpflichti-ge SMS. Problematisch sind auch sog. In-App-Käufe. Darunter versteht man kostenpflichtige 10 Zusatzfunktionen, die man im Rahmen einer App erwerben kann. [...]
NICHTS IST KOSTENLOS. AUCH APPS (FAST) NIE.

https://www.klicksafe.de/themen/kommunizieren/apps/apps-abzocke
(letzter Zugriff: 07.08.2020)
medienanstalt rlp (LMK), Ludwigshafen

Topstars der Klassik – „hautnah"

Die Berliner Philharmoniker zählen zu den besten Sinfonieorchestern der Welt. Weltbekannte Dirigenten und Solisten spielen mit ihnen und ihre Konzerte sind fast immer restlos ausverkauft.

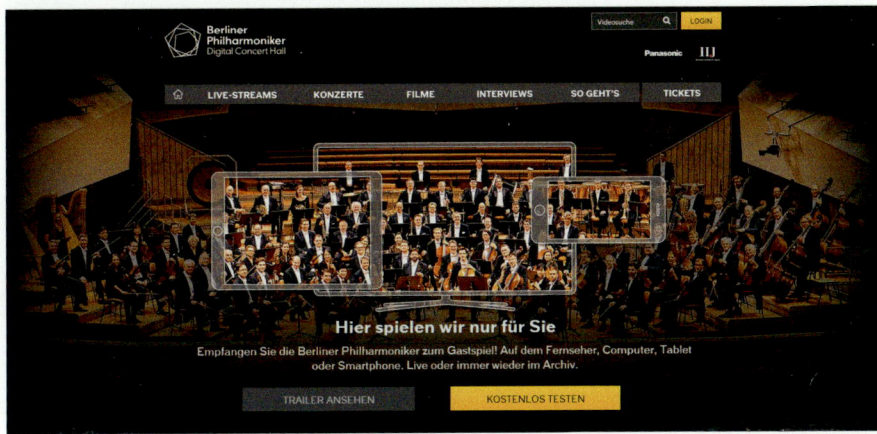

Sie haben eine eigene, digitale Konzerthalle: Die Digital Concert Hall. Dort kann man Konzerte live in sehr hoher Bild- und Tonqualität miterleben, und zwar auf den eigenen Geräten wie Smart-Fernseher, Tablet, Computer oder Smartphone. Aber auch hunderte von Konzerten aus über 50 Jahren liegen zum Abruf bereit, ebenso Interviews mit Stars der Klassik oder Erklärungen zu Musikwerken in Form von Konzerteinführungen. Das Silvesterkonzert 2018 konnte man sogar als Live-Übertragungen in deutschen Kinos sehen. Das hochwertige Klassikangebot ist allerdings nicht kostenfrei: Das Anschauen eines kompletten Konzertes kostet Geld, für das Silvesterkonzert im Kino müssen Zuschauer eine Kinokarte zu kaufen. Anders als beim Besuch der echten Konzerthalle in Berlin ist die Qualität der Aufführung, also der Klang und das Bild, von den Geräten zu Hause oder unterwegs abhängig. Und es fehlt das Liveerlebnis. Dazu gehört mehr als nur einen Klang im Ohr zu haben und Musiker zu sehen. Dazu zählen auch reale Begegnungen mit Menschen auf und vor der Bühne.

Infobox

Digitale Medien basieren auf Computertechnologie. Der Computer arbeitet auf der Grundlage der Ziffern „0" und „1". Mit ihnen kann beinahe jede Anwendung simuliert (nachgeahmt) werden. Deshalb nennt man den Computer auch universale Maschine. Es können Daten hergestellt, verbreitet, angesehen, angehört oder verarbeitet werden. Digitale Medien dienen oft der Information und Kommunikation der Menschen.

---

 3 a) Schaut euch den Trailer zu einem Sinfoniekonzert von 2009 an. Gespielt wird zu Beginn „The young person's guide to the orchestra" (→ **S. 115**).

 Filmbeispiel

   b) Recherchiert, wie viel ein digitales Konzert der Berliner Philharmoniker kostet.

 4 Findet ihr die Preise angemessen? Sammelt Argumente dafür oder dagegen.

 5 Für viele Konzertbesucher ist das Live-Erleben in einem Konzertsaal wichtig. Diskutiert Vor- und Nachteile eines digitalen Konzertbesuches.

Krach macht krank

Viele Jugendliche erleiden dauerhafte Hörschäden, weil sie zu laute Musik hören. Gerade das Musikhören mit dem Kopfhörer kann das Gehör in Mitleidenschaft ziehen. Im Bus oder in der Bahn fühlen sich oft auch die Mitreisenden durch laute Kopfhörermusik gestört.

Viele Jugendliche haben Hörschäden, ohne es zu wissen

Viele Jugendliche haben wegen zu lauter Musik Hörschäden. Oft wissen sie aber nichts davon. Dabei ist eine frühe Diagnose wichtig. Berlin. Deutschlands Jugendliche haben was

5 auf den Ohren. Kopfhörer überall. Beim Sport, im Schulbus, auf dem Fahrrad, im Bett. Experten fürchten, dass die Zahl junger Leute mit einem Hörschaden im Vergleich zu früher deutlich steigen könnte. Nach Schätzungen
10 hat bereits heute jeder vierte deutsche Jugendliche eine beginnende Schwerhörigkeit. Die Weltgesundheitsorganisation (WHO) sieht eine Milliarde junge Menschen dem Risiko von Gehörschäden durch das Hören von zu lauter
15 Musik ausgesetzt. „Das ist eine sehr hohe Zahl, aber ich halte sie für realistisch", sagt Oliver Bertram, seit 16 Jahren Oberarzt am Kinder- und Jugendkrankenhaus auf der Bult in Hannover. Auch Bertram liebt die Musik. Er hat
20 früher selbst Platten aufgenommen, geht bis heute auf Konzerte und ist Vater von vier Kindern, „die natürlich Kopfhörer tragen". […]

Auf Dauer nimmt das Ohr Schaden. Auch Professor Stefan Dazert ist sehr an Aufklärung
25 gelegen. „Dem gesunden Gehör wird in der Gesellschaft eine zu geringe Bedeutung zugerechnet", sagt der Hals-Nasen-Ohren-Arzt von der Ruhr-Universität Bochum (RUB). „Aber am Ende ist ein funktionierendes Gehör für eine soziale Teilhabe entscheidend wichtig." 30 Das versuche er jungen Menschen klarzumachen, „und das verstehen sie eigentlich auch". Nun wird ein Jugendlicher mit Kopfhörern auf den Ohren nicht gleich taub, wenn er seinen Lieblingssong laut aufdreht – auf oder sogar 35 über die immer wieder genannte kritische Schwelle von 85 Dezibel (dB). Das entspricht etwa einem in fünf Meter Entfernung vorbeifahrenden Lkw. Aber auf Dauer nimmt das Ohr Schaden. 40

Laura Réthy, Berliner Morgenpost online vom 06.04.2018, in: https://www.morgenpost.de/ratgeber/article213890883/Viele-Jugendliche-haben-Hoerschaedenohne-es-zu-wissen.html (letzter Zugriff: 07.08.2020)

1 ▸ Auf welche Gefahren weist der Text hin?

Suche im Web

„Tag gegen Lärm"

2 ▸ Stellt mithilfe des Internets Informationen zum „Tag gegen Lärm" zusammen.

AB 27

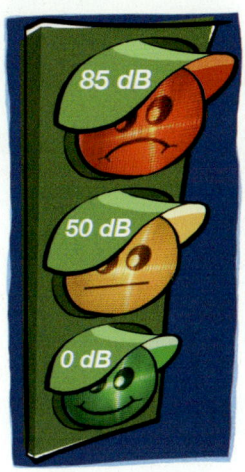

Infobox
Dezibel (abgekürzt: dB) ist die Einheit, in der Lautstärke gemessen wird. Ab 85 dB ist das Ohr gefährdet.

MP3-Player (Pegelgrenze) 60 dB

Computerventilator 50 dB

Straßenverkehr 70 dB

Schneeflocke 10 dB

Sturm 100 dB

Flüstern bei der Klassenarbeit 40 – 50 dB

Kühlschrankbrummen 30 dB

Vogelgezwitscher 40 dB

Schulhof/Pause 80 dB

Atmen 10 dB

Staubsauger 80 dB

Klassenarbeit 45 dB

Unterrichtsgespräch 60 – 80 dB

Leises Waldrauschen 20 dB

Presslufthammer 120 dB

Gewitter 90 dB

Kreissäge 100 dB

Fahrradglocke 75 dB

Laute Klasse 90 dB

Düsenjet 130 dB

3 Übertragt die Tabelle. Lasst dabei zwischen den Farben „rot", „gelb" und „grün" für eure Einträge jeweils vier Zeilen frei. Ordnet die Geräusche mit Angabe der Dezibelzahlen den Phänomenen und der Lärmampel zu.

	Schule	Alltag	Natur
rot	?	?	?
gelb			
grün			

Musik tritt auf

1. Wer von euch war schon einmal in einer Oper, einem Musical oder einer Operette? Berichtet von euren Erlebnissen.

2. Ordnet den Bildern folgende Begriffe zu: Arie, Duett, Terzett, Finale, Premiere. Ein Begriff ist zwei Bildern zuzuordnen. Hilfe findet ihr auf der Seite 72.

Menschen im Theater

Stefanie Twiehaus

Musiktheater ist Theater, in dem auch gesungen und oft auch getanzt wird. Man unterscheidet *Oper*, *Operette* und *Musical*. **(→ S. 69)**
Auf den folgenden Seiten findet ihr ein Interview mit der Dramaturgin Stefanie Twiehaus vom Oldenburgischen Staatstheater, die euch als Expertin am besten erklären kann, wie es am Theater zugeht.

1 Lest das Interview und fasst zusammen, was für die Aufführung einer Oper alles vorbereitet werden muss.

2 Erklärt warum beim Musiktheater gesungen wird.

3 Erklärt anhand der Bilder des Zuschauerraums und der Bühne, warum das Oldenburgische Staatstheater als „Bilderbuchtheater" bezeichnet wird.

„Mit jeder Produktion erschließt man sich eine ganz neue Welt."

 O-Ton

Frau Twiehaus, Sie sind Dramaturgin am Oldenburgischen Staatstheater, bitte erzählen Sie uns etwas über Ihr Theater.
Das Oldenburgische Staatstheater ist eines von drei Staatstheatern des Landes Niedersachsen und hat eine lange Tradition von mehr als zweihundert Jahren. Auch das Gebäude selbst ist schon über hundertzwanzig Jahre alt und dadurch 5 wunderschön historisch, eine Art Bilderbuchtheater. Hier arbeiten rund 450 Menschen in den unterschiedlichsten Berufen.

Können Sie beschreiben, was alles vorbereitet werden muss, bis eine Oper aufgeführt werden kann?
Etwa ein Jahr vor der Premiere muss das Regieteam, das aus Regisseur, Bühnen- 10 und Kostümbildner besteht, dem Theater das Regiekonzept vorstellen und die Bühnenbild- und Kostümentwürfe zu dem Stück abgeben. Dann fangen die einzelnen Abteilungen an zu planen. Bevor die Werkstätten das Bühnenbild bauen, wird in einer Bauprobe ausprobiert, wie die Bühnenbild-Idee umgesetzt werden kann. Der Chor probt und die Solistinnen und Solisten studieren ihre Partien 15 mit Korrepetitoren, den dafür zuständigen Theaterpianisten ein. Sechs Wochen vor der Premiere beginnt dann die szenische Probenarbeit: Auf einer Probebühne erarbeiten die Darstellerinnen und Darsteller mit dem Regisseur die Inszenierung, mit Klavierbegleitung. Parallel dazu finden Kostümanproben, Beleuchtungseinrichtung und Orchesterproben statt, werden Masken und Requisiten 20 vorbereitet. In der Klavierhauptprobe kommt dann auf der großen Bühne zum ersten Mal alles zusammen, aber mit Klavier. In der Orchesterhauptprobe tritt das Orchester hinzu. Dann folgen die Generalprobe und endlich die Premiere.

Wenn Schüler und Schülerinnen das erste Mal Oper
25 hören, fragen sie manchmal, warum eigentlich auf
der Bühne gesungen wird – auch in Situationen, in
denen man im normalen Leben nicht singen würde.
Wie erklären Sie das?

Das ist das Besondere an der Oper und basiert auf einer
30 Begebenheit von vor ungefähr vierhundert Jahren, als sie
entstanden ist. Damals hatten sich gelehrte Kreise in Italien überlegt, wie man das antike Drama wiederbeleben
könnte. Man kam zu dem Schluss, dass die alten Griechen
ihre Dramen eher gesungen oder zu Musik deklamiert als
35 nur gesprochen hatten und das wurde nun auch für neue
Dramen als Grundidee übernommen. Im Laufe der Zeit
wurde die Musik immer wichtiger, vor allem, weil man
merkte, dass man durch sie sehr viel mehr Gefühle aus-
drücken oder ganz andere, tiefere Schichten aufdecken
40 kann. Ein Beispiel: Wenn jemand etwas singt, dann unterscheiden sich manchmal seine Worte ganz enorm von
dem, was er musikalisch ausdrückt. Dann merkt man,
dass er das, was er sagt, eigentlich gar nicht meint. Die
Musik kann also zeigen, was in der Geschichte auf der

Oldenburgisches Staatstheater, Zuschauerraum

45 Bühne tatsächlich gerade passiert. Spannend ist auch, dass mehrere Figuren
gleichzeitig ganz Unterschiedliches singen können.

Gehören auch Kinder und Jugendliche zu Ihrem Publikum?

Die Arbeit für Kinder und Jugendliche ist uns ein besonderes Anliegen. In einer
eigenen Sparte zeigen wir auch Opern für jüngeres Publikum. Wir spielen viele
50 Konzerte für Familien und Kinder, die einzelne Stücke und Komponisten näher-
bringen, und wir führen zu Weihnachten immer ein musikalisches Märchen für
Familien auf. Uns ist sehr wichtig, dass auch junge Leute verstehen, dass klassische Musik und Oper überhaupt nicht langweilig sind, sondern viel Spaß machen können und ganz neue Welten eröffnen.

55 **Was macht Ihnen an Ihrer Arbeit am
meisten Freude?**

Am spannendsten finde ich, dass man sich
immer wieder in neue Themen einarbeitet.
Es gibt ein Sprichwort: „Die ganze Welt ist
60 eine Bühne." Mit jeder neuen Theaterpro-
duktion erschließt man sich eine ganz
neue Welt, je nachdem, wie das Stück in-
szeniert wird.

Vielen Dank für das Interview.

Oldenburgisches Staatstheater, Bühne

O-Ton

1 Auf den Bildern auf den Seiten 64 – 65 werden folgende Arbeitsbereiche dargestellt: Bühnentechnik, Inspizienz, Malersaal, Tischlerei, Kostümschneiderei, Masken- und Perückenbildnerei und Bühnenplastik. Ordnet die Begriffe den Bildern 1 – 7 zu und erklärt, warum die dargestellten Arbeiten für die Aufführung eines Stückes wichtig sind.

2 Nennt weitere Berufe im Theater, von denen Frau Twiehaus spricht, und erklärt, welchen Beitrag diese zur Aufführung eines Stückes leisten.

3 Hört weitere Ausschnitte des Interviews und erklärt,
  a) was zu den Aufgaben einer Operndramaturgin gehört,
  b) was Frau Twiehaus an den Stücken „Der Freischütz" und „Dido und Aeneas" reizvoll findet.

4 Fasst zusammen, was eine Operndamaturgin bei der Auswahl eines Stückes alles bedenken muss.

5 Erklärt Frau Twiehaus' Satz aus dem Hörtext: „Das Theater ist eine kleine Welt für sich."

Infobox

Carl Maria von Weber
(1786 – 1826), Sohn
eines reisenden
Theaterdirektors und
einer Sängerin, wurde
mit achtzehn Jahren
Kapellmeister in
Breslau und arbeitete
seit dieser Zeit als
Dirigent und Kompo-
nist.
Die Uraufführung der
Oper „Der Freischütz"
(1821) war ein großer
Triumph für von
Weber.

Geister, Hexen und finstere Gestalten

Die Wolfsschlucht

In Carl Maria von Webers Oper „Der Freischütz" will der finstere Jägergeselle Kaspar Freikugeln gießen. Freikugeln sind magische Kugeln, die ihr Ziel immer treffen. Man kann sie aber nur gießen, wenn man dafür seine Seele dem Teufel (genannt Samiel) verspricht. Kaspar hat dies bereits getan; nun sucht Kaspar für Samiel ein neues Opfer, damit der Teufel ihn noch eine Weile verschont. Sein Opfer ist Max, ein junger Jägergeselle, der die Kugeln dringend braucht. Max kann nämlich seine Liebste Agathe nur heiraten, wenn er bei einem Probeschuss sein Ziel trifft. Vor diesem Probeschuss hat Max große Angst. Dass er für die Kugeln einen Pakt mit Samiel schließen muss, weiß er noch nicht. Kaspar hat sich zum Gießen der Kugeln mit Max um Mitternacht in der Wolfsschlucht verabredet. Die Wolfsschlucht liegt mitten in einem finsteren Wald und ist sehr unheimlich. Kaspar muss zum Gießen der Kugeln einige Vorbereitungen treffen; schließlich erfordert das Gießen ein magisches Ritual!

Auf dieser Seite seht ihr zwei Darstellungen der Wolfsschluchtszene – eine nachkolorierte Bühnenbildzeichnung von 1822 und ein Foto eines modernen Bühnenbildes.

Zusatzseite

Hilfekarte

1 Betrachtet die beiden Bilder.

★   Beschreibt, welche unheimlichen Dinge auf den beiden Bildern dargestellt werden.

★★   Vergleicht, welche Gemeinsamkeiten und Unterschiede ihr zwischen den beiden Darstellungen der Wolfsschlucht seht.

★★★ Erklärt die Gründe für die Gemeinsamkeiten und Unterschiede zwischen den beiden Darstellungen der Wolfsschlucht.

2 Benennt, was man für ein magisches Ritual brauchen könnte und was man dabei tun muss.

3 Skizziert ein Bühnenbild für die Szene. Welche Gegenstände könntet ihr von zu Hause mitbringen, um die Szene in der Schule zu gestalten?

4 Stellt euch nun die Wolfsschlucht vor. Legt euren Kopf in die Arme, schließt die Augen und macht es euch bequem. Hört euch die Musik an, die Carl Maria von Weber für die Wolfsschluchtszene geschrieben hat.

 HB 32

   a) Beschreibt die Musik, die ihr gehört habt.
   b) Entscheidet, ob die Musik zur Szene passt. Begründet eure Entscheidung.

Die Szene in der Wolfsschlucht lässt sich in acht Abschnitte gliedern:

a) Waldgeister singen in der dunklen Wolfsschlucht ein unheimliches Lied.
b) Kaspar kommt als Erster in die Wolfsschlucht, ruft Samiel und verspricht ihm die Seele von Max statt seiner eigenen, die er Samiel bereits versprochen hat. Samiel kündigt an, dass Kaspar am nächsten Tag sterben muss, wenn Max nicht zum Kugelgießen kommt.
c) Max kommt später hinzu; als er Kaspar von Weitem sieht, bekommt er große Angst und möchte am liebsten umkehren.
d) Max glaubt, dass er den Geist seiner toten Mutter sieht, die ihn davor warnt, zu Kaspar zu gehen.
e) Samiel lässt Max eine Geistererscheinung der toten Agathe sehen: Max soll glauben, dass Agathe sterben wird, wenn er keine Freikugeln gießt.
f) Von Angst getrieben geht Max doch zu Kaspar. Dieser spricht eine Art Zauberspruch („Kugelsegen"), während er die Zutaten für die Kugeln mischt.
g) Kaspar und Max gießen die sieben Freikugeln.
h) Samiel erscheint. Kaspar und Max haben Angst und kauern am Boden.

5 Stellt in Gruppen alle acht Abschnitte der Szene als Standbilder dar.
(→ **Werkzeugkasten: „Ein Standbild entwickeln", S. 68**) Ihr dürft die Standbilder durch Verkleidung und Ritualgegenstände ergänzen. Wichtig ist jedoch vor allem, mit den Standbildern die Atmosphäre der Szene darzustellen: Man sollte sehen können, wie sich Kaspar und Max fühlen. Merkt euch genau, wie eure Standbilder aussehen, damit ihr sie später noch einmal aufstellen könnt. Eine Skizze mit Strichmännchen kann hier helfen.

6 Hört euch die Musik von Carl Maria von Weber noch einmal an und ordnet eure Standbilder zu: Wann beginnt welcher Abschnitt?

7 Stellt die acht Standbilder zur Musik so auf, dass jedes zum richtigen Zeitpunkt betrachtet werden kann.

 AB 28

8 Diskutiert, inwiefern die Musik die Gefühle vermittelt, die von den Standbildern ausgedrückt werden.

Infobox

Ein **Libretto** ist das Textbuch einer Oper, einer Operette oder eines Musicals. Im Libretto stehen alle Sing- und Sprechtexte, ebenso alle **Bühnenanweisungen**, die vorschreiben, was die Personen der Handlung auf der Bühne tun sollen. Eine **Szene** ist ein kurzer Abschnitt in der Handlung einer Oper oder eines Theaterstückes, meist begrenzt durch den Auftritt und Abgang einer Person. Mehrere Szenen, die am selben Ort spielen, nennt man ein **Bild**. Ein **Akt** (oder: Aufzug) ist ein größerer Handlungsabschnitt einer Oper oder eines Theaterstückes, der meist mehrere Bilder umfasst.

Werkzeugkasten   Ein Standbild entwickeln

Mit euren Körpern könnt ihr Situationen, Gedanken und insbesondere Gefühle darstellen. Ein Standbild ist ein Bild, das ihr mit den Körpern eurer Mitschüler und Mitschülerinnen baut. Diese sind dabei eure Modelle.

1. Einige von euch bauen das Standbild, während andere zum Standbild modelliert werden.

2. Um Standbilder aufzustellen, braucht man nicht zu sprechen. Versucht nach Möglichkeit, ohne Sprache zu arbeiten.

3. Überlegt, mit welcher Körperhaltung ihr eine Situation oder ein Gefühl darstellen wollt. Entscheidet, ob ihr dazu ein Modell oder mehrere Modelle benötigt.

4. Stellt eure Modelle in einem Standbild auf, indem ihr sie in die richtige Haltung „biegt" – wie eine Drahtpuppe. Bedenkt dabei:

- Das Standbild muss ein paar Minuten stehen bleiben. Wählt keine zu unbequeme oder anstrengende Haltung für eure Modelle.
- Nicht jeder möchte überall angefasst werden. Hand- oder Fußgelenke sind aber meistens unproblematisch. Fragt eure Modelle am besten trotzdem vorher, ob sie an diesen Stellen vielleicht kitzelig sind.
- Wenn ihr möchtet, dass eure Modelle einen bestimmten Gesichtsausdruck machen, macht ihnen den Gesichtsausdruck vor.

1 Singt das Lied „Der Mörder ist immer der Gärtner" (→ S. 246).

2 Singt den Refrain des Liedes gemeinsam, aber die Strophen in kleinen Gruppen. Überlegt in eurer Gruppe, wie man eure Strophe durch eure Gesangstimmen oder durch Geräusche unheimlich gestalten kann – so, dass es zum Text passt.

3 Stellt jede Strophe des Liedes durch ein Standbild dar. Übernehmt dabei in eurer Gruppe eine andere Strophe als die, die ihr gesungen habt.

4 Singt das Lied erneut. Stellt die Standbilder zu jeder Strophe auf, so dass eine Gruppe die Strophe musikalisch und eine andere sie als Standbild oder kleine Spielszene gestaltet.

Das Gießen der Kugeln

Hört euch den Musikabschnitt des Kugelgießens noch einmal an. Auch er hat mehrere Teile und jeder Teil stellt etwas ganz Bestimmtes dar. Nach jeder gegossenen Kugel geschieht etwas. Zuerst reagiert nur die Natur, später treten auch Geister und schließlich Samiel selbst auf. Im Libretto der Oper wird genau festgeschrieben, was auf der Bühne geschehen soll, nachdem jede Kugel gegossen wird.

Die nachfolgenden Bühnenanweisungen zur Szene sind nicht in der richtigen Reihenfolge abgedruckt.

a) Hundegebell und Wiehern in der Luft; Nebelgestalten von Jägern zu Fuß und zu Ross, Hirschen und Hunden ziehen auf der Höhe vorüber.

b) Kaspar und Max werden vom Sturm zu Boden geworfen. Beide rufen nach Samiel. Augenblicklich beruhigt sich das Gewitter. Samiel erscheint und greift nach Max. Es schlägt ein Uhr. Plötzliche Stille. Samiel ist verschwunden.

c) Ein Sturm erhebt sich, beugt und bricht Wipfel der Bäume, jagt Funken vom Feuer und so weiter.

d) Der ganze Himmel wird schwarze Nacht. Die vorher miteinander kämpfenden Gewitter treffen zusammen und entladen sich mit furchtbaren Blitzen und Donnern. Platzregen fällt; dunkelblaue Flammen schlagen aus der Erde. Irrlichter zeigen sich auf den Bergen. Bäume werden prasselnd aus den Wurzeln gerissen. Der Wasserfall schäumt und tobt. Felsenstücke stürzen herab; von allen Seiten Wettergeläut. Die Erde scheint zu schwanken.

e) Ein schwarzer Eber raschelt durchs Gebüsch und jagt wild vorüber.

f) Waldvögel kommen herunter, setzen sich um den Kreis, hüpfen und flattern.

g) Man hört Rasseln, Peitschengeknall und Pferdegetrappel. Vier feurige, Funken werfende Räder rollen so schnell vorüber, dass man weder ihre Gestalt noch den Wagen erkennen kann.

Nach dem Libretto von Johann Friedrich Kind, 1821

1 Diskutiert vor dem Hören: Mit welchen musikalischen Mitteln könnte man welches Ereignis darstellen? Macht euch Notizen zu den Ereignissen a-g.
- Wo würdet ihr leise, wo laute Töne verwenden?
- Wo würdet ihr tiefe, wo hohe Töne verwenden?
- Wo würdet ihr ein schnelles, wo ein langsames Tempo verwenden?
- Welche Instrumente passen zu welchem Ereignis?

2 Ordnet beim Hören zu: Welcher Textabschnitt gehört zu welchem Musikabschnitt? Begründet eure Entscheidung. Übertragt dafür die nachfolgende Tabelle in euer Heft.

 HB 32

 AB 29

 AB 30

	Buchstabe	Begründung
1. Kugel		
2. Kugel	? ?	?
3. Kugel		
…		

3 Gebt die Verbindung zwischen den beschriebenen Ereignissen und der Musik wieder.

★ Benennt Beispiele für Klänge in der Musik, an denen man gut hört, welche Ereignisse gerade stattfinden.

★★ Benennt, welche Ereignisse man in der Szene gut mit Musik darstellen kann und welche weniger gut.

★★★ Begründet, warum man bestimmte Ereignisse in der Szene gut mit Musik darstellen kann und andere weniger gut.

4 Benennt, was die Musik der Szene unheimlich macht. Gebt Beispiele.

Geht auf die Suche
z. B. zu Hause, in der Bibliothek 🔍

5 Beschäftigt euch mit dem Ende der Geschichte von Max, Agathe und Kaspar. Ihr dürft zwischen verschiedenen Aufgaben wählen:

a) Recherchiert das Ende der Oper im Internet oder einem Buch (z.B. Opernführer) und berichtet eurer Klasse davon.

b) Denkt euch ein eigenes Ende aus. Schreibt es als Geschichte auf oder malt es als Bild.

 HB 33

c) Hört euch die Ouvertüre der Oper an und begründet anhand der Musik, ob die Oper ein glückliches oder tragisches Ende nehmen wird.

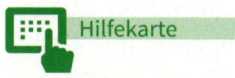 Hilfekarte

Infobox

Eine **Sage** ist eine alte mündlich überlieferte Geschichte mit übernatürlichen Elementen, die zum Teil auf tatsächlichen Begebenheiten basiert. Im antiken **Rom** war **Jupiter** der oberste römische Gott und **Merkur** der römische Götterbote. **Karthago** war eine antike Stadt in Nordafrika, die heute Tunis heißt. **Troja** war eine antike Stadt in der heutigen Türkei.

Die Hexenbeschwörung

Dido, Königin von Karthago, und Aeneas, Prinz von Troja, sind glücklich verliebt. Zuerst haben sie sich gar nicht recht getraut, sich ihre Liebe zu gestehen. Aeneas weiß nämlich, dass er für den Gott Jupiter noch eine schwere Aufgabe erfüllen muss. Nachdem seine Heimat, die Stadt Troja, im Krieg zerstört worden ist, soll er in Italien die Stadt Rom gründen. Doch in Karthago gefällt es ihm sehr gut und er möchte die Stadt eigentlich gar nicht mehr verlassen – besonders, seitdem er Didos Herz gewinnen konnte.

„Dido und Aeneas" ist eine alte römische Sage. Sie spielt zu einer Zeit vor der Gründung Roms. Der englische Komponist Henry Purcell hat zu dieser Sage eine gleichnamige Oper geschrieben, in der auch drei Hexen vorkommen. Diese Hexen versuchen, Dido und Aeneas zu trennen.

Pierre Narcisse Guérin: Aeneas berichtet Dido vom Untergang Trojas (1815)

Infobox

Henry Purcell
(1659 – 1695) wurde zunächst als Chorknabe ausgebildet. Mit siebzehn Jahren nahm er eine Stellung als Organist in der Londoner Kirche Westminster Abbey an. Er schrieb Musik für feierliche Anlässe des Königshauses, aber auch für das Theater. Wann Purcells Oper „Dido und Aeneas" uraufgeführt wurde, ist nicht genau bekannt. Fest steht, dass sie 1689 an einem englischen Mädchenpensionat aufgeführt wurde.

1 Lest die Hexenszene mit verteilten Rollen.

2 a) Erklärt, warum die Hexen Dido hassen.
  b) Erklärt, wie die Hexen Dido und Aeneas trennen wollen.

Erste Hexe: Die Königin von Karthago, die wir hassen,
  so wie wir alle glücklichen Menschen hassen,
  soll noch vor dem Sonnenuntergang in tiefe Trauer verfallen,
  ihres Glückes, ihrer Liebe und ihres Lebens beraubt!
Alle Hexen: Ho, ho, ho, ho, ho, ho!
Zweite Hexe: Noch vor dem Sonnenuntergang?
  Sag uns, wie wir das bewerkstelligen können!
Erste Hexe: Dem Prinz von Troja wurde, wie ihr wisst,
  das Schicksal auferlegt, nach Italien zu reisen.
  Er und die Königin sind gerade auf der Jagd!
Dritte Hexe: Hört nur – ihr Rufen kommt näher.
Erste Hexe: Doch wenn sie fertig sind, wird mein dienstbarer Geist in Gestalt
      von Merkur, dem Boten des Jupiter,
  den Prinzen von Troja schelten, dass er so lange in Karthago geblieben ist,
  und ihm befehlen, heute mit seiner ganzen Flotte abzureisen.
Alle Hexen: Ho, ho, ho, ho, ho, ho!

Einige betrunkene Seemänner kommen hinzu;
  die Hexen und Seemänner tanzen in ausgelassener Freude.

Zweite Hexe: Aber vorher werden wir noch
  einen Sturm herbeizaubern,
  um ihnen ihre Jagd zu verderben
  und sie nach Karthago zurücktreiben.

 HB 34

 Hilfekarte

Infobox

Eine **Ouvertüre** ist das instrumentale Eröffnungsstück im Musiktheater.

Eine **Arie** ist ein künstlerisches Sololied in einer Oper oder Operette, das oft dem Ausdruck von Gefühlen dient.

Ein **Rezitativ** ist ein Sololied, das einem Sprechgesang ähnelt und dem Fortgang der Handlung dient.

Ein **Duett** ist ein Lied, das von zwei Personen gemeinsam gesungen wird. Ein **Terzett** ist ein Lied, das von drei Personen gemeinsam gesungen wird.

Als **Finale** bezeichnet man das letzte Musikstück eines Musiktheaterstücks, in dem oft alle oder viele Akteure gemeinsam singen. Oft endet auch der erste Akt mit einem Finale.

3 Spielt diese Szene in Gruppen. Überlegt vorher, wie ihr die Hexen besonders finster darstellen könnt, wie die Beschwörung des Geistes aussehen könnte und wie die betrunkenen Seeleute mit den Hexen tanzen könnten.

4 Hört Purcells Musik zur Szene. Beschreibt die musikalischen Mittel, die die Hexen bedrohlich und fremd klingen lassen.

5 Ordnet das Stück der Hexen einer Art von Gesangsstück zu. (→ **Infobox**)

6 Entscheidet, wie die Geschichte von Dido und Aeneas wohl ausgehen könnte. Hier sind einige Möglichkeiten:

a) Der Plan der Hexen geht schief: Aeneas erkennt sofort, dass der von den Hexen beschworene Geist kein Bote von Jupiter ist. Er folgt daher seinem Befehl nicht, sondern heiratet Dido. Beide leben glücklich bis an ihr Ende.

b) Aeneas glaubt dem Geist, entscheidet sich aber, trotzdem bei Dido zu bleiben. Allerdings hat er zeitlebens ein sehr schlechtes Gewissen, dem Boten von Jupiter nicht gehorcht zu haben.

c) Dido ertappt die Hexen bei ihrem hinterhältigen Plan. Sie ist sehr zornig und lässt die drei aus dem Land jagen.

d) Aeneas gehorcht dem Befehl des Geistes, Dido zu verlassen, da er glaubt, dies sei Jupiters Wunsch. Dido ist über sein Weggehen so traurig, dass sie vor Kummer stirbt.

e) Aeneas überredet Dido, ihr Königreich zu verlassen und mit ihm nach Italien zu gehen, um dort Rom mit ihm zu gründen. In Italien angekommen erkennen die beiden, welch harte Arbeit noch vor ihnen liegt.

7 Ordnet jedem der möglichen Schlüsse drei passende Gefühle für Dido zu.

Dido fühlt sich bei diesem Schluss:
* glücklich * traurig * wütend * erschöpft * verliebt * verzweifelt * beschämt * fröhlich * empört * amüsiert *energievoll * reuevoll * verletzt * erleichtert * ängstlich * stolz * mitleidsvoll * hoffnungsvoll * hoffnungslos *

8 Wählt nun den Schluss aus, den ihr für den wahrscheinlichsten haltet.

9 Hört euch Didos Rezitativ und Abschlussarie an.

a) ★   Beschreibt die darin ausgedrückten Gefühle.
    ★★   Beschreibt, mit welchen musikalischen Mitteln diese Gefühle ausgedrückt werden.
    ★★★ Ordnet die darin ausgedrückten Gefühle einem der vorgeschlagenen Schlüsse zu und begründet eure Zuordnung.

b) Beschreibt den Unterschied zwischen Rezitativ und Arie.

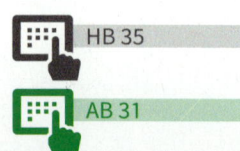 HB 35

AB 31

Jekyll & Hyde

1 Hört euch die erste Minute des Songs „Die Verwandlung" aus dem Musical von Frank Wildhorn an. Achtet auf den Text und benennt, was Dr. Jekyll gerade tut und was er vorhat.

 Zusatzseite

2 Nun hört das Stück erneut an und achtet besonders auf die Musik. Beschreibt, was für ein Mensch Dr. Jekyll wohl sein wird.

 HB 36

3 Lest den Text aufmerksam und beantwortet folgende Fragen:
  a) Was hatten die drei Mordopfer gemeinsam?
  b) Was weiß man über den Mörder?
  c) Was wollte Dr. Jekyll mit seinem Forschungsprojekt bezwecken?

London Times, 12. September 1886
Ungeklärter Dreifachmord erschüttert London

Nachdem schon letzte Woche zwei ungeklärte Morde der Londoner Polizei Rätsel aufgaben, hält die Serie des Schreckens an: Es wird vermutet, dass der Bischof von Basingstoke und ⁵General Glossop vom selben gewissenlosen Mörder erstochen wurden. Jüngstes Opfer ist Lady Beaconsfield, die mit ihrer eigenen Perlenkette erwürgt wurde.

Alle drei Opfer waren Mitglieder der obersten ¹⁰Kommission des St. Jude's Hospitals. Die Kommission ist verantwortlich für die Förderung von Forschungsprojekten, die der Heilung von Geisteskrankheiten dienen sollen.

Der Sekretär der Kommission, Simon Stride, ²⁰sagte in einem Interview: „Die ganze Kommission lebt nun in Angst und Schrecken. Wer wird das nächste Opfer sein?"

Die Kommission, so Stride, mache sich viele Feinde, da sie ja nicht alle Forschungsprojekte fördern könne – manche seien gar blanker Un-²⁵sinn. „Erst letzten Monat wollte ein namhafter Arzt, Dr. Jekyll, Gelder für ein Forschungsprojekt, bei dem er versuchte, mittels einer Chemikalie das Böse im Menschen vom Guten zu trennen. Was für eine wahnsinnige Idee!" ³⁰ Simon Stride war beinahe Augenzeuge des Mordes an General Glossop. Leider kam er zu spät, um den Täter aufzuhalten, konnte jedoch einen unbekannten Mann mit finsteren, hassverzerrten Zügen vom Tatort fliehen se-³⁵hen. „Der Mörder muss ein Verrückter sein, ohne jedes Mitgefühl und voller Hass", erklärt er. Die Polizei fahndet jetzt nach dem Unbekannten.

---

4 Nennt mögliche Verbindungen zwischen dem Musical-Song und dem Zeitungsartikel.

5 Das Musical „Jekyll & Hyde" spielt im Jahr 1886 in London.
Versucht herauszufinden, was es zur damaligen Zeit schon gab: Autos, elektrisches Licht, Wissenschaftler und Universitäten, Krankenhäuser, die Londoner Polizei Scotland Yard, Internet, Zeitungen, Schallplatten, Radio, Telefon, Kino.

Geht auf die Suche
z. B. zu Hause, in der Bibliothek

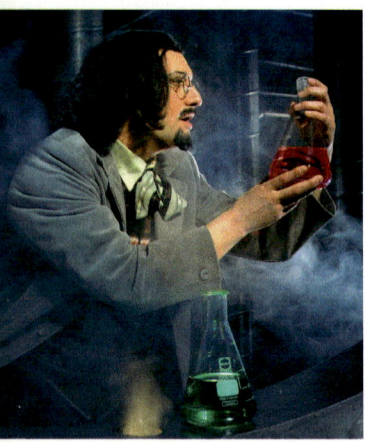

Der Wissenschaftler und Arzt Dr. Jekyll möchte den Menschen helfen und herausfinden, wie Wahnsinn entsteht. Er beantragt ein Forschungsprojekt bei der obersten Kommission des St. Jude's Hospitals. In einem Experiment möchte er mittels einer Chemikalie herausfinden, wie sich Wahnsinn anfühlt. Sein Forschungsprojekt wird abgelehnt, doch Dr. Jekyll experimentiert heimlich weiter. Er trinkt seine Chemikalie selbst und wird so seine eigene Versuchsperson.

Die Chemikalie verwandelt Dr. Jekyll völlig: Sein Gesicht verzerrt sich bis zur Unkenntlichkeit, seine Persönlichkeit ist nicht wiederzuerkennen. Aus Dr. Jekyll wird Mr. Hyde, ein gewissenloser, brutaler Mörder, der nach und nach die Oberhand über Dr. Jekyll gewinnt.

Jekyll und Hyde: Die Verwandlung

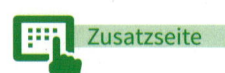 Zusatzseite

Im Musical-Song „Die Verwandlung" beschreibt Dr. Jekyll sowohl sein Experiment als auch dessen Folgen. Mitten im Lied verwandelt er sich zum ersten Mal in Mr. Hyde – für ihn selbst ziemlich überraschend.

 HB 36

6 ▸ Hört euch den Song noch einmal an, diesmal den ganzen Song. Erfasst hörend, an welcher Stelle die Verwandlung von Dr. Jekyll zu Mr. Hyde stattfindet. Achtet dabei auf den Text und die Musik und begründet eure Entscheidung. Klärt unbekannte Wörter.

7 ▸ Beschreibt, mit welchen musikalischen Mitteln Dr. Jekyll und Mr. Hyde im Lied dargestellt werden.

8 ▸ Recherchiert Bilder von Schauspielern, mit denen ihr die Rollen Dr. Jekyll und Mr. Hyde besetzen würdet – und Schauspieler, die beide darstellen könnten. Begründet eure Entscheidung.

Im 19. Jahrhundert entwickelten sich Wissenschaft und Technik sehr stark. Was für uns heute altmodisch wirkt, war für viele Menschen damals ein Fortschritt, der fast einem Wunder glich. Vieles war plötzlich möglich, was vorher undenkbar war. Daher erfanden die Menschen damals in Geschichten zukünftige Entdeckungen, von denen wir heute wissen, dass sie unmöglich sind. Dies gilt auch für die Geschichte von Jekyll und Hyde.

Infobox

Frank Wildhorn (* 1959 in New York City) begann schon zu Studienzeiten mit der Arbeit an seinem Musical „Jekyll & Hyde", das 1990 uraufgeführt wurde. In Deutschland ist es sein bekanntestes Musical, doch schrieb Wildhorn auch weitere Musicals wie „Dracula" und „Artus – Excalibur" (Deutschland-Premiere: 2016). Außerdem komponierte Wildhorn in den 1980er-Jahren den Nr.-1-Hit „Where do broken hearts go" für die amerikanische Popsängerin Whitney Houston.

Die Verwandlung

Jekyll: 13. September. 23:56 Uhr. Ich habe es
allein begonnen und ich werde es allein zu
Ende bringen. Ich selber muss die Versuchsperson des Experimentes sein.

5 Bin ich geschickt,
schreib ich auf, ob alles glückt,
notier', was ich hier an Veränd'rung spür'.

Werd' ich versteh'n,
meine Welt mit andern Augen seh'n?

10 Nur das rote Licht,
das im Glas sich bricht,
leuchtend rotes Blut
strahlt in voller Glut.
Farben, schön fragil
15 flüchten sich subtil in and're Welt.

Schau, wie grazil sie doch tanzen,
brillant ist ihr Schein!
Und führen mich in das Licht
aus dem nächtlichen Sein!

20 23:58. Ich habe 100 ml des Elixiers JH7
getrunken. Bitterer Geschmack. Brennt auf
der Zunge. Warmes Gefühl in der Kehle.
Die Hitze verbreitet sich schnell durch
meine Venen. Leicht euphorisches Gefühl,
25 leicht schwindelig. Keine auffälligen Veränderungen im Verhalten.

Nun ist es vollbracht,
nichts blieb unbedacht,
nur die Zeit allein
30 findet insgeheim und beweist.

Oh mein Gott! – Was ist das?
Etwas passiert hier,
ist es geglückt?
Etwas verschlingt mich,
35 ich werde zerdrückt,
zerreißt mich
und frisst mich
und macht mich verrückt!!!

Plötzlich ist – etwas da –
40 so ein Schmerz – unsagbar!
Plötzlich ist – dort ein Stich –
irgendwas tötet mich!
Plötzlich ist – abgehetzt –
was passiert – sterb' ich jetzt?

45 Oh mein Gott – sieh mich hier!
Welch ein Tier!
Wer ist diese Kreatur vor mir?

Hyde: FREI!!!

Mitternacht, unerwartete Entwicklung.
50 Verzeihen Sie, Doktor Jekyll,
ich vergaß, das Licht zu löschen!

Text: Susanne Dengler (OT: Frank Wildhorn/Leslie Bricusse) © BMG Rights Management GmbH, Berlin

9 Recherchiert,
  a) wie die Geschichte von Dr. Jekyll ausgeht,
  b) in welcher Stadt die deutsche Uraufführung des Musicals „Jekyll & Hyde"
     war und wo das Stück noch aufgeführt wurde oder wird,
  c) wer das Buch „Doktor Jekyll und Mister Hyde" schrieb, und wann es
     veröffentlicht wurde.

10 Erfindet für die Geschichte ein alternatives Ende. Stellt es der Klasse vor.
  Diskutiert, welches Ende am besten zu der Geschichte passen würde und
  warum.

Hilfekarte

Geht auf die Suche
z. B. zu Hause,
in der Bibliothek

Die Stimme – ein vielfältiges Instrument

1 Schaut euch die Bilder genau an. Inwiefern passen sie zum Thema „Stimme"?

2 Hört euch die Hörbeispiele an. Beschreibt die Gesangsstimmen. Welche Ähnlichkeiten und welche Unterschiede im Gebrauch der Stimme fallen euch auf?

3 Ordnet die Hörbeispiele den Abbildungen zu. Begründet eure Meinung.

4 a) Erstellt ausgehend von den bisher gemachten Beobachtungen eine Mindmap zur Stimme und ergänzt sie durch euer eigenes Vorwissen (**→ Werkzeugkasten „Eine Mindmap gestalten" S. 78**).
   b) Findet euch zu zweit zusammen und stellt euch gegenseitig eure Ergebnisse vor. Ergänzt diejenigen Aspekte, die in eurer eigenen Mindmap fehlen.
   c) Bildet Vierergruppen. Tauscht euch über eure Ergebnisse aus und erstellt eine gemeinsame Mindmap-Präsentation (Lernplakat, digitale Präsentation etc.).

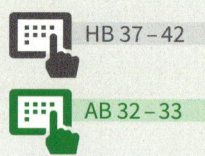

HB 37 – 42

AB 32 – 33

Alt

STIMMLAGEN

???

STIMME

GESANGSSTIL

SPRECHWEISEN

Summen

Opserngesang

Flüstern

Werkzeugkasten   Eine Mindmap gestalten

Mit einer Mindmap könnt ihr Ideen ordnen und auch neue kreative Gedanken finden.

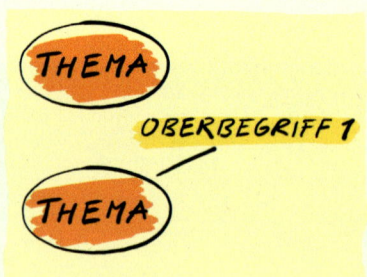

1. Verwendet ein unliniertes Blatt im DIN-A4-Format oder größer und legt es quer. Beginnt in der Mitte des Blattes und schreibt dort das Thema auf. Ihr könnt auch ein zentrales Bild malen, das das Thema darstellt.

2. Ein Oberbegriff rund um das zentrale Thema/Bild wird an einen farbigen Ast in BLOCKBUCHSTABEN geschrieben. Dieser Oberbegriff wird in derselben Farbe geschrieben wie der Ast.

3. Dieser Ast wird mit dem zentralen Thema/Bild verbunden.

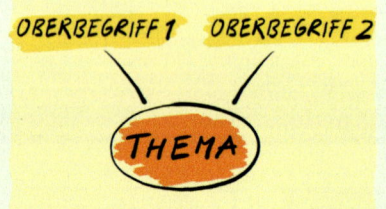

4. Fügt weitere Oberbegriffe hinzu. Dabei kann jeder Hauptast mit einer anderen Farbe gekennzeichnet werden.
   Beachtet: Auch hier werden BLOCKBUCHSTABEN verwendet.

5. Fügt nun den Hauptästen eine zweite Gedankenebene hinzu (Nebenäste). Beachtet dabei, dass …

   a) auch diese Wörter leserlich (z. B. in Druckbuchstaben) geschrieben werden,

   b) das Blatt während des Schreibens/Zeichnens nicht hin- und hergedreht wird,

   c) die Nebenäste in derselben Farbe wie die Hauptäste gezeichnet werden.

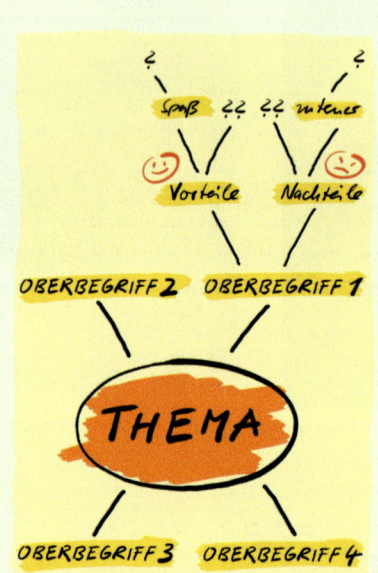

6. Fügt nun eine dritte und vierte Gedankenebene hinzu (Nebenäste) und schreibt auf den Linien weitere Schlüsselwörter.

7. Ergänzt eure Schlüsselwörter so oft wie möglich mit anschaulichen Bildern und Symbolen oder ersetzt sie durch Bilder und Symbole.

8. Lasst euren Gedanken freien Lauf. Das heißt, „springt" auf der Mindmap so herum, wie euch neue Ideen, Gedanken und Verbindungen einfallen.

Gesangsstile

Die menschliche Stimme spielt in der Menschheitsgeschichte eine große Rolle. Das liegt nicht zuletzt daran, dass sie aufgrund ihrer Wandlungsfähigkeit und der unzähligen Klangmöglichkeiten so vielfältig wie kaum ein anderes Instrument ist. Sie wird in unterschiedlichen Zusammenhängen genutzt: nicht nur im Konzertsaal oder im Kirchenraum, auch im Stadion, bei Sportveranstaltungen oder im Alltag. Je nachdem, zu welchem Zweck oder in welchem kulturellen Zusammenhang die Stimme zum Einsatz kommt, verändert sie ihren Ausdruck und es treten andere Gestaltungselemente in den Vordergrund.

1 a) Lest die Beschreibungen und ordnet sie den folgenden Gesangsstilen zu.

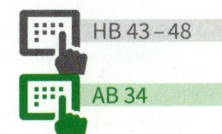

HB 43–48

AB 34

Rocksong – Arie – Gregorianischer Choral – Volkslied – Kehlgesang – A-Cappella-Popsong

> Die Stimme erscheint extrem kunstvoll. Sie wird von einem Orchester begleitet und wie ein Soloinstrument eingesetzt. Der Text ist kaum zu verstehen. Klang und Ausdruck des Gefühls stehen im Vordergrund.
>
> **1**

> Diese Gesangsart wird z. B. in der Mongolei gepflegt. Die Sänger produzieren in der Kehle einen tiefen Klang, bei dem durch die Veränderung der Mundstellung weitere Töne hörbar werden.
>
> **2**

> Es wird mehrstimmig gesungen. Instrumente fehlen und werden von der Stimme nachgeahmt (z. B. das Schlagzeug). Der Musikstil ist populär und zielt auf ein Massenpublikum.
>
> **3**

> Die Stimme wirkt „rauchig" und rau, manchmal auch aggressiv. Sie nutzt vielfältige Klangmöglichkeiten. Ziel ist der Ausdruck einer bestimmten Gefühlslage. Begleitet wird der Gesang von Instrumenten wie der E-Gitarre, dem E-Bass und dem Schlagzeug.
>
> **4**

> Es singen mehrere Personen eine einstimmige Melodie. Diese erinnert an Kirchenmusik. Eine Begleitung durch andere Instrumente fehlt. Der zugrundeliegende Text ist auf Latein.
>
> **5**

> Text und Musik sind einfach und erscheinen vertraut. Jeder kann voraussetzungslos mitsingen. Der Tonumfang ist gering.
>
> **6**

b) Bringt Hörbeispiele mit, die einen oder mehrere der hier abgedruckten Musikstile veranschaulichen.

★   Stellt die Beispiele in eurer Klasse vor.

★★   Findet euch in Kleingruppen zusammen und gestaltet mithilfe der Beispiele ein Hörrätsel.

★★★ Recherchiert weitere Gesangsstile und ihre Merkmale. Stellt sie im Rahmen einer kleinen Präsentation vor (→ **Werkzeugkasten „Informationen über Musik digital präsentieren", S. 80**) und veranschaulicht sie anhand eines passenden Hörbeispiels.

Werkzeugkasten | Informationen über Musik digital präsentieren

Vorbereitung & Organisation

- Sammelt alle Informationen und Medien in einem Ordner eines Computers oder Tablets. Gebt diesem Ordner einen eindeutigen Namen.
- Legt Unterordner an, falls ihr viele unterschiedliche Medienformate (Bilder, Audio, Video, Texte) nutzen wollt.
- Prüft, ob der Rechner alle Medienformate erkennt und abspielen kann.

Planung

- Wählt aus, in welcher Form ihr eure Informationen präsentieren wollt:
  - In einem **Audio-Guide** oder einem **Feature** können neben einer Sprachaufnahme noch zusätzlich Musik oder Geräusche erklingen.
  - In **digitalen Präsentationen** können Texte, Bilder, Audio- und Video-Dateien platziert werden.
  - In einem **Erklär-Video** gibt es die Ebenen Sprache, Musik, Geräusche, Bilder oder Videos.

Umsetzung

- Wählt ein passendes Werkzeug zur Erstellung eurer Präsentationen aus:
  - In einem **Audio-Editor** können Audio-Dateien aufgenommen, importiert, geschnitten, arrangiert und als fertige Audio-Datei exportiert werden.
  - In **Präsentations-Software** können die verschiedenen Medien angeordnet werden. Zusätzlich können eigene Kommentare aufgenommen und Übergänge ausgewählt werden.
  - In einem **Video-Editor** können Videos geschnitten, bearbeitet und arrangiert werden. Tonspuren, Geräusche, Titel und Grafiken können hinzugefügt werden. Übergänge können eingefügt und das fertige Video kann exportiert werden.
- Notiert euch möglichst bei allen **Materialien aus dem Internet** die Adresse (URL) in einer eigenen Datei. Besprecht mit eurer Lehrerin oder eurem Lehrer, ob diese in euren eigenen Präsentationen eingesetzt werden dürfen. Nennt dann die Adressen auf der letzten Seite eurer Präsentation.

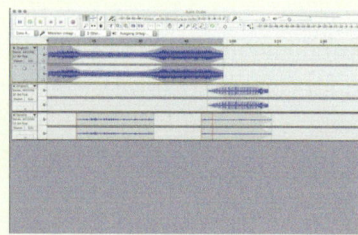

Die Stimme einsetzen

„Warm-ups" und Stimmtraining

So wie viele Sportler und Sportlerinnen vor dem Wettkampf eine Aufwärmphase brauchen, um ihre Körper zu dehnen, geschmeidig zu machen und die Verletzungsgefahr zu verringern, brauchen auch Sängerinnen und Sänger eine Aufwärmphase für ihre Stimme. Mit dem Einsingen (auch: Warm-up) bereitet man das eigene Singen in der Probe oder im Konzert vor. Die folgende Trainingseinheit besteht aus drei zentralen Bausteinen: Lockerungsübungen, Atemübungen, Einsing- und Stimmbildungsübungen.

 Probiert die folgenden Übungen aus und diskutiert, inwiefern sie euch das eigene Singen erleichtern.

Lockerungsübung

Findet euch zu zweit zusammen und stellt euch so hintereinander auf, dass der eine Partner dem anderen den Rücken nach folgenden Anweisungen massieren kann:

- *Nieselregen*: Die Fingerspitzen spielen auf dem Rücken wie auf einem Klavier.
- *Dicke Regentropfen*: Zeige- und Mittelfinger „platschen" zusammen auf den Rücken.
- *Landregen*: Die Geschwindigkeit nimmt zu.
- Platzregen: Mit der ganzen Handfläche wird auf den Rücken geklopft.
- *Donner und Blitz*: Mit den Fäusten wird vorsichtig auf den Rücken geklopft.
- *Wind*: Mit den Handflächen wird der ganze Rücken wie mit einem Handtuch abgerubbelt.
- *Sturm*: Der Körper wird hin und her geschaukelt.
- *Sonnenschein:* Die Hände werden flach auf den Körper gelegt.
  Tauscht nach einem Durchgang die Rollen.

Atemübung

Atmet wie durch einen Strohhalm tief in den Bauch hinein und gleichmäßig auf „s", „f" oder „sch" aus. Portioniert eure Atmung, indem ihr zunächst jeweils fünf Schläge lang ein- und ausatmet. Atmet dann vier Schläge ein und sechs aus, dann drei Schläge ein und sieben aus, zwei Schläge ein und acht Schläge aus und schließlich einen Schlag ein und neun Schläge aus. Achtet darauf, dass ihr eure Luft gut einteilt und umso intensiver und tiefer einatmet, je weniger Schläge ihr zur Verfügung habt.

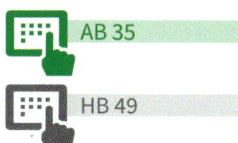

AB 35

HB 49

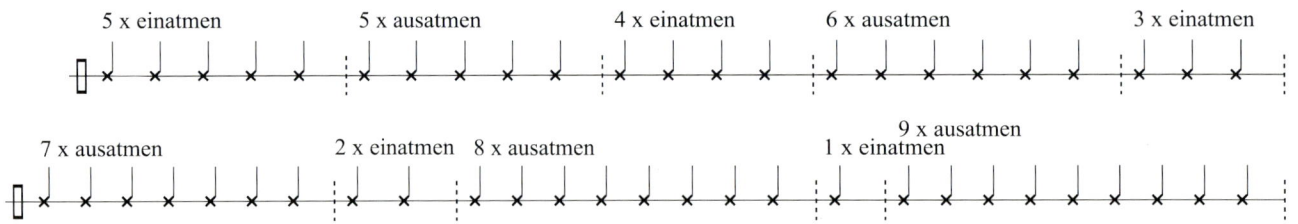

Einsing- und Stimmbildungsübung

a) Probiert mithilfe der folgenden Patterns (= Muster) verschiedene Rhythmen aus.

★	Einigt euch auf einen Rhythmus und nutzt diesen zur Begleitung des Musikstil-Raps (→ **Seite 89**).

★★	Erfindet eigene Begleit-Rhythmen.

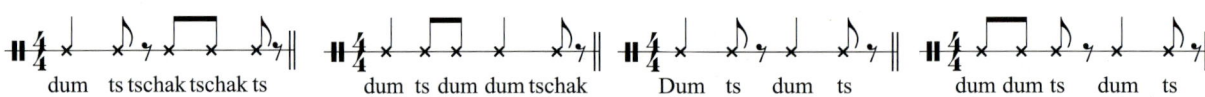

b) Summt wie ein großer Bienenschwarm zunächst auf unterschiedlichen Tönen, dann auf einem gemeinsamen Ton. Öffnet und schließt auf ein Zeichen eures Lehrers oder eines Mitschülers euer Summen zu unterschiedlichen Vokalen.

c) Singt auf einem wechselnden gemeinsamen Ton eine der folgenden Lautkombinationen:

minnemanne
kinnekanne
tinnetanne

minnemanne
kinnekanne
tinnetanne

minn
kinn
tinn

d) Singt die Silbe „mom" in der notierten Art und Weise. Ändert bei der Wiederholung die Tonart, indem ihr jeweils einen Halbton höher singt. Ihr könnt auch den Vokal ändern (z. B. „mim", „mam", „mum" statt „mom") oder andere Silben nutzen (z. B. "ham", "don", "la"). Die Übung eignet sich außerdem dazu, ausschließlich auf Vokalen gesungen zu werden.

2 Erstellt ein eigenes kurzes Warm-up, das die drei Hauptbereiche (Lockerungs-
übung – Atemübung – Einsing- und Stimmbildungsübung) berücksichtigt, und
probiert es mit der Klasse aus.

★　　Nutzt dazu jeweils eine der hier angebotenen Übungen.

★★　Erfindet eigene Übungen.

Stimme und Stimmlagen

Menschen sprechen und singen unterschiedlich hoch und tief. Das hängt nicht
nur davon ab, ob jemand männlich oder weiblich, alt oder jung ist. Auch der
Körperbau, die unterschiedlich großen Klangräume im Kopf- und Brustbereich
und die Beschaffenheit der Stimmbänder im Kehlkopf spielen eine entschei-
dende Rolle.

In einem Chor werden diese Unterschiede durch die Einteilung in sogenannte
Stimmlagen (auch „Stimmgattungen" genannt) offensichtlich. Hier unterscheiden wir grundsätzlich zwischen:

Sopran = hohe Frauenstimme　　　　*Tenor* = hohe Männerstimme

Alt = tiefe Frauenstimme　　　　*Bass* = tiefe Männerstimme

Auch im Notentext lassen sich die Stimmlagen wiederfinden. Hier ein Beispiel:

Das klinget so herrlich

Text: Emanuel Schikaneder
Musik: Wolfgang Amadé Mozart

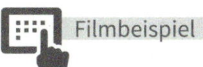
Filmbeispiel

3 Studiert das vorliegende Musikstück ein.

★   Singt die Sopranstimme zur Klavierbegleitung.

★★   Wählt eine weitere Stimme aus und musiziert zweistimmig.

★★★ Musiziert die vier Stimmen mit Xylophonen und Glockenspielen.

Sprechweisen

Klangpfad

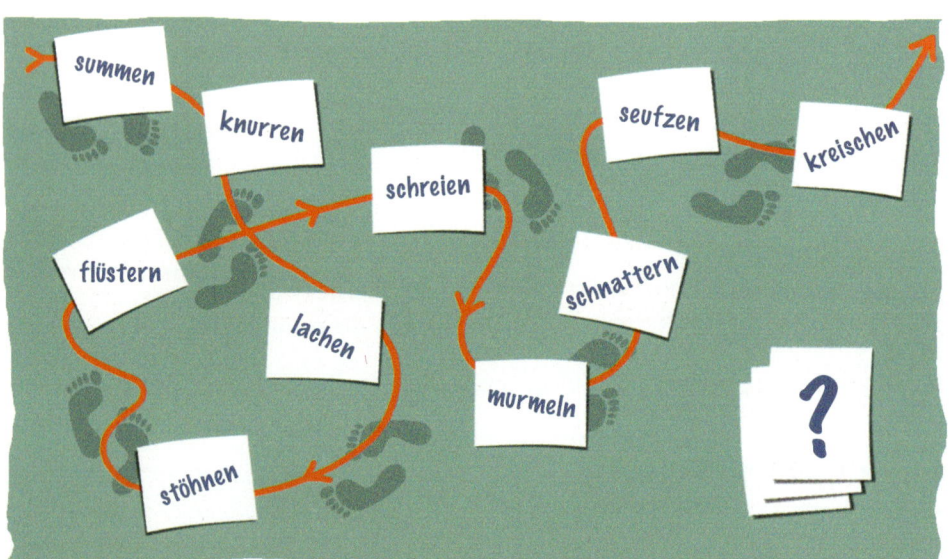

1 Setzt den Klangpfad mithilfe der vorgeschlagenen Möglichkeiten um:

★   Übertragt den hier abgedruckten Klangpfad auf eine Folie und projiziert diese. Bestimmt einen Dirigenten, der die Abfolge der Sprechweisen mit einem Stift anzeigt, und setzt sie gemeinsam um.

★★   Schreibt die oben angegebenen Wörter auf A4-Blätter und verteilt sie auf dem Boden eures Klassenraumes so, dass ein eindeutiger und gangbarer Weg entsteht. Geht diesen Weg nacheinander ab und setzt dabei die jeweils geforderte Sprechanweisung um.

★★★ Überlegt euch weitere Geräusche, Sprech- und Ausdrucksweisen und gestaltet einen eigenen Klangpfad, den ihr mit der Klasse einstudiert.

Stripsody

Auch die amerikanische Sängerin und Komponistin Cathy Berberian (1928 – 1983) hat sich die enorme Ausdruckspalette der Stimme für ihr Stück „Stripsody" (1966) zunutze gemacht.

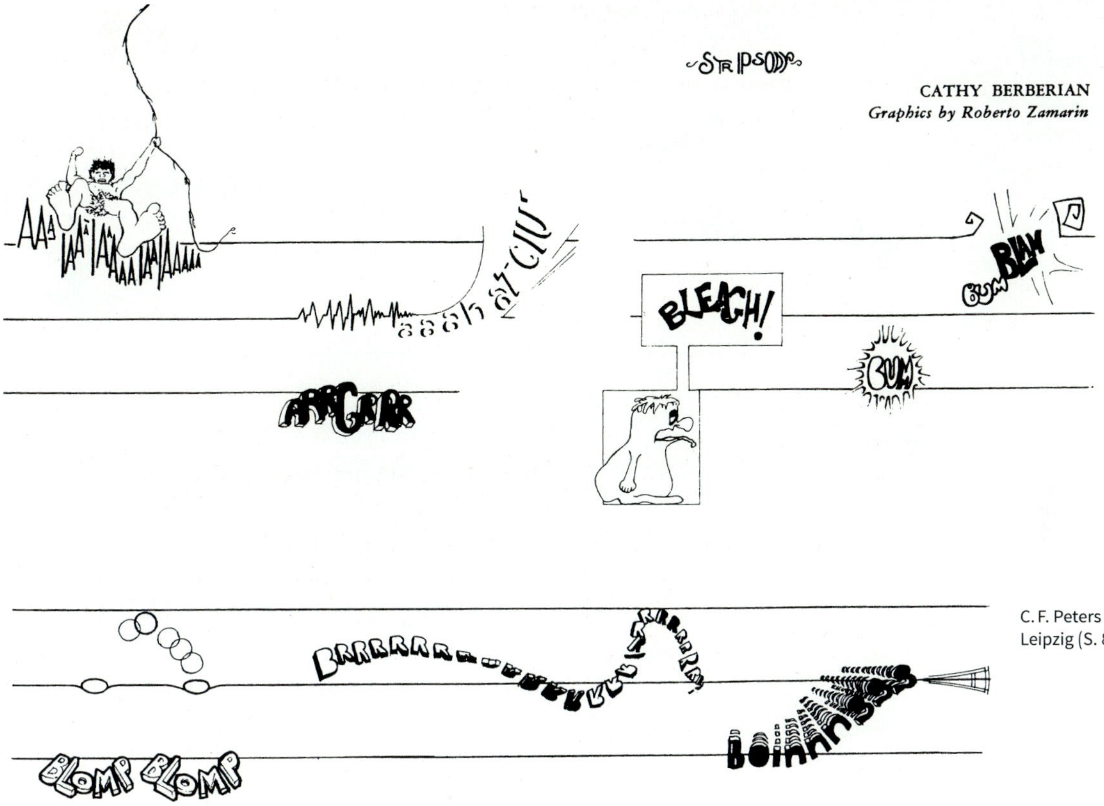

STRIPSODY

CATHY BERBERIAN
Graphics by Roberto Zamarin

C. F. Peters Musikverlag
Leipzig (S. 85 und S. 86)

2 Schaut euch den Partiturausschnitt genau an und beschreibt, was euch auffällt.

3 Äußert Vermutungen, wie die Umsetzung des vorliegenden Stückes klingen könnte.

4 Setzt eure Vermutungen mit eurer Stimme um. Vergleicht eure Ergebnisse.

5 Hört euch das Musikbeispiel an. Vergleicht es mit euren eigenen Klangproduktionen und versucht ausgehend davon, wesentliche Regeln zur Umsetzung des vorliegenden Notentextes zu benennen.

 HB 50

Infobox

Partitur (vgl. auch S. 39): untereinander angeordnete Zusammenstellung aller Einzelstimmen einer Komposition, die es ermöglicht, das musikalische Geschehen auf einen Blick zu überschauen

Grafische Partitur: An die Stelle der traditionellen Notenschrift treten Zeichen, die das musikalische Geschehen nur andeuten. Die genaue Ausführung, z. B. die Wahl der Tonhöhe, steht dem Musiker frei.

6 Setzt in Gruppen den obigen Partiturausschnitt aus dem Stück „Stripsody" mit euren Stimmen um. Beachtet dabei folgende Punkte:

a) Berücksichtigt die zuvor gefundenen Regeln einer grafischen Partitur für die Umsetzung von Tonhöhen, Tondauern und Lautstärken.

b) Alle aus eurer Gruppe sollten an der Präsentation beteiligt sein.

c) Geht im Rahmen der Regeln der Partitur möglichst erfindungsreich mit eurer Stimme um.

Stellt euer Ergebnis der Klasse vor und diskutiert über die unterschiedlichen Formen der Umsetzung.

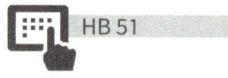 HB 51

7 Vergleicht eure Umsetzungen des Partiturausschnittes mit der von Cathy Berberian und beschreibt die wichtigsten Gemeinsamkeiten und Unterschiede.

 Filmbeispiel

AB 37

8 a) Gestaltet nach dem Vorbild von „Stripsody" eine eigene Comic-Komposition.

b) Studiert diese ein und stellt sie der Klasse vor.

Rhythmicals und Sprechstücke

1 Studiert das rechts wiedergegebene Rhythmical in eurer Klasse ein. Überlegt dabei, wie ihr die einzelnen Wörter unterschiedlich aussprechen könnt, sodass eine abwechslungsreiche Gestaltung entsteht.

 AB 38

2 Bildet Gruppen und gestaltet ein eigenes Rhythmical-Menü.

a) Übertragt dazu das Tabellenschema in euer Heft und ergänzt den Rhythmus eurer eigenen Wörter (den Zählzeiten entsprechend) in die dazugehörigen Kästchen.

b) Überlegt nun einen sinnvollen Ablauf und passende Sprechweisen für euer Rhythmical.

★ Übt euer Rhythmical, bis ihr es beherrscht, und stellt es der Klasse vor.

★★ Überlegt euch eine Tisch- oder Zubereitungsszene, die zu eurem Rhythmical passt und während des Vortrags ablaufen könnte.

Das große Fressen

Zählzeiten	1	und	2	und	3	und	4	und
Sprecher 1	Lauch				Sup-		pe	
Sprecher 2	Sau-	er-	kraut	und	Wurst			
Sprecher 3							Reis!	
Sprecher 4	Tor				te			
Sprecher 5	Bit-	ter-	le-	mon	Bit-	ter-	le-	mon
Sprecher 6	Spei-		se-		eis			
Sprecher 7	Gu				lasch			
Sprecher 8	Sup-	pen-	grün					
Sprecher 9			Schoko-	soße			Schoko-	soße
Sprecher 10	Mir		ist		schlecht,		ach!	

3 Hier sind die Stimmen der ersten vier Sprecher und Sprecherinnen des Rhythmicals in regulärer rhythmischer Notenschrift abgedruckt.

★ Übertragt die Noten in eurer Heft.

★★ Übertragt auch die Stimmen der anderen Sprecher und Sprecherinnen in die reguläre rhythmische Notation. (→ **Werkzeugkasten „Noten schreiben", S. 218**)

★★★ Überlegt euch für das Rhythmical drei weitere Menübeiträge und schreibt sie rhythmisch korrekt auf.

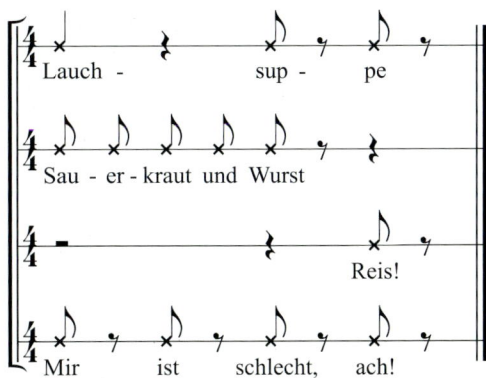

Infobox

Die **rhythmische Notation** unterscheidet sich von der regulären Notenschrift dadurch, dass es nur eine Notenlinie gibt und der Notenkopf aus einem x besteht.

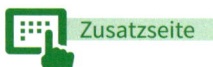 Zusatzseite   **Global Funk**

Musik und Text: Jürgen Terhag

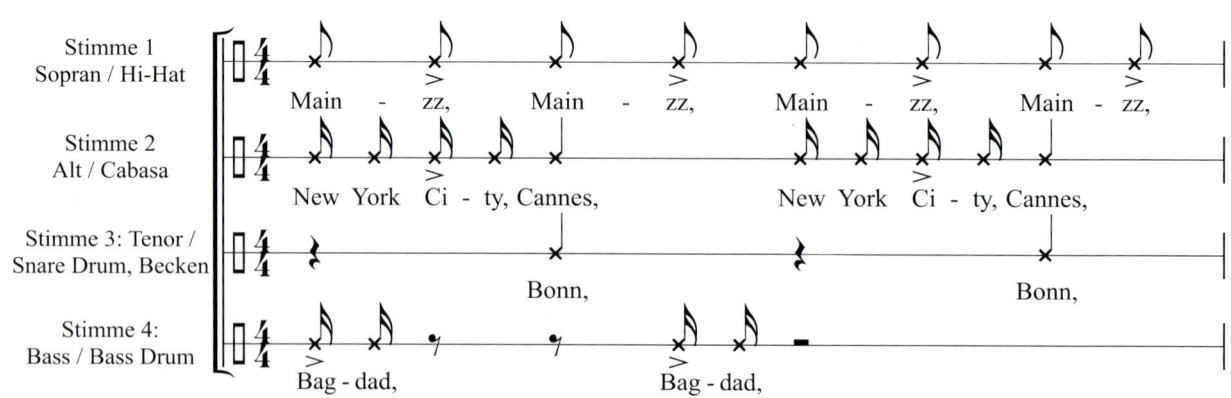

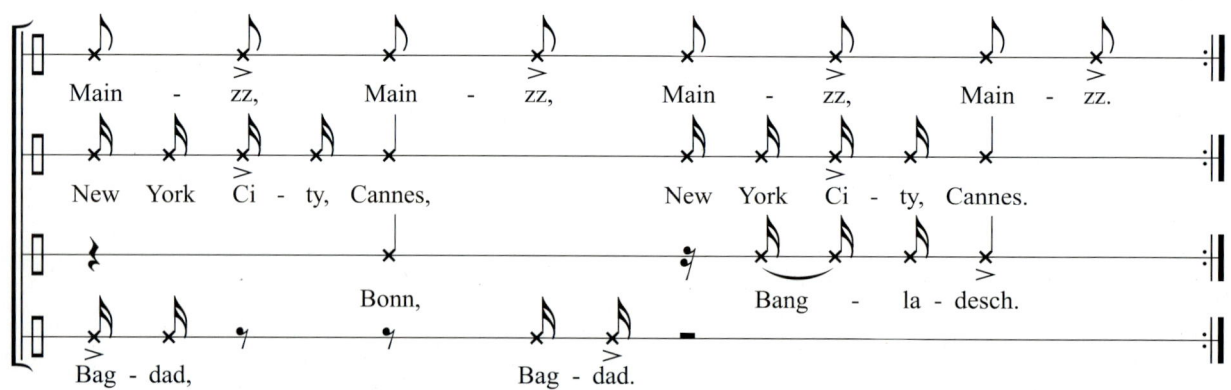

Strophenteil

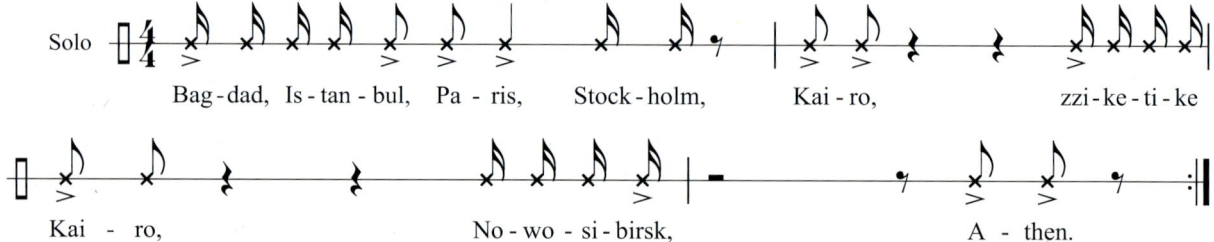

Begleitpattern zum Strophenteil

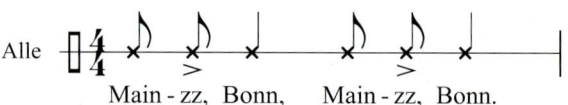

Musikstil-Rap

Musik und Text: Anja Rosenbrock

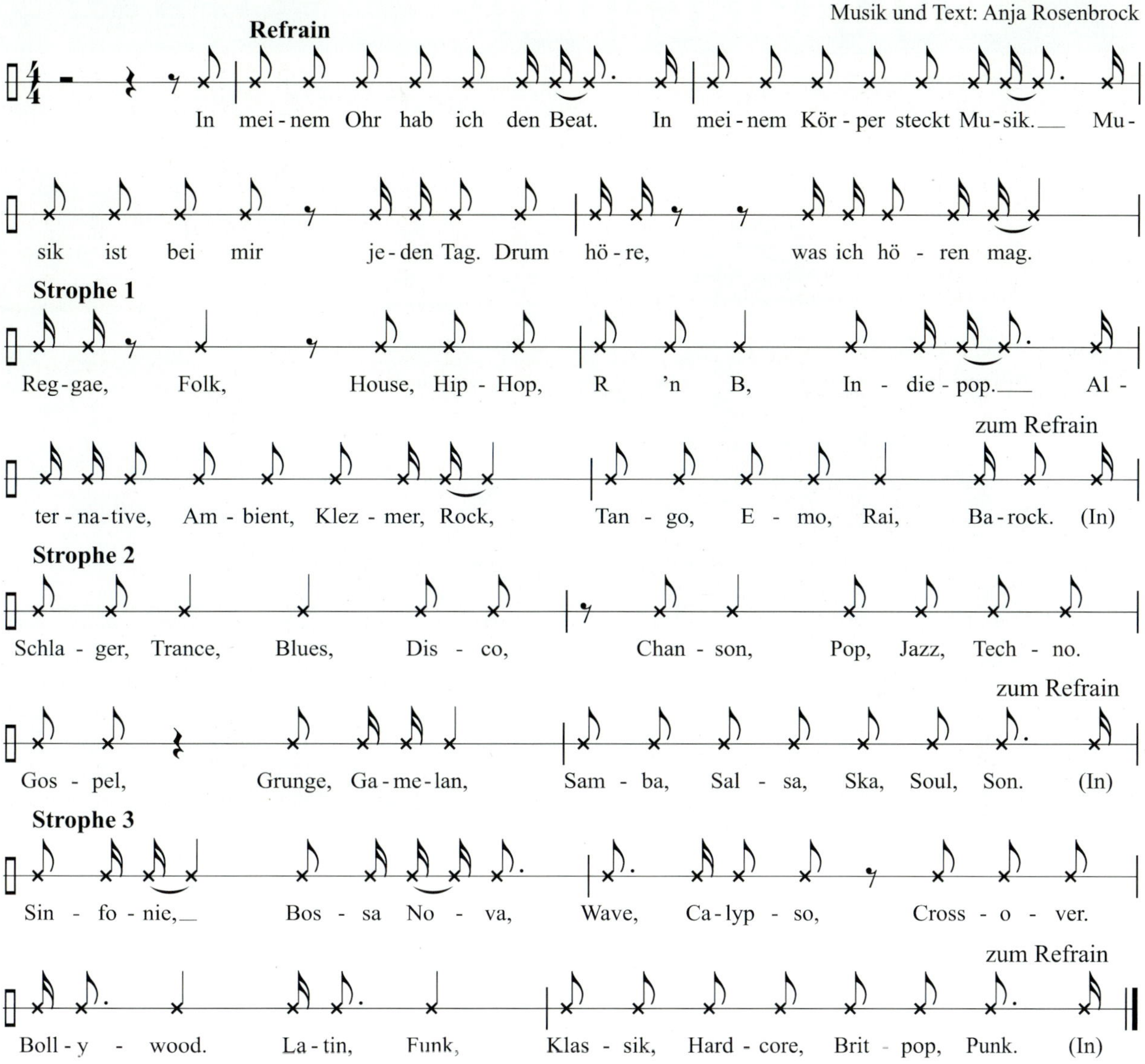

Refrain

In mei-nem Ohr hab ich den Beat. In mei-nem Kör-per steckt Mu-sik.___ Mu-

sik ist bei mir je-den Tag. Drum hö-re, was ich hö-ren mag.

Strophe 1

Reg-gae, Folk, House, Hip-Hop, R 'n B, In-die-pop.___ Al-

zum Refrain

ter-na-tive, Am-bient, Klez-mer, Rock, Tan-go, E-mo, Rai, Ba-rock. (In)

Strophe 2

Schla-ger, Trance, Blues, Dis-co, Chan-son, Pop, Jazz, Tech-no.

zum Refrain

Gos-pel, Grunge, Ga-me-lan, Sam-ba, Sal-sa, Ska, Soul, Son. (In)

Strophe 3

Sin-fo-nie,___ Bos-sa No-va, Wave, Ca-lyp-so, Cross-o-ver.

zum Refrain

Boll-y-wood. La-tin, Funk, Klas-sik, Hard-core, Brit-pop, Punk. (In)

---

1 Sprecht den Musikstil-Rap im Chor.

2 Welche dieser Musikstile (oder Begriffe) kennt ihr, welche nicht? Recherchiert im Internet, woher die euch unbekannten Musikstile kommen, seit wann es sie gibt und wie sie klingen.

3 Welche Musikstile kennt ihr noch? Schreibt eigene Strophen.

Suche im Web
Klezmer

Musikinstrumente und Musikmachdinge

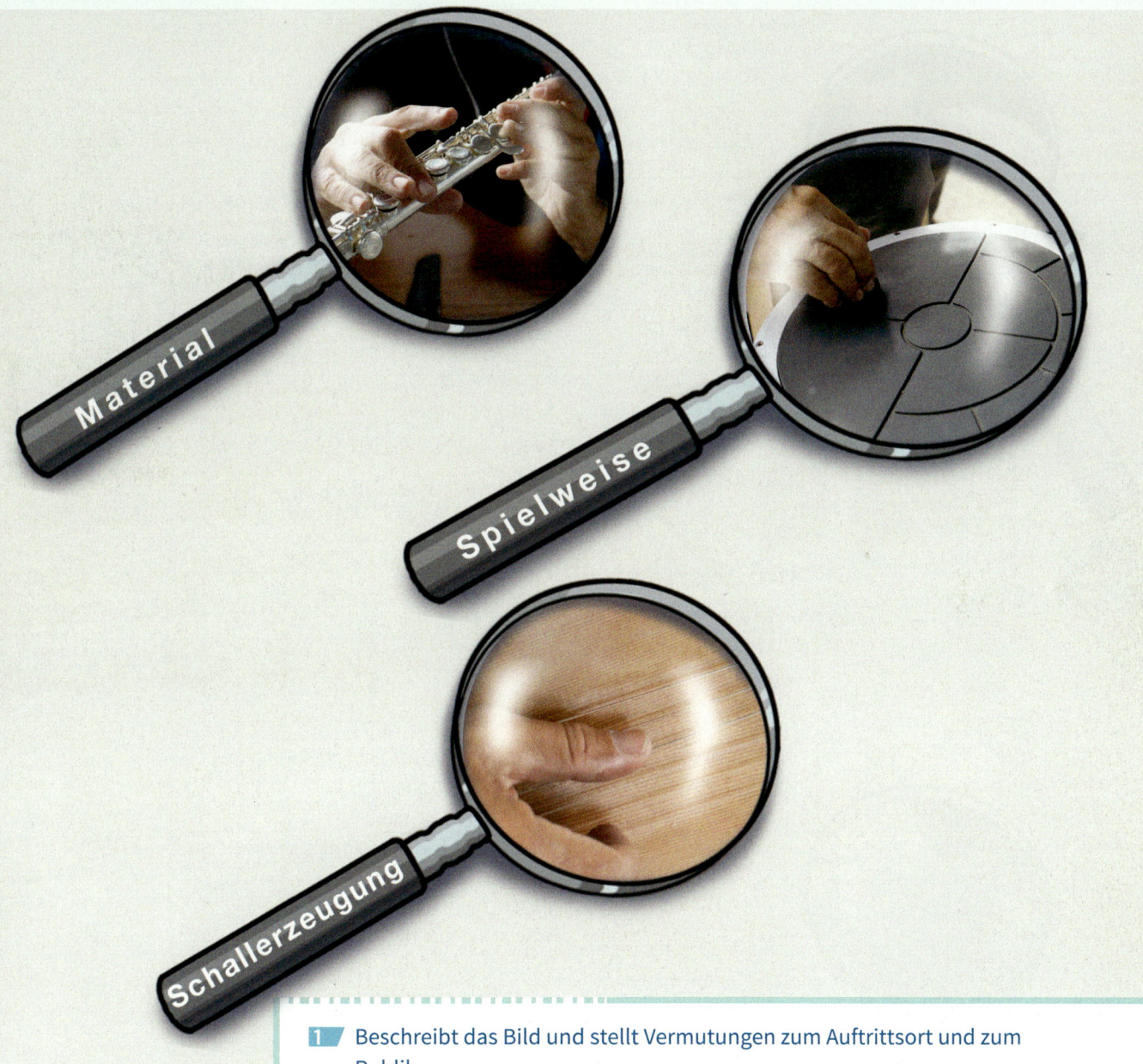

1 Beschreibt das Bild und stellt Vermutungen zum Auftrittsort und zum Publikum an.

2 Beschreibt alle „Dinge" mit denen hier Musik gemacht wird.

3 Benennt alle technischen Hilfsmittel, die ihr auf dem Bild erkennt, und erklärt ihre Funktionen. Betrachtet die Musikmachdinge nun nacheinander durch die drei Lupen.

Musikmachdinge in Aktion

Lupe 1: Material

Es kann mit allen Materialien Musik gemacht werden, die für den Bau von Musikmachdingen zur Verfügung stehen und die sich für klangliche Zwecke eignen. In China und Korea ist aus alten Zeiten eine Ordnung der Musikinstrumente bekannt, die auf die damals wichtigsten acht Materialien Metall, Stein, Seide, Bambus, Kürbis, Erde, Holz, Leder zurückgeht. Wichtig waren sie nicht nur aus baupraktischen Gründen, sondern weil man durch diese acht Materialien an bedeutende Dinge erinnert wurde: Metall stand zum Beispiel für Ordnung, weil man metallene Glocken benutzte, um die Menschen im Land zur Ordnung zu rufen.

1 a) Benennt die Materialien, aus denen die Musikmachdinge (→ **S. 99 f.**) des Straßenmusikers (→ **S. 90**) bestehen.

b) Nennt weitere Materialien, aus denen traditionelle Musikinstrumente bestehen.

Lupe 2: Spielweise

Der Straßenmusikant führt unterschiedliche Spielweisen (oder Spieltechniken) vor.

 HB 52

2 a) Fertigt zu dem Hörbeispiel eine Tabelle an, in der ihr die nacheinander hinzukommenden Klänge und die zugehörigen Spielweisen näher beschreibt.

	Was erklingt?	Durch welches Musikmachding erzeugt?	Womit gespielt und wie?
1.	Gitarren-akkorde	Gitarre	Mit den Fingern. Die linke Hand greift, die rechte zupft.
2.	?	?	?
3.	?	?	?

b) Ergänzt andere Spielweisen, die ihr vom eigenen Musikmachen oder vom Zuschauen her kennt.

c) Tauscht Erfahrungen aus und diskutiert darüber, was bei den von euch aufgezählten Spielweisen eher leicht bzw. eher schwierig sein könnte.

Lupe 3: Schallerzeugung

Der Schall wird bei verschiedenen Musikmachdingen unterschiedlich erzeugt.

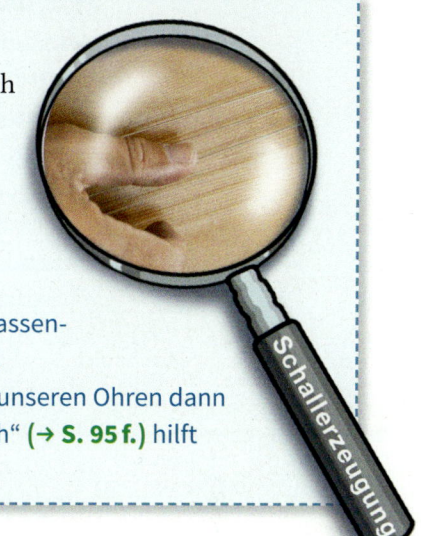

3 a) Beschreibt, was an den Musikmachdingen des Straßenmusikers in Bewegung gerät.

b) Nehmt die Grafik „Musikinstrumente zum Schwingen bringen" (→ **S. 101**) zu Hilfe und findet im innersten Kreis der Grafik den passenden Begriff für jede Bewegung, die ihr unter a) beschrieben habt.

c) Erklärt, wie aus den Bewegungen der Schall entsteht, den wir in unseren Ohren dann als Musik wahrnehmen können. Die Seite „Ton – Klang – Geräusch" (→ **S. 95 f.**) hilft euch dabei.

„Man hat den direkten Zugang zum Publikum"

Worin besteht der Reiz der Straßenmusik gegenüber anderer Musik, auf Bühnen zu stehen oder Home Recording zu machen?

 O-Ton

Also das ist für mich ganz klar geworden, dass Straßenmusik schon eine tolle Sache ist. Man hat irgendwie den direkten Zugang zum Publikum. Das ist ein-
5 fach eine wahnsinnig tolle Erfahrung, Menschen zu überraschen mit seiner Kunst. Das ist bei Konzerten nicht so und beim Homerecording auch nicht. Ich glaube, wenn die eigene Frau es zum zweiten oder zum dritten Mal gehört hat, was man so macht, ist das langweilig für sie. Genau so geht es mit vielen Menschen, die auch zu Konzerten gehen. Man hat eine wahnsinnige Erwartungshal-
10 tung. Man geht in Konzerte und dann sagt man: Ja, hoffentlich spielt er das und das. Und wenn sie das dann nicht tun, die Musiker, ist man schon eher ent-
täuscht. Man hat Geld bezahlt und dafür will man auch eine angebrachte Leis-
tung. Wenn man aber Straßenmusik macht, kommt das Ereignis überraschend. [...] Die Leute sammeln sich so um einen herum und signalisieren schon ihre
15 Bereitschaft. Und dann legt man los und das Repertoire ist vollkommen neu für sie und deswegen ist auch die Begeisterung gerade mit der Straßenmusik sehr hoch.

Wie suchst du die neuen Songs aus?

Ach, ich hab ja öfter auch mal so Feiern, wo ich dann mitmache, wo ich dann
20 eingeladen werde von Leuten, die Hochzeit haben oder Geburtstag. Und dann sagen die mir auch schon, welche Wünsche sie haben. Und dann versuche ich sie auch zu erfüllen. So komme ich an mein Repertoire. [...] Bei mir ist es so, dass ich sehr interessiert bin, mein Programm auszutauschen. [...] Also ich übe auf Kuhwiesen, weil sich das irgendwie alles ein bisschen so anbietet. Dann
25 kann ich auch mal testen an Kühen, wie das so klingt. Und wenn die dann nä-
herkommen, weiß ich: Aha. Ich hab Erfolg. Das kommt gut an.

Wir hatten vorhin schon einmal ein Gespräch, da hast du gesagt: Eigentlich möchtest du gar nicht mehr mit Band spielen, weil du im Grunde genommen deine eigene Band bist und dann klingt das so, wie du das auch willst. 30

Ja, man ist für alles selbst verantwortlich. Und das ist das, was ich im Augenblick genieße. Die Verantwortlichkeit für andere Personen bedeutet immer: zu spät kommen, nicht erscheinen, Stücke nicht geübt haben oder Stücke durchsetzen zu wollen, die den anderen gefallen – mir aber nicht. Und so kann ich eigentlich immer so meinen eigenen Kram spielen. Das ist einfach sehr vorteil- 35 haft.

Wie suchst du deine Auftrittsorte aus?

Da gehe ich irgendwie so nach dem Wetter, nach Lust und Laune, wo ich schon länger nicht mehr war und wo auch vieles milde gestimmt ist, wo das Ordnungsamt ruhig ist und so. Dann bin ich da schon lieber. 40

In einem Telefonat hast du mal von Fans gesprochen, dass du eigentlich gar nicht so gerne vor Fans spielst, sondern lieber vor neuem Publikum.

Ja, denn es ist ja klar, dass die Begeisterungen bei Fans schon wieder mit Pflichtgefühl zu tun haben. Das heißt, man muss schon wieder diesen Menschen gefallen und dann ist man schon wieder abgelenkt von dem, was man tun will, 45 weil: Die wollen vielleicht das eine oder andere Lieblingslied wieder hören, ich bin aber schon wieder einen Schritt weiter. Und dementsprechend ist es schon ein bisschen unangenehmer. Also ich will nicht sagen, dass ich auf Fans verzichten möchte. Aber es ist mir lieber, wenn sie nicht dabei sind. Dann kann ich einfach machen, was ich will. Ich kann auch aufhören wann ich will. Bei Fans 50 ist es so, da muss man immer durchspielen. Aber dann scheint die Sonne nicht mehr und dann hat man keine Lust mehr auf die Stadt, muss aber bleiben, weil die Fans dann sagen: Ja, jetzt muss man aber auch hierbleiben, wir sind extra gekommen.

Du hast schon mal mit einem von der Kelly-Familie Kontakt gehabt. 55 **Würdest du die Geschichte nochmal erzählen?**

Ja, ich hab da gesehen, dass ich da in einer Stadt, in Kassel war es, da war der [Jimmy] Kelly unterwegs und der war also wieder ziemlich neu auf der Straße. Er hatte vorher ja diese riesigen Konzerte gemacht und musste wieder quasi von vorne anfangen, weil das Geld in der Familie nicht mehr so flüssig war. 60 Und dann hat er es mit der Straßenmusik probiert und ich merkte, dass der da einige Fehler machte. Der stellte sich irgendwie so mitten in die Sonne hin, hat auch nicht irgendetwas dabeigehabt, dass man erkennen konnte, dass er einer von den Kellys ist, und verdiente eben halt sehr, sehr wenig Geld. Und außerdem hat er die falsche Tageszeit verwendet. Bei so einem Stadtfest sollte man 65 eigentlich möglichst abends spielen, weil die Leute dann in einer guten Feierlaune sind. Und tagsüber spielt man da nicht. Wir haben auch erst gewartet, bis es dunkel wurde. Und dann hatte er von all diesen Dingen gar keine Ahnung, dann ging ihm auch noch der Akku leer von den Batterien und so, und dann

70 hab' ich gesagt: Wir haben da noch was für dich. Wenn du jetzt noch ein bisschen wartest oder mit uns dann irgendwie noch das und das machst... [...] dann können wir dir den Akku übergeben. Und mit diesen Erfahrungen war er dann sehr zufrieden und schrieb das auch in seinem Buch, „Streetkid" heißt es.

Vielen Dank für das Interview!

1 a) Tragt zusammen, in welchen Punkten sich das Straßenmusizieren von Konzertauftritten unterscheidet.

b) Diskutiert, ob ihr selbst lieber Konzertauftritte hättet oder Straßenmusiker oder Straßenmusikerinnen wäret, und bezieht euch dabei auch auf die unter a) zusammengetragenen Unterschiede.

2 Fertigt eine Checkliste mit Ratschlägen für einen unerfahrenen Straßenmusiker/eine Straßenmusikerin an, der/die im Rahmen eines Stadtfestes auftreten möchte.

3 a) Recherchiert im Internet, was ein „Ordnungsamt" mit Straßenmusik zu tun hat und wie sich die Ordnungsämter verschiedener deutscher Städte im Umgang mit Straßenmusik unterscheiden.

b) Leitet aus eurer Recherche Orte ab, die ihr Thomas Drost für künftige Auftritte empfehlen würdet.

Mit Klängen experimentieren

Ton – Klang – Geräusch

Ein **Ton** wird von einem Musikmachding oder von der menschlichen Stimme erzeugt. Erklingt er auf einer gleichmäßigen Höhe (Tonhöhe), so kann er von Zuhörenden erkannt und nachgesungen oder nachgespielt werden. In perfekter mathematischer Gleichmäßigkeit, wie ihn nur elektronische Geräte erzeugen können, ist er ein sogenannter „Sinuston" (Abb. A). In allen sonstigen Fällen mischen sich in die gleichmäßige Schwingung aber auch Geräuschanteile. Sie geben dem Ton erst seine besondere **Klangfarbe**. Das Wort **Klang** ist mehrdeutig. Es meint zum einen eine typische Klangfarbe, z.B. eines Saxophontons im Unterschied zu dem einer E-Gitarre. Zum anderen wird es im Sinne von „Zusammenklang" benutzt und benennt die Überlagerung von mehreren Tönen, etwa wenn mehrstimmig gesungen oder auf einem Keyboard mehrere Tasten gleichzeitig gedrückt werden (Abb. B). Ein **Geräusch** ist eine Schwingung, die so unregelmäßig ist, dass in ihr kein Ton oder Klang erkennbar wird, etwa beim Geräusch eines Schellenkranzes (Abb. C).

Ton, Klang und Geräusch sind **Schall**-Ereignisse. Als Schwankungen von Luftdruck und Luftdichte setzen Schallwellen unser Trommelfell in Bewegung und werden somit hörbar. Auch von Flüssigkeiten und festen Körpern wird Schall weitergetragen, etwa im Wasser oder über eine Wand von einem Raum in einen

Hilfekarte

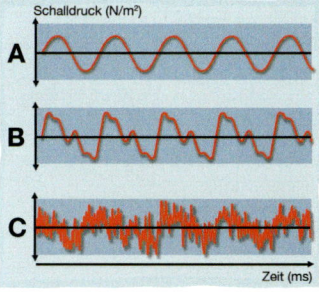
Schalldruck (N/m²)

A

B

C

Zeit (ms)

anderen. Mit Musikmachdingen können wir gezielt Schall erzeugen: Töne, Klänge, Geräusche.

HB 53 – 55

1 Hört euch die drei Hörbeispiele an und ordnet sie begründet den Begriffen „Ton", „Klang" („Zusammenklang") und „Geräusch" zu.

Geht auf die Suche
z. B. zu Hause,
in der Bibliothek

Musikmachdinge in deiner Umgebung

1 Sucht in eurem Musikraum oder in eurer Schultasche nach Musikmachdingen und experimentiert mit ihnen: Wie kann man ihnen ein Geräusch, einen Klang oder gar einen Ton (→ **S. 95**) entlocken?

2 Beschreibt, auf welche unterschiedliche Weise euer Musikmachding gespielt werden könnte.

3 Entwickelt einen Rhythmus mit euren Musikmachdingen und präsentiert das Ergebnis.

4 Sucht euch eines der folgenden sechs Experimente aus und führt es mit einem Partner oder einer Partnerin durch:

Experiment 1:
Trommel und Pendel
Hängt ein leichtes Gewicht (zum Beispiel ein mit Klebefilm zu einer Kugel geformtes Blatt Papier) mit einer Schnur frei auf. Haltet dieses dicht an eine Trommel und schlagt sie laut an, ohne dass sie das Gewicht berührt.

Experiment 2:
Das Echo-Klavier
Das Klavier hat zwei, manchmal auch drei Pedale. Drückt das rechte Pedal mit dem Fuß herunter. Öffnet den Klavierdeckel und ruft laut in das Instrument hinein.

Experiment 3:
Das singende Wasserglas
Nehmt ein dünnwandiges Glas und füllt es knapp zur Hälfte mit Wasser. Feuchtet den Zeigefinger an und fahrt damit kreisförmig mit leichtem Druck mehrmals schnell über den Rand. Füllt mehr oder weniger Wasser ins Glas.

Experiment 4:
Der musikalische Kamm
Nehmt einen Kamm und verschiedene Arten von Papier, darunter auch einen Bogen aus dünnem Butterbrotpapier. Faltet das Papier über den Kamm und legt ihn an die Lippen. Singt nun ein Lied.

Experiment 5:
Das Schnurtelefon
Nehmt zwei Einwegbecher und stecht ein kleines Loch in die Böden. Führt eine längere dünne Schnur durch beide Becher und macht an jedem der beiden Schnur-Enden einen Knoten, sodass sie nicht mehr herausgezogen werden können. Versucht nun, die Becher als Telefon zu benutzen.

Experiment 6:
Die Stimmgabel
Schlagt eine Stimmgabel an und haltet sie an euer Ohr: Ihr hört einen leisen Ton. Drückt den unteren Knauf der Stimmgabel nun auf euren Kopf, auf den Tisch, auf die Stirn oder auf den Holzkörper eines Xylophons.

5 Baut ein Doppelrohrblattinstrument selber. Verwendet dazu einen Trinkhalm, den ihr an einer Seite kräftig flachdrückt. Schneidet dann dieses Ende über maximal 3 cm leicht spitz zu (s. Abbildung). Wenn ihr nun am zugeschnittenen Ende hineinblast, beginnt es zu vibrieren und ein Ton entsteht.

6 Experimentiert mit Musikmachdingen in einem Raum mit viel Hall, zum Beispiel im Treppenhaus des Schulgebäudes und beschreibt, wie sich der Schall der Musikmachdinge jeweils verändert.

Das Ohr

Wie wir die Schall-Ereignisse wahrnehmen können, soll die Abbildung des menschlichen Gehörs verdeutlichen:

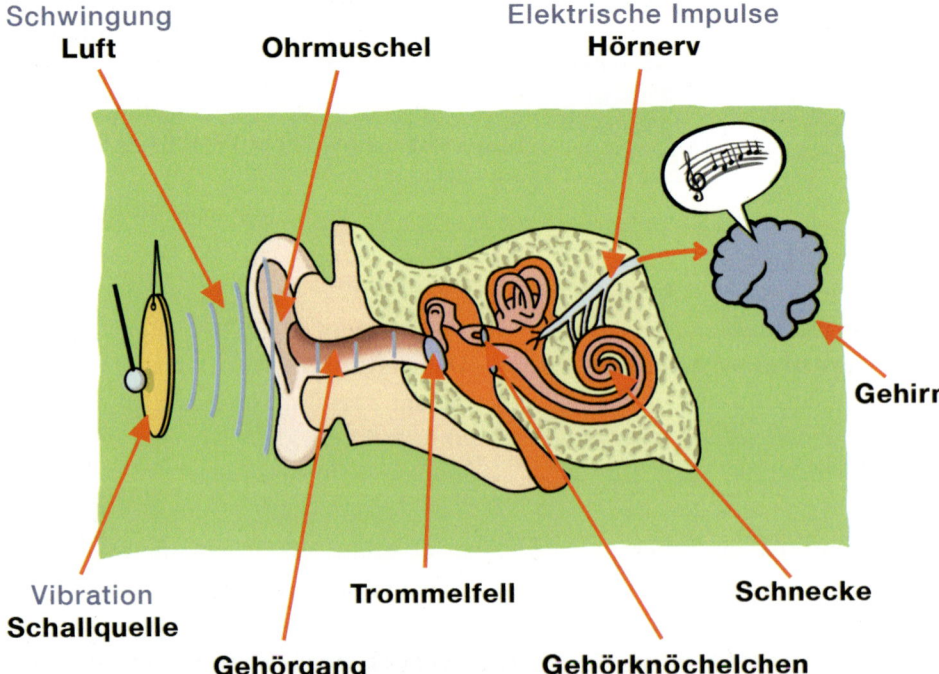

Jeder Gegenstand kann zu einem Musikmachding werden. Durch Anschlagen, Zupfen oder Reiben wird das Musikmachding in eine _____?_____ versetzt. Diese überträgt sich auf die Luft, welche die _____?_____ bis an unser Ohr führt. Unsere _____?_____ wirkt dabei wie ein Trichter und bündelt die Schwingungen. Durch den _____?_____ werden sie weitergeleitet bis zum _____?_____. Es schwingt mit und überträgt die Vibration hin zu den _____?_____ im Mittelohr. In einem eingedrehten Gang, der _____?_____, befinden sich viele kleine Haarzellen, die die Schwingung in _____?_____ umwandeln. Sie werden vom _____?_____ wahrgenommen und als Ton, Klang oder Geräusch identifiziert. Die Haarzellen sind sehr empfindlich: Werden sie durch Lärm verletzt oder altersbedingt abgenutzt, so entsteht _____?_____ .

1 Schreibt den Lückentext zum menschlichen Gehör ab oder nehmt das Arbeitsblatt. Ergänzt die folgenden Begriffe:

> Schwerhörigkeit/Schwingung/Gehirn/Ohrmuschel/Schnecke/Trommelfell/ elektrische Nervenimpulse/Vibration/Gehörknöchelchen/Gehörgang.

2 Erklärt den Vorgang des Hörens mit eigenen Worten.

3 Recherchiert, welche Lautstärken Hörschäden verursachen können.

4 Sucht nach Apps, mit denen man Lautstärken messen kann und stellt die App der Klasse vor.

Geht auf die Suche
z. B. zu Hause,
in der Bibliothek

Musikmachdinge und Musikinstrumente

Jeder Gegenstand, der einen Klang erzeugen kann, ist ein Musikmachding, auch euer Handy. Im Laufe der Jahrhunderte entwickelten die Menschen immer neue Musikmachdinge, von denen wir heute viele als traditionelle „Musikinstrumente" kennen (z. B. in einer Band und einem Orchester). Einige Musikinstrumente lernt ihr in diesem Kapitel kennen.

1 Bringt traditionelle Musikinstrumente – die ihr vielleicht bei euch zu Hause findet – oder ein selbst entwickeltes Musikmachding zum Unterricht mit und stellt sie euren Mitschülerinnen und Mitschülern vor.

2 Musiziert das „Musikmachdinglied" auf der folgenden Seite. Geht dazu wie folgt vor:
   a) Übt die Liedmelodie ein, bis ihr sie sicher singen könnt.
   b) Fertigt euch Spielanweisungskarten zur Dynamik an (s. Buchdeckel).

c) Improvisiert im Lied (Takte 14 – 16) auf Musikmachdingen. Das können sowohl Handys oder umfunktionierte Joghurtbecher sein als auch traditionelle Musikinstrumente wie Flöten oder Gitarren, die ihr von zu Hause mitgebracht habt. Beachtet die Spielanweisungen, die eure Mitschülerinnen und Mitschüler auf den Karten hochhalten.

d) Bildet für das Improvisieren Instrumentengruppen, welche jeweils spielen sollen (→ **S. 101**).

Das Musikmachdinglied

Wiederholt das Lied so oft, bis alle ihr Musikmachding gespielt haben.

Text und Musik: Burkhard F. Fabian

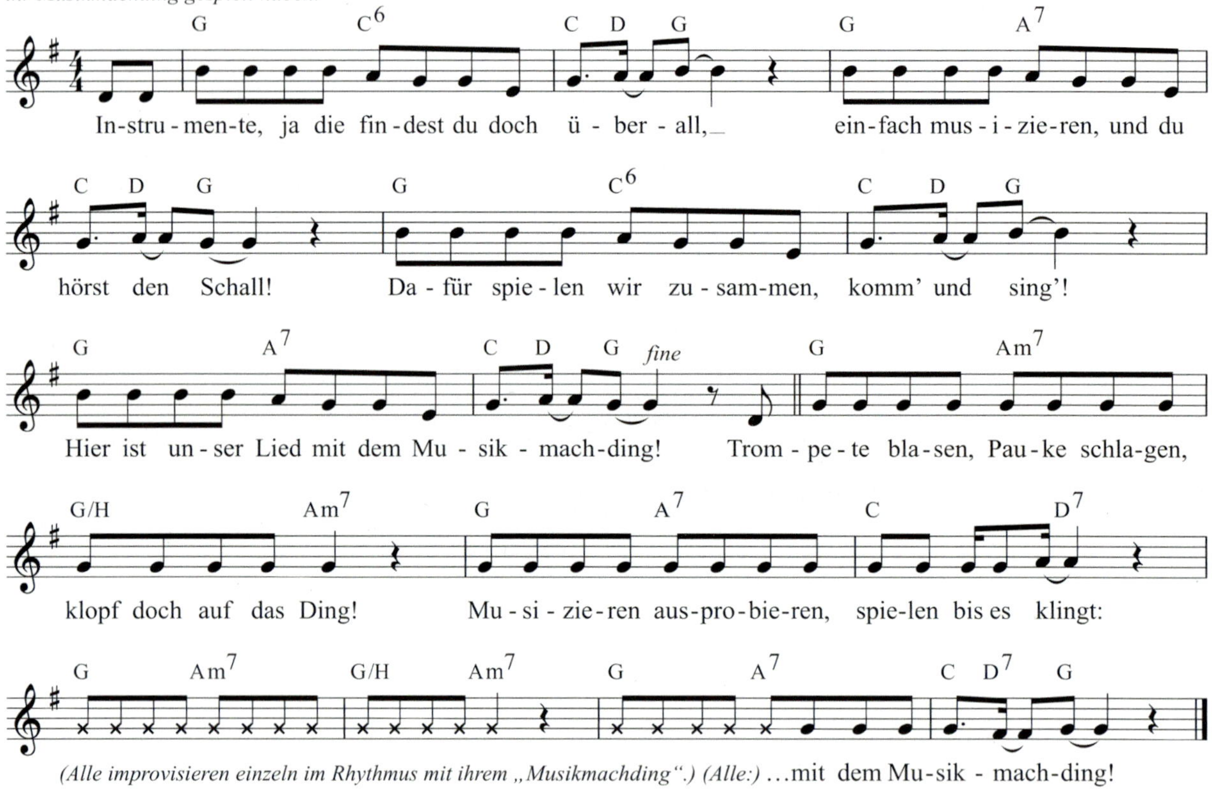
G C6 C D G G A7
In-stru - men-te, ja die fin - dest du doch ü - ber - all,_ ein-fach mus - i - zie-ren, und du
C D G G C6 C D G
hörst den Schall! Da - für spie - len wir zu - sam-men, komm' und sing'!
G A7 C D G fine G Am7
Hier ist un - ser Lied mit dem Mu - sik - mach-ding! Trom - pe - te bla-sen, Pau-ke schla-gen,
G/H Am7 G A7 C D7
klopf doch auf das Ding! Mu - si - zie-ren aus-pro-bie-ren, spie-len bis es klingt:
G Am7 G/H Am7 G A7 C D7 G
(Alle improvisieren einzeln im Rhythmus mit ihrem „Musikmachding“.) (Alle:) …mit dem Mu-sik - mach-ding!

Musikinstrumente zum Schwingen bringen

 Zusatzseite

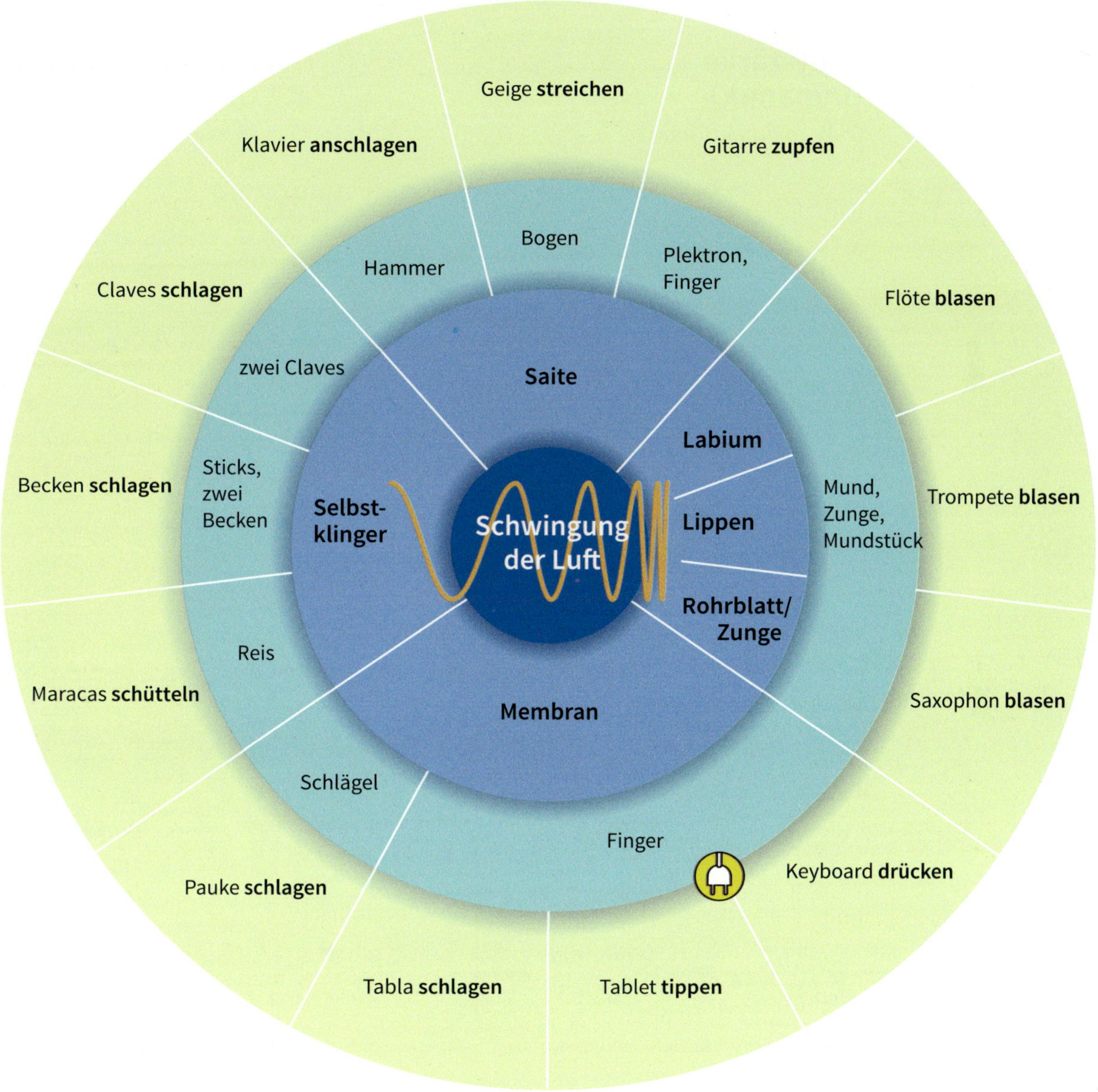

Geige **streichen**

Klavier **anschlagen**

Gitarre **zupfen**

Bogen

Plektron, Finger

Claves **schlagen**

Hammer

Flöte **blasen**

zwei Claves

Saite

Labium

Becken **schlagen**

Sticks, zwei Becken

Selbst-klinger

Schwingung der Luft

Lippen

Mund, Zunge, Mundstück

Trompete **blasen**

Rohrblatt/ Zunge

Reis

Maracas **schütteln**

Saxophon **blasen**

Schlägel

Membran

Finger

Pauke **schlagen**

Keyboard **drücken**

Tabla **schlagen**

Tablet **tippen**

1 Beschreibt und erklärt die Abbildung. Worum geht es in den drei Kreisen (gelb, grün, blau) von außen nach innen?

2 Probiert einige Instrumente aus, die bei euch vorhanden sind, und überlegt, ob und wie man bestimmte Musikinstrumente auch sinnvoll anders spielen kann.

Beschreiben, wie der Ton eines Musikmachdings (oder Musikinstrumentes) klingt

Lautstärke (Dynamik)
(z.B. *p, mp, mf usw.*)

Tonhöhe (Lage)
(z.B. *zweigestrichene Oktave*, → S. 118)

Klang des
Musikmachdings
(Musikinstruments)

Klangfarbe (Timbre)
(Beispiele in der Tabelle)

Adjektivpaare		Adjektivpaare	
hell	dunkel	vibrierend	starr
farbig	blass	schrill	dumpf
klar	verschwommen	voll	hohl
rund	eckig	metallisch	hölzern
kontrastreich	einförmig	scharf	weich
glänzend	matt	spitz	stumpf

1 Erklärt die Abbildung zur Beschreibung eines Instrumentenklangs. Geht dabei folgendermaßen vor:

a) Sucht im Buchdeckel nach den Dynamikbezeichnungen und probiert aus, wie laut oder leise z. B. im Mezzoforte oder Pianissimo zu musizieren ist.

b) Zählt die Töne, die ihr auf eurem Musikinstrument schon spielen könnt. Wie viele sind es? Wie heißt euer höchster und tiefster Ton? Spielt sie der Klasse vor.

c) Spielt euch unterschiedliche Instrumente vor und beschreibt deren Klangfarbe mithilfe der Adjektivpaare. Welche weiteren fallen euch zur Beschreibung des Timbres noch ein?

Blasinstrumente: Holzblasinstrumente

Es wird zwischen sogenannten „Blechblasinstrumenten" und „Holzblasinstrumenten" unterschieden. Ist ein Instrument ganz aus Blech (z. B. eine Posaune), so handelt es sich um ein Blechblasinstrument. Wenn ein Instrument hauptsächlich oder auch nur zu einem kleinen Teil aus Holz oder Kork besteht, dann handelt es sich um ein Holzblasinstrument. Demnach gehören nicht nur – ganz offensichtlich – eine Blockflöte oder eine Panflöte dazu, sondern auch das Saxophon, obwohl weit mehr Blech als Holz bei ihm sichtbar ist. Es wird aber durch ein Rohrblatt angeblasen und das gesamte Mundstück ist am Hals des Saxophons durch eine Korkschicht abgedichtet. Daher wird das Saxophon den Holzblasinstrumenten zugerechnet.

Innerhalb der Holzblasinstrumente gibt es aufgrund der Tonerzeugung mehrere Gruppen:

a) Rohrblattinstrumente, bei denen am Mundstück entweder ein einzelnes Rohrblatt zum Schwingen gebracht wird (wie bei Saxophon und Klarinette → **S. 104**) oder ein Doppelrohrblatt (wie bei Oboe und Fagott → **S. 105**);

b) Flöteninstrumente, bei denen die eingeblasene Luft an einer scharfen Kante geteilt wird. Auf diese Weise funktionieren sowohl Blockflöten als auch Querflöten. Letztere wurden im Mittelalter zuerst aus Tierknochen angefertigt, dann aber jahrhundertelang vor allem aus Holz. Deshalb zählt man heutige Querflöten, auch wenn sie meist aus Metall bestehen, noch immer zu den Holzblasinstrumenten.

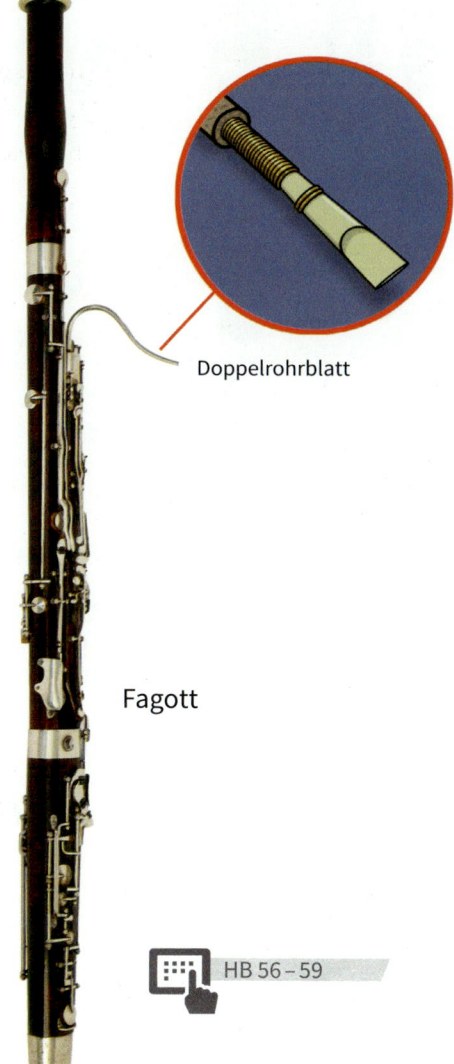

Doppelrohrblatt

Fagott

1 Stellt die Gemeinsamkeiten und Unterschiede der abgebildeten Instrumente dar.

2 Erkennt ihr die Instrumente an ihrer Klangfarbe? (→ **S. 102**).

HB 56 – 59

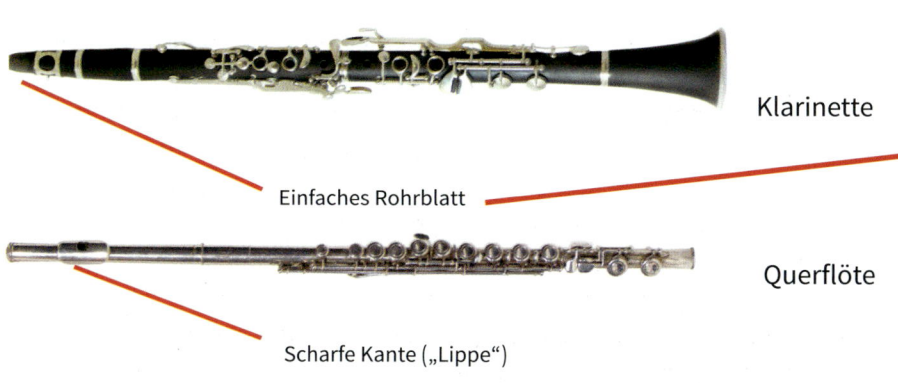

Klarinette

Einfaches Rohrblatt

Querflöte

Scharfe Kante („Lippe")

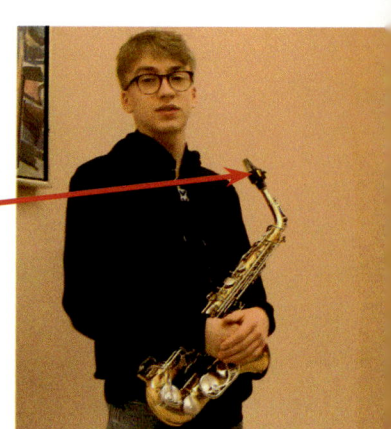

Saxophon

(1)

(6)

(3)

(4)

(7)

(5) (2)

Rohrblattinstrumente

Die Klarinette wurde um 1700 von dem Nürnberger Instrumentenbauer Johann Christoph Denner (1655–1707) entwickelt. Die Tonerzeugung geschieht über ein einfaches Rohrblatt, das auf dem Mundstück mit einer Klemme befestigt ist. Der geblasene Luftstrom versetzt das Rohrblatt in Schwingung und schlägt an den Rahmen des Mundstücks. Die auf diese Weise ebenfalls in Schwingung versetzte Luftsäule im Rohr der Klarinette produziert den spezifischen Klang.

Die Klarinette besteht aus sieben Teilen: dem Mundstück (1) in Schnabelform mit dem einfachen Rohrblatt (2), der Birne (auch Fässchen genannt) (3), dem Oberstück (4) und Unterstück (5) sowie dem trichterförmigen Schallbecher (6) und der Klemme (7). Wie bei vielen Blasinstrumenten werden die Öffnungen über Klappen und Klappenverbindungen geschlossen oder geöffnet. Sie brechen die Luftsäule an unterschiedlichen Stellen, sodass der Ton höher oder tiefer klingt.

Mit einem Rohrblatt einen Ton erzeugen

Mit einem kleinen Experiment könnt ihr die Tonerzeugung bei der Klarinette selbst ausprobieren.

1 Legt ein Blatt Papier auf einen Tisch und haltet es mit beiden Händen an den Seiten fest. Berührt es mit der Oberlippe und blast über die Tischkante Luft darunter (siehe Abbildung). Versucht, den Luftstrom so zu dosieren, dass das Blatt zum Schwingen gebracht wird und ein Ton entsteht.

2 Erklärt anhand der Ergebnisse eures Experiments die Tonerzeugung bei der Klarinette.

Die Klarinette

tiefe Lage   mittlere Lage   hohe Lage

HB 59

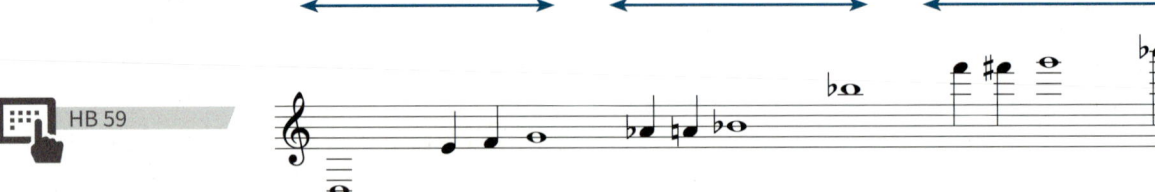

3 Vergleicht, wie eine Klarinette in der tiefen, der mittlere und der hohen Lage klingt. Welche Unterschiede lassen sich feststellen? (→ **„Beschreiben, wie der Ton eines Musikmachdings klingt", S. 102)**

4 Führt diesen Vergleich auch mit anderen Musikinstrumenten durch und diskutiert die Ergebnisse.

Doppelrohrblattinstrumente

Oboe und Fagott sind Doppelrohrblattinstrumente. Hier schlagen zwei miteinander verbundene Blättchen gegeneinander.

Das Doppelrohrblatt wird zwischen die Lippen genommen und angeblasen. Dadurch werden die beiden Rohrblätter in Schwingung versetzt: Sie öffnen und schließen sich sehr schnell und lassen die Luftsäule im Inneren des Instruments mitschwingen.

Zur Erzeugung der verschiedenen Tonhöhen wird auch bei der Oboe und dem Fagott in erster Linie der Klappenmechanismus genutzt, um die Luftsäule zu verkürzen oder zu verlängern. Auf diese Weise wird die Tonhöhe verändert.

Ein Doppelrohrblatt zum Schwingen bringen

1. Baut euch aus einem Strohhalm ein „Instrument", das wie eine Oboe funktioniert.
   a) Kürzt den Strohhalm ein wenig, drückt ein Ende zusammen und schneidet die Ecken ab, sodass ihr ein spitzes Ende erhaltet.
   b) Versucht nun, diese „Rohrblätter" durch Blasen zum Schwingen zu bringen.
   c) Wenn ihr Löcher in den Strohhalm schneidet, könnt ihr etwas über die Tonhöhe herausfinden.

2. Spielt euer Musikmachding mit und ohne Jogurtbecher.

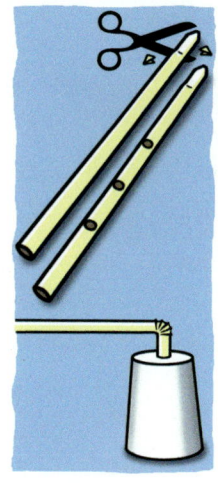

Zurna, Türkei

Piri, Korea

Bombarde, Bretagne

3. Erstellt einen Steckbrief zur Oboe.

4. Schaut euch die Instrumente an und vergleicht sie (das Fagott findet ihr auf Seite 103).

5. Beschreibt die Klangfarben (→ **„Beschreiben, wie der Ton eines Musikmachdings klingt", S. 102**).

AB 40

HB 60–63

Oboe

Blechblasinstrumente

Zu den Blechblasinstrumenten in einem Sinfonieorchester zählen Trompeten, Hörner, Posaunen und die Tuba. Wie schon der Name sagt, sind die Blechblasinstrumente normalerweise aus Blech gemacht. Es gibt aber auch Blasinstrumente, die aus Tierhörnern, Elfenbein oder Muscheln hergestellt wurden oder noch immer werden. Im Grab des ägyptischen Pharaos Tutanchamun (14. Jahrhundert vor Christus) wurden zwei Trompeten gefunden, eine aus Silber und eine aus Bronze. Im vorder- und zentralasiatischen Raum baute man die *karna*, eine Silbertrompete in unterschiedlichen Größen.

Blechbläser erzeugen einen Ton, indem sie ins Mundstück blasen. Um die Luft in Schwingung zu versetzen, werden die Lippen zusammengepresst.

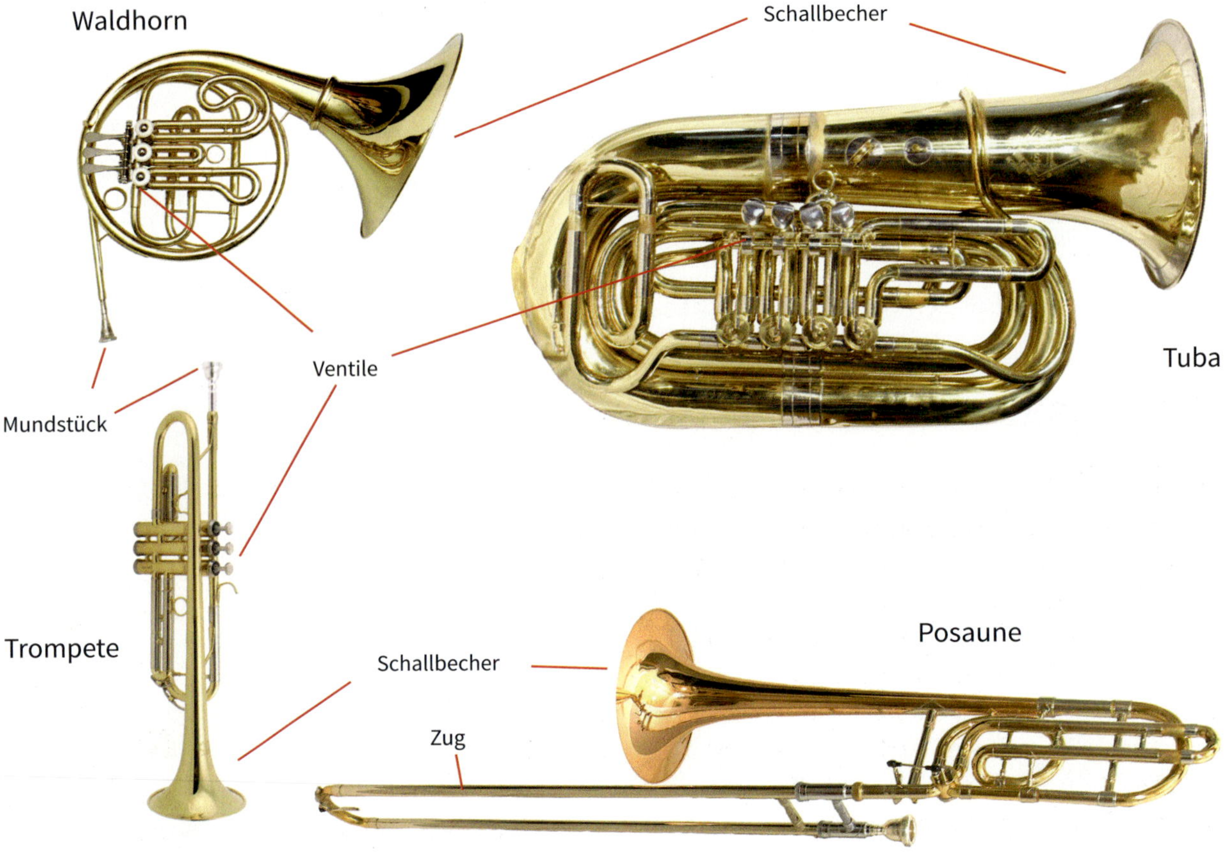

Waldhorn

Schallbecher

Ventile

Tuba

Mundstück

Trompete

Schallbecher

Posaune

Zug

1 Beschreibt die Gemeinsamkeiten und Unterschiede der einzelnen Instrumente.

2 Worin unterscheidet sich die Posaune von den anderen Instrumenten?

3 Könnt ihr die Bezeichnung „Blechblasinstrument" erklären?

4 Hört genau hin. Erkennt ihr die Instrumente an ihrem Klang?

HB 64 – 67

Mit Schläuchen, Trichtern und Mundstücken experimentieren

Die Schlauchtrompete ist ein stark vereinfachtes Blechblasinstrument. Sie besteht aus einem Trompetenmundstück, einem etwa ein Meter langen Schlauch und einem Trichter. Sie eignet sich besonders gut zum Experimentieren, um selbstständig etwas über die Tonerzeugung, Tonhöhe und Lautstärke bei Blechblasinstrumenten herauszufinden.

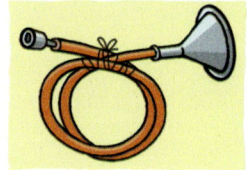

1 Versucht, mit der Schlauchtrompete einen Summton wie z. B. ein Motorengeräusch zu erzeugen. Achtet dabei auf die Lippenstellung (vgl. Bild „Summton").

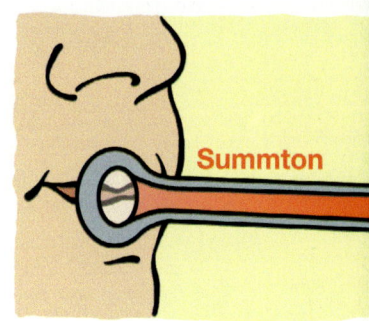

2 Blast mit diesem Summton in das Mundstück der Schlauchtrompete.

3 Versucht, ohne Mundstück zu spielen.

4 Spielt mit und ohne Trichter.

5 Benutzt für eure Schlauchtrompete unterschiedlich lange Schläuche.

6 Erzeugt nur mit dem Mundstück unterschiedlich hohe Töne.

7 Spielt das „Musikmachdinglied" (→ S. 100).

8 Beschreibt, wie die Tonerzeugung hier funktioniert.

Summton

Die Posaune

Wie bei den anderen Blechblasinstrumenten erfolgt die Tonerzeugung bei der Posaune dadurch, dass die ausgeblasene Luft durch Zusammenpressen der Lippen zum Schwingen gebracht wird. Die Trichterform der Posaune verstärkt die so entstehenden Töne. Die Tonhöhe ergibt sich aus der Länge der schwingenden Luftsäule, also auch aus der Länge der Rohre. Mit einem beweglichen Zug kann die Luftsäule verkürzt oder verlängert werden. Die Tonhöhe kann aber auch allein durch eine unterschiedliche Lippenspannung verändert werden.

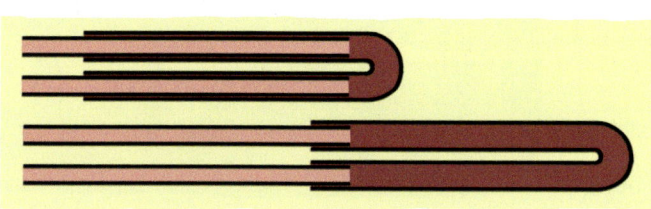

Schematische Darstellung des Zugs einer Posaune

Saiteninstrumente

Saiteninstrumente können sehr unterschiedlich aussehen, jedoch haben sie eines gemeinsam: Eine oder mehrere Saiten werden durch Anschlagen (Klavier, → S. 112), Zupfen (Gitarre, → S. 111, Harfe) oder Streichen (Violine, Violoncello, Bratsche, Kontrabass, → s. unten) zum Klingen gebracht. Die Saiten können aus unterschiedlichen Materialien (z. B. Kunststoff oder Metall) bestehen. Ihre Schwingungen werden auf einen Resonanzkörper übertragen, der den Ton verstärkt. Wird der schwingende Bereich einer Saite verkürzt, z. B. durch das Herunterdrücken der Saite mit dem Finger, wird der Ton höher.

1 Erforscht die Saiteninstrumente in eurer Umgebung. Schaut euch z. B. ein Klavier oder die Gitarre an und ergänzt die folgenden „je … desto"-Sätze:
a) Je länger der schwingende Bereich einer Saite ist, desto …
b) Je lockerer eine Saite gespannt ist, desto …

Streichinstrumente

Die vier Streichinstrumente unterscheiden sich in ihrer Größe und damit vor allem in der Tonlage (→ S. 118), in der sie erklingen: Violine, Bratsche, Violoncello, Kontrabass.

2 Beschreibt den Ton der abgebildeten Instrumente (→ „Beschreiben, wie der Ton eines Musikmachdings klingt", S. 102) .

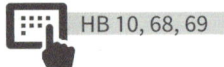 HB 10, 68, 69

3 In den drei Hörbeispielen sollen drei Tiere dargestellt werden (Hummel, Elefant, Schwan). Stellt Vermutungen an, welches Instrument welches Tier darstellen soll. Begründet eure Entscheidung.

Violine, Viola (Bratsche), Violoncello, Kontrabass

a. **Resonanzkörper/Korpus:** Decke und Boden sind durch die Zarge zu einem Hohlkörper verbunden.

b. **Geigenhals mit Griffbrett** ist die Verbindung zwischen Wirbelkasten und Resonanzkörper der Geige.

c. **Steg** wird das dünne Holzbrett zwischen den Schalllöchern genannt, welches die Saiten spannt und Schwingungen auf den Resonanzkörper überträgt.

d. Ein **Kinnhalter** hilft, das Instrument mit dem Kinn festzuhalten.

e. **Saiten:** Die Geige hat vier Saiten.

f. **Saitenhalter** nennt man die Vorrichtung, die die Saiten am unteren Ende der Geige festhält. Hier sind die Feinstimmer eingebaut.

g. **Schalllöcher** heißen die beiden *f*-förmigen Ausschnitte in der Decke.

h. **Schnecke** heißt der obere Knauf der Geige.

i. **Stimmwirbel** sind die Schrauben aus Holz, mit denen die Saiten gespannt werden.

j. **Geigenbogen:** Er hält die gespannten Rosshaare fest, die mit dem Kolophonium (Baumharz) eingerieben werden.

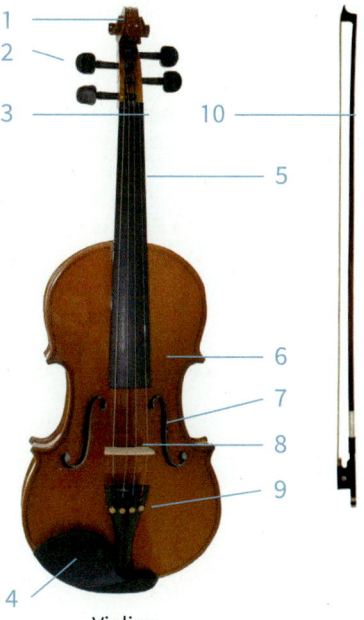

Violine

4 Ordnet die Bezeichnungen der Bauteile den Nummern in der Abbildung zu.

5 Vergleicht in einer Tabelle das Monochord und die Geige miteinander.

Nyckelharpa

„Jedes Instrument hat seine Schwierigkeiten und Vorzüge."

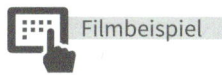 Filmbeispiel

Was ist eigentlich eine *nyckelharpa*, Daniel?
Daniel: Manche Leute bezeichnen es als das schwedische Nationalinstrument. Nicht offiziell, aber die *nyckelharpa* ist ein traditionelles schwedisches Musikinstrument. Seit dem Mittelalter findet man dieses Instrument vor allem in Schweden, aber auch in Deutschland. Die Idee dahinter ist, dass man es mit einem Bogen spielt, wie eine Fiddle. Aber anstatt mit den Fingern die drei bis vier Saiten auf dem Griffbrett zu verkürzen, hat die *nyckelharpa* Tasten, die man mit der linken Hand hinunterdrückt. Eine Besonderheit dieses Instrumentes ist, dass unterhalb der Melodiesaiten zwölf weitere Saiten angebracht sind, die einfach mitschwingen. Das erzeugt den speziellen Klang der *nyckelharpa*.

Daniel Pettersson

Wann hast du angefangen, *nyckelharpa* zu spielen?
Daniel: Als ich sehr jung war, vielleicht mit drei oder vier Jahren, habe ich zunächst mit Klavier und anderen Instrumenten begonnen. Und dann mit elf oder zwölf habe ich angefangen, mich für traditionelle Musik zu interessieren. Nun ja, der eigentliche Grund weswegen ich angefangen habe, *nyckelharpa* zu spie-

len, war, dass wir zu Hause eine hatten. Es gab viele verschiedene Instrumente bei uns zu Hause, und die *nyckelharpa* war halt eines davon.

Ist es schwer, dieses Instrument zu lernen?
Daniel: Ach! Das ist eine Frage, die man unmöglich beantworten kann. Jedes Instrument kann leicht oder schwer sein. Jedes Instrument hat seine Schwierigkeiten und seine Vorzüge. Da ich mit Klavier angefangen habe, fand ich die linke Hand nicht so schwer; es ist ähnlich wie beim Klavier. Die Bogentechnik, glaube ich, ist die größte Herausforderung. Aber das ist wie bei der Violine.

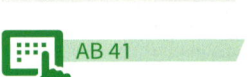

1 Beschreibt das Instrument anhand der Informationen, die ihr im Interview erhalten habt.
   a) Findet weitere Darstellungen einer *nyckelharpa*.
   b) Verfasst eine Instrumentenbeschreibung. Welche weiteren Bezeichnungen sind noch üblich? (→ **S. 102**)

Flinke Finger: „Häxan" für nyckelharpa und mandola

Daniel Pettersson hat mit seinem Freund Daniel Fredriksson ein Musikstück für *nyckelharpa* komponiert. Sie nennen es „Häxan", das ist schwedisch für „Hexen". Daniel Fredriksson spielt dazu ein Instrument, das *mandola* heißt und der Gitarre sehr ähnlich sieht.

Die folgenden Melodien kommen vor:

© Daniel Pettersson und Daniel Fredriksson

2 Wir tanzen im Kreis! Denkt euch zu jeder der drei Melodien jeweils unterschiedliche Bewegungen aus.

3 An was, meint ihr, haben Daniel Fredriksson und Daniel Pettersson bei dieser Musik gedacht? Erfindet eine kurze Hexen-Geschichte.

4 Hört ein weiteres Mal sehr aufmerksam zu.

★ Versucht dabei, den stets mitklingenden Ton leise mitzusummen. Beschreibt eure Hörerfahrung.

★★ Verfolgt den Notentext.

★★★ Schreibt den Verlauf des Stückes auf und benutzt dazu die Buchstaben.

5 Schlagt in einem Musiklexikon den Begriff „Bordun" nach. Erläutert seine Bedeutung mithilfe von „Häxan".

Geht auf die Suche
z. B. zu Hause, in der Bibliothek

6 Findet weitere Hörbeispiele mit der nyckelharpa und stellt sie euren Mitschülerinnen und Mitschülern vor. → **Werkzeugkasten: „Informationen über Musik digital präsentieren", S. 80)**

7 Stellt euch vor, ihr seid eine Gruppe von Musikforscherinnen und Musikforschern und auf ein sehr altes Musikstück gestoßen. Es stammt aus einer frühen Zeit der europäischen Musik und ist mehr als 700 Jahre alt. Hört es euch genau an, denn hier wird ebenfalls ein Bordun benutzt, allerdings ein wenig anders.

HB 71

a) Summt die Borduntöne so lange, bis alle sie richtig treffen.

b) Bestimmt die Instrumente, die ihr hört. Es müssen nicht die exakten Namen sein. Vermutet, wie ihre Klänge erzeugt werden.

c) Stellt fest, wann sich etwas im Verlauf der Musik verändert.

d) Beschreibt den Verlauf. Erfindet z. B. für jedes Instrument und für die Veränderungen in der Musik jeweils Symbole.

e) Hört im Vergleich noch einmal „Häxan". Was ist gleich, was ist anders?

Die Gitarre

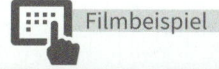
Filmbeispiel

Die Gitarre, wie wir sie heute kennen, gibt es etwa seit 1800. Die sechs Saiten werden entweder mit den Fingern oder mit einem Plektron (auch Plektrum) gezupft.

Gitarren kann man auf unterschiedliche Weise einsetzen:

a) als Begleitinstrument: Wie an einem Klavier oder Keyboard erklingen über Akkordgriffe mehrere Töne gleichzeitig. Diese Spielweise hat die Gitarre vor allem als Begleitinstrument zum Singen sehr populär gemacht.

b) als Melodieinstrument: Der Gitarrist spielt eine Melodie, manchmal in Kombination mit einer eigenen Begleitung.

c) als mehrstimmiges Melodieinstrument: Es werden auf der Gitarre mehrere Melodien miteinander kombiniert.

E-Gitarre

 HB 72 – 74

1 Hört euch die drei Spielweisen der Gitarre zum „Musikmachdinglied"
(→ **S. 100**) an und ordnet sie begründend den Beschreibungen von a) „Begleitinstrument", b) „Melodieinstrument" und c) „mehrere Melodien" zu.

2 Benennt die Töne der
gängigen Gitarrenstim-
mung (s. Notenbeispiel).

3 Recherchiert die Stim-
mung der Saiten der Violine.

Gängige Stimmung der Gitarrensaiten

4 Vergleicht die Gitarre mit der Violine und stellt Gemeinsamkeiten und Unterschiede mit Blick auf das Material, Spielweise und Schallerzeugung heraus.

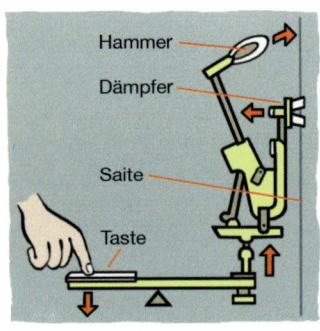

 Filmbeispiel

Das Klavier

Auch das Klavier ist ein Saiteninstrument. Über einen Rahmen sind Saiten verschiedener Dicke und Länge aufgespannt, die über eine Tastenmechanik mit
einem kleinen Hammer angeschlagen werden. Beim Flügel liegt dieser Rahmen
waagerecht, beim Klavier senkrecht.
Diese Anschlagsmechanik, die auch ein lautes und leises Spiel ermöglicht, gibt
es seit dem 17. Jahrhundert. Seitdem heißt dieses Instrument auch *piano e forte*
(leise und laut), kurz: Piano.

Der Flügel

1 Öffnet einen Flügel oder ein Klavier.

2 Drückt eine Taste und findet die in
der Abbildung oben benannten Teile
der Anschlagsmechanik.

3 Formuliert einen eigenen Text, in
welchem ihr den mechanischen
Vorgang unter Verwendung der
Fachwörter beschreibt.

4 Vergleicht und überarbeitet eure
Ergebnisse.

Schlaginstrumente

Filmbeispiel

Mit manchen Schlaginstrumenten lassen sich ganz bestimmte Tonhöhen spielen, beispielsweise mit einer Pauke. Auch das Glockenspiel gehört dazu, ein Schlaginstrument, mit dem ganze Melodien gespielt werden. Andere Schlaginstrumente dienen vor allem dem Rhythmus, etwa die Snare Drum eines Schlagzeugs oder die Maracas **(→ S. 178)**. Sie klingen unterschiedlich, erzeugen aber keinen erkennbaren Ton, den man nachsingen oder nachspielen könnte **(→ „Ton – Klang – Geräusch", S. 95)**.

Das Schlagzeug

1 Recherchiert nach weiteren Schlaginstrumenten und tragt sie in eine Tabelle ein: Schlaginstrumente mit Tonhöhe und Schlaginstrumente ohne Tonhöhe.

2 Notiert Ideen, wie ihr die Schlaginstrumente in noch weitere Kategorien einteilen könntet.

3 Diskutiert die Annahme, dass das Klavier ebenfalls zu den Schlaginstrumenten gezählt wird.

4 Recherchiert, wie der Komponist John Cage Klaviersaiten mit verschiedenen Gegenständen präpariert hat, und stellt dazu ein Hörbeispiel vor.

Geht auf die Suche
z. B. zu Hause,
in der Bibliothek

Das Musikmachdinglied (→ S. 100), Percussion

Burkhard F. Fabian

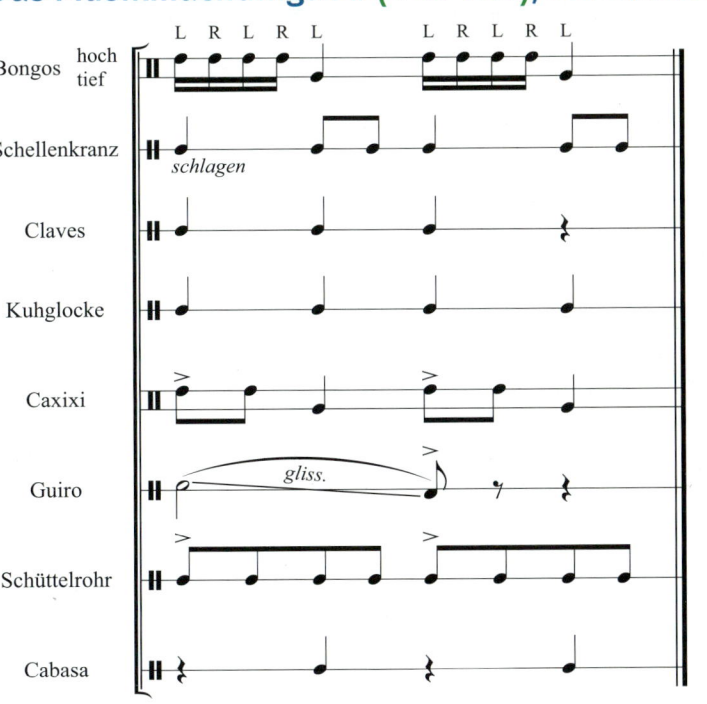

L = linke Hand
R = rechte Hand

Zusatzseite

Caxixi: Haltung
um 45 Grad
gedreht.

1 Achtet beim Musizieren des Percussion-Patterns von der vorigen Seite auf die Spielhaltung und auf das Zusammenspiel, die rhythmische Genauigkeit und die Dynamik.

a) Übt die Rhythmen zunächst ohne Percussion-Instrument ein.

b) Macht euch auch ohne Instrument mit dem Bewegungsablauf vertraut.

c) Wenn ihr glaubt, dass ihr ihn könnt, nehmt die Percussion-Instrumente mit hinzu.

Das Sinfonieorchester

Das Sinfonieorchester ist eine von vielen Musikgruppen, die sich im Laufe der Zeit etabliert haben. Andere Gruppen, auch Ensembles genannt, sind z. B. die Big Band oder ein gemischter Chor.

1 Kennt ihr noch weitere Arten von Musikensembles?

Die Sitzordnung im Sinfonieorchester wird durch verschiedene Faktoren bestimmt:

a) Ähnliche Instrumente werden möglichst zusammengefasst.
b) Instrumente, die häufig ähnliche Stimmen spielen, sitzen eng nebeneinander, dann können sie sich besser hören.
c) Laute Instrumente befinden sich weiter hinten, leise eher vorne, damit beim Zuhörer die Dynamik ausgewogen erscheint.
d) Oft sitzen die Blechbläser und Schlagzeuger erhöht, so dass der kräftige Klang dieser Instrumente über die anderen hinweg trägt.

Die Orchester-Abbildung auf der vorigen Seite zeigt eine mögliche Aufstellung des Sinfonieorchesters.

2 Benennt die Instrumente auf der Abbildung (→ S. 114).

The Young Person's Guide to the Orchestra

Benjamin Britten ist nicht nur ein bekannter englischer Komponist, sondern auch Lehrer gewesen: Mit seinem berühmten Orchesterstück „The Young Person's Guide to the Orchestra" zeigt er jungen Leuten, wie die einzelnen Instrumentengruppen im Orchester klingen.
Dazu lässt er eine Melodie seines Landsmannes Henry Purcell (→ S. 71) von den verschiedenen Instrumentengruppen des Orchesters spielen, wobei er die Melodie jedes Mal leicht verändert, also variiert. Das Orchesterstück besteht insgesamt aus 15 solcher Variationen.

Benjamin Britten
(1913 – 1976)

Henry Purcell (1659 – 1695)

3 Macht euch mit der Melodie von Henry Purcell (s. o.) vertraut, indem ihr …
 a) … sie auf einem Vokal singt,
 b) … zu ihr in Teams einen Liedtext entwickelt,
 c) … den besten Liedtext gemeinsam einübt.

HB 75 – 80

4 Hört euch nun sechs der Variationen an und korrigiert die Reihenfolge, die hier bewusst falsch dargestellt ist: a) Variation für die Schlaginstrumente, b) Variation für die Trompeten, c) Variation für die Violinen, d) Variation für die Kontrabässe, e) Variation für die Flöten, f) Tutti (das ganze Orchester).

5 Beschreibt die verschiedenen Variationen und stellt dabei ihre Unterschiede in einer Tabelle heraus.

6 a) Bildet fünf ca. gleichgroße Instrumentengruppen (Kontrabass, Schlaginstrumente, Violinen, Flöten und Trompeten), indem ihr euch ein Schild mit dem Instrument anheftet.

b) Setzt euch im Klassenraum so hin, dass es der Sitzordnung im Sinfonieorchester (→ S. 117) entspricht.

c) Bestimmt einen vor euch stehenden Dirigenten oder eine Dirigentin, die Sitzordnung auf dem Pult ist aufgeschlagen.

d) Es ist ruhig und der Dirigent/die Dirigentin soll ohne Worte, sondern nur durch Handgesten, eine oder mehrere Instrumentengruppen zum Aufstehen bewegen.

e) Startet unterschiedliche Tonbeispiele der sechs Variationen. Der Dirigent oder die Dirigentin gibt euch die Einsätze, an den entsprechenden musikalischen Stellen aufzustehen.

f) Tauscht eure Instrumentengruppen (Schilder), setzt euch entsprechend um, bestimmt einen neuen Dirigenten oder eine neue Dirigentin und wiederholt den Vorgang.

g) Sucht nach weiteren Variationen aus „The Young Persons's Guide to the Orchestra" und wiederholt das Dirigierexperiment mit weiteren Instrumentengruppen (→ S. 101).

Geht auf die Suche
z. B. zu Hause,
in der Bibliothek

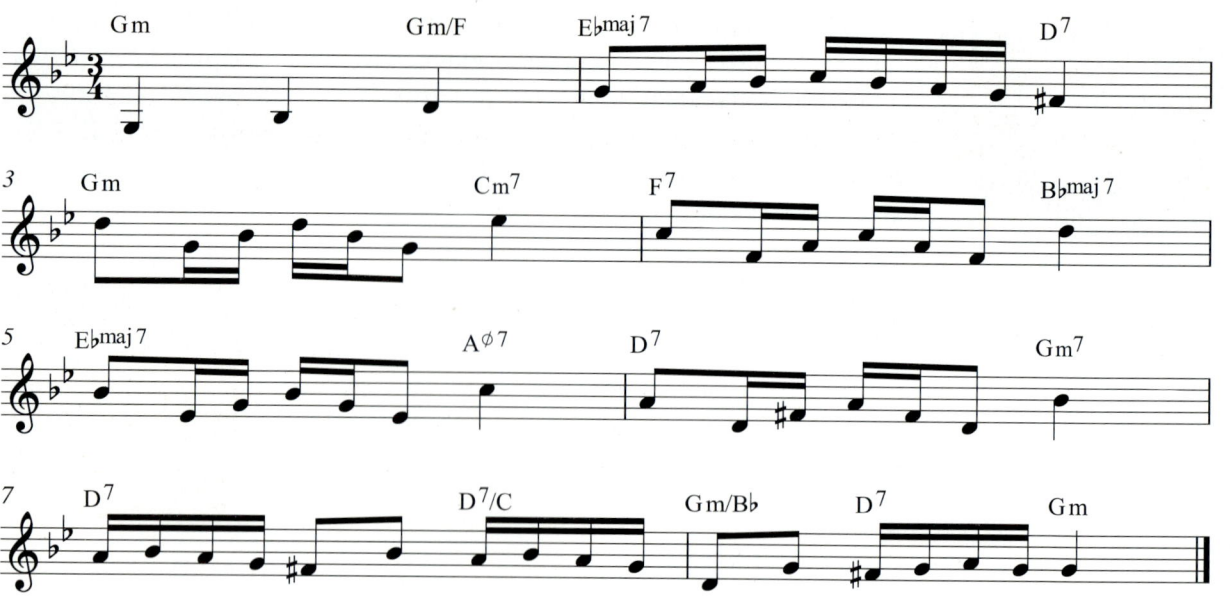

Menschen und Instrumente

Steckbriefe einiger Musikerinnen und Musiker mit ihren Musikinstrumenten

„Hallo, ich bin Finn und ich spiele seit 10 Jahren Schlagzeug. Ich übe am Tag oft mehrere Stunden die „Drums" und mein zweites Instrument Klavier, denn ich möchte einmal Musik studieren, nämlich Jazz. Üben lohnt sich!!"

„Hallo, ich heiße Georg und spiele Klavier. Seit ich für ein Jahr in den USA gewesen bin und währenddessen auch in New Orleans, mag ich den Jazz. Er erinnert mich an eine tolle Zeit. Neben dem Klavierspielen singe ich und komponiere eigene Stücke. Musik ist mein liebstes Hobby."

„Hallo, ich bin Julia und ich spiele seit über 15 Jahren Violine. Seit meinem vollendeten Studium am Berklee College of Music im Jahr 2017 arbeite ich als professionelle Musikerin und leite meine Band „Molly's Peck" als Frontsängerin und Violinistin. Am Liebsten komponiere ich Soul- und Blues-Songs."

„Hallo, ich bin Theo und habe im Alter von 7 Jahren angefangen, klassische Gitarre zu spielen. Ich spiele seit 6 Jahren E-Gitarre, seit 5 Jahren in mehreren Bands. Nach meinem Abitur 2019 studiere ich jetzt Musik auf Lehramt, mit E-Gitarre als Hauptinstrument. Nebenbei gebe ich auch Gitarrenunterricht.

„Hallo, ich bin Bruno und ich spiele seit 7 Jahren Altsaxophon. Ich übe jeden Tag mehrere Stunden lang, um später Jazz zu studieren und professioneller Saxophonist zu werden."

Filmbeispiel

AB 42

Geht auf die Suche
z. B. zu Hause,
in der Bibliothek

1 Seht euch in fünf Gruppen jeweils ein Tutorial zu den Instrumenten an und fasst die Informationen zusammen. Wählt zwischen …
★   einem Vortrag
★★   einem Plakat
★★★   einem erklärenden Text

2 Haltet einen Vortrag zu einem Musikinstrument eurer Wahl.

Tonlage und -umfang ausgewählter Musikinstrumente und der menschlichen Gesangsstimme

Jedes Musikinstrument und jede Gesangsstimme haben einen bestimmten Tonumfang. Er wird nach Oktaven gemessen und folgendermaßen bezeichnet: **Kontra-Oktave – Große Oktave – Kleine Oktave – Eingestrichene Oktave – Zweigestrichene Oktave** usw. (s. Abbildung unten).

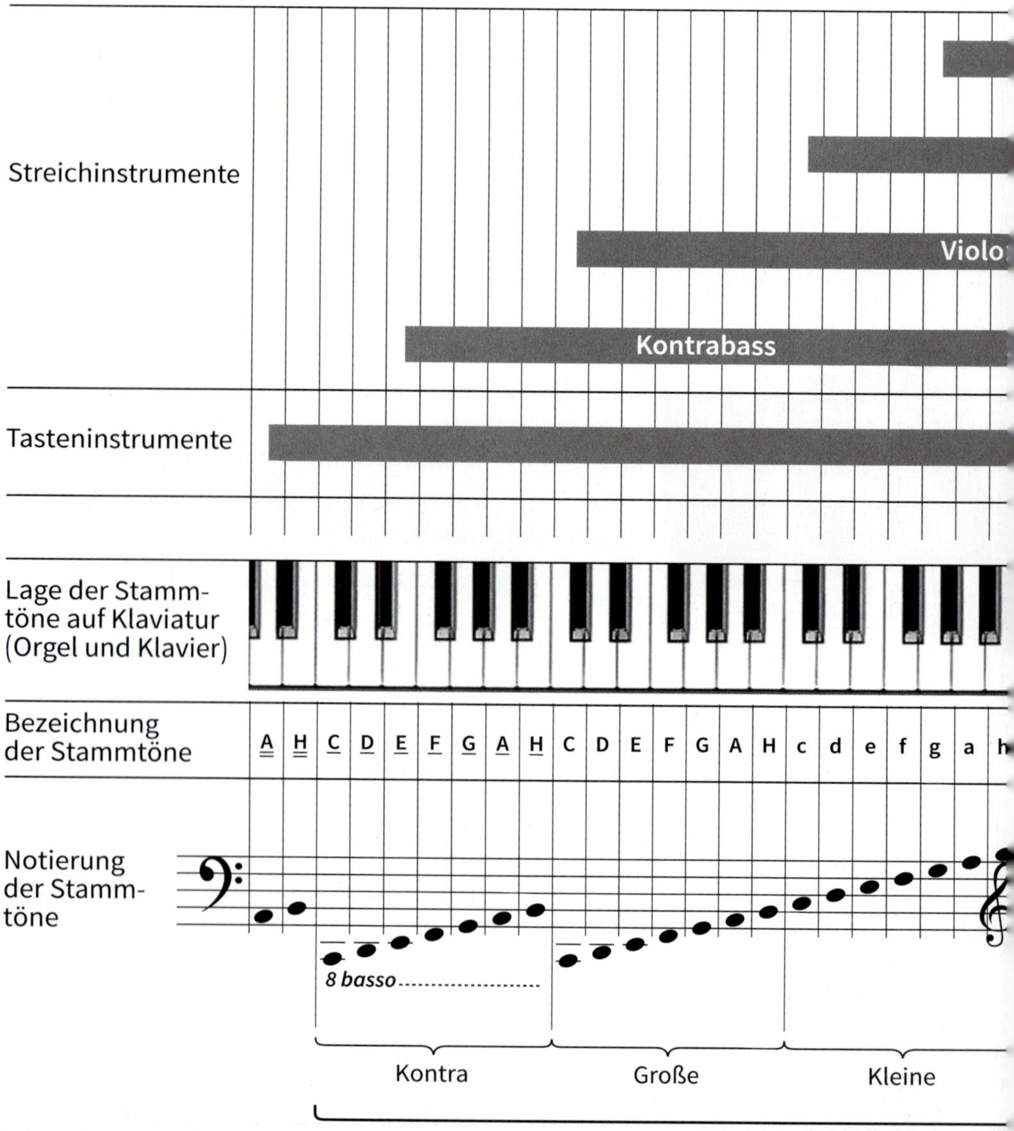

Streichinstrumente	Violo
	Kontrabass
Tasteninstrumente	

Lage der Stammtöne auf Klaviatur (Orgel und Klavier)

Bezeichnung der Stammtöne

A H C D E F G A H C D E F G A H c d e f g a h

Notierung der Stammtöne

8 basso

Kontra   Große   Kleine

1 Probiert den Tonumfang eurer eigenen Gesangsstimme aus und bestimmt mithilfe eures Lehrers oder eurer Lehrerin eure Tonlage (Sopran – Alt – Tenor – Bass).

2 Wenn ihr gemeinsam Lieder singen wollt, so benötigt ihr einen Tonumfang, den alle in eurer Klasse ermöglichen können. Findet ihn heraus. Singt dazu ein passendes Lied (→ S. 238 ff.).

3 Bringt ein traditionelles Musikinstrument oder ein anderes Musikmachding mit und ermittelt über eine App (z. B. Tuner-App) dessen Tonumfang.

 AB 42

4 Spielt die höchsten drei Töne eines Klaviers und tauscht euch darüber aus, wie sie in euren Ohren klingen. Nehmt die Liste der Adjektive zur Klangfarbe zu Hilfe (→ S. 102).

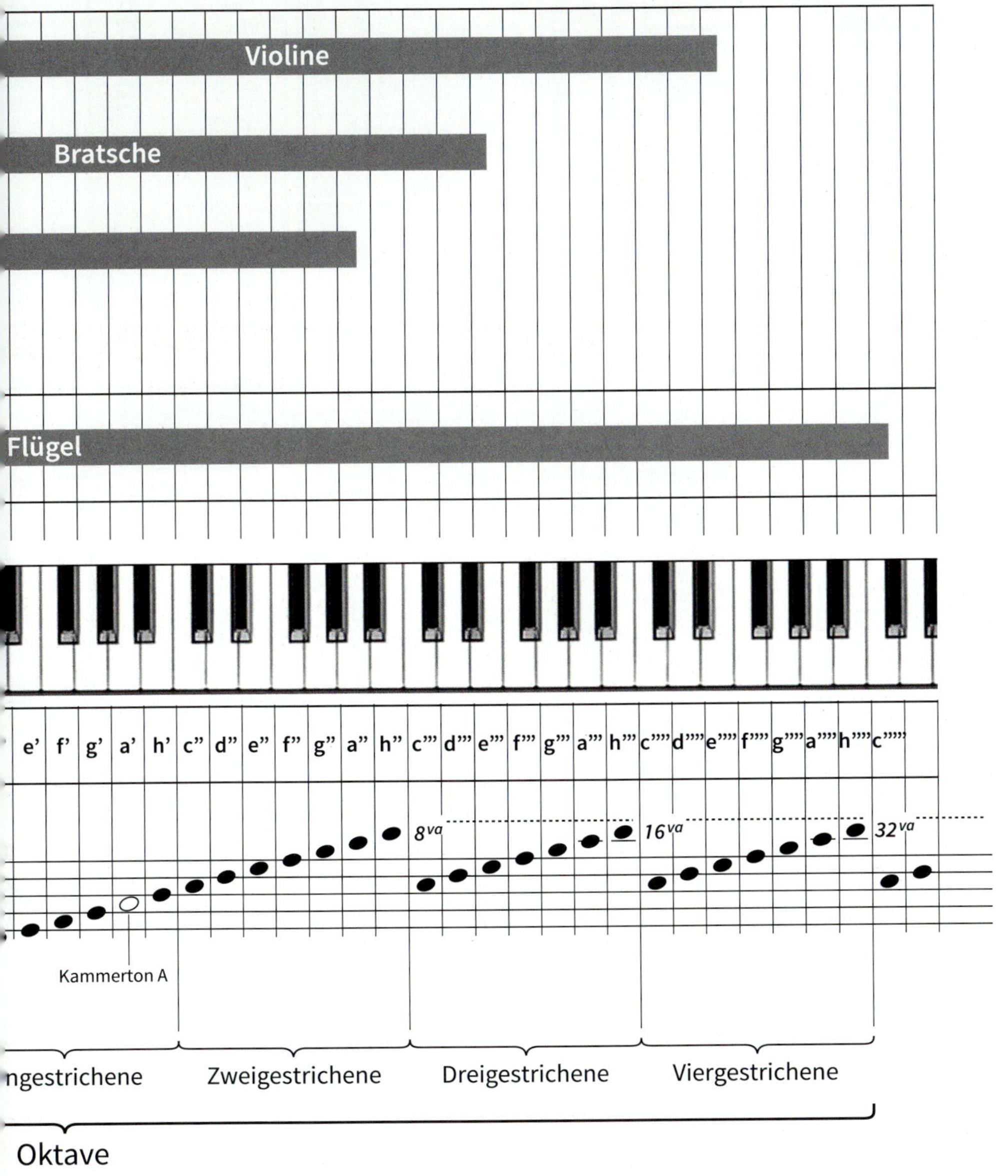

Violine

Bratsche

Flügel

e' f' g' a' h' c" d" e" f" g" a" h" c'" d'" e'" f'" g'" a'" h'" c"" d"" e"" f"" g"" a"" h"" c"""

8va   16va   32va

Kammerton A

ngestrichene   Zweigestrichene   Dreigestrichene   Viergestrichene

Oktave

Musik in Zeit und Raum

Seit es Menschen gibt, die feiern, trauern, entspannen, beten, tanzen, singen und vieles mehr machen, ist Musik ein steter Begleiter in ihrem Leben. So wechselhaft, wie die Menschen sich in den vergangenen Jahrtausenden auf der Welt einander begegnet sind, wie sie ihre Regierung gewählt, ihre Häuser gebaut, ihre Kleider und Schuhe nach dem jeweiligen Zeitgeschmack gestaltet haben, so wechselhaft ist auch die Musik. Das ist bis heute so.

Mit der frei erfundenen Familiengeschichte des Musikers Jona Pfeifer könnt ihr euch in die Vergangenheit hineinversetzen, um Menschen und ihre Musiken kennenzulernen.

Jona I.
1298-1351

Jona Pfeifer
1671-1743

Jona Pfeifer
und Sophie

Sonder-
Ausstellung
STEINZEIT

Dr. Jona Pfeifer
Landesbibliothek

1 Die Regalwände tragen unterschiedliche Aufschriften. Recherchiert im Buch, welche Zeitabschnitte sich in etwa hinter den Aufschriften verbergen.

2 Erstellt eine Zeitleiste. Tragt zur Orientierung auch die Lebensdaten der Familienmitglieder von Jona ein. Ordnet die Gegenstände auf dem Bild der Zeitleiste zu und begründet eure Entscheidung.

Vergessene Musik

„Das älteste Instrument der Erde"

Zusammen mit seinem Team fand Professor Nicholas Conard das älteste Instrument der Welt, die Steinzeitflöte.

Herr Prof. Conard, Sie sind Archäologe und arbeiten an der Universität Tübingen. Was tut ein Archäologe eigentlich?
Ich untersuche die menschliche Evolution, insbesondere die Kultur-Evolution. Mein eigener Forschungsschwerpunkt beginnt vor 500 000 Jahren und reicht fast bis heute. Ich untersuche vor allem die steinzeitliche Adaptation des Menschen.

Fundplatz „Hohle Fels" bei Schelklingen

Sie haben eine Flöte gefunden, die rund 35 000 Jahre alt ist. Können Sie beschreiben, wie es zu diesem Fund kam?
Wir graben seit 13 Jahren unter meiner Leitung am Fundplatz „Hohle Fels". Im letzten Sommer hat eine Azubi, Katharina Koll, zwölf Fragmente von einer Gänsegeierflöte gefunden. Das Stück hat ein sehr genau geformtes Mundstück und fünf Grifflöcher.
Nebenbei erwähnt gibt es auch sieben andere Flöten von Höhlen der Schwäbischen Alb, die zwischen 30 000 und 40 000 Jahren alt sind.

Wie funktioniert eine solche Ausgrabung? Können Sie den Vorgang bitte genauer beschreiben?
Es ist eine sehr aufwendige Sache. Man misst alles sehr genau ein und dokumentiert die Funde. Wir arbeiten meistens in Viertelquadratmetern. Studierende und Mitarbeiter graben meistens sehr langsam mit Kellen, Stuckateureisen, Zahnarztwerkzeug und Pinseln. Wenn wir Glück haben, haben wir nach ein paar Jahren hochwertige Ergebnisse.

Warum ist dieser Flötenfund so bedeutend?
Das ist das älteste Instrument der Erde. Daher: sehr bedeutend.

Können Sie eine Aussage darüber machen, wie die Musik zur damaligen Zeit klang?
Ich kann Ihnen eine Aufnahme zukommen lassen. Wir haben insgesamt drei unterschiedliche Flötenarten aus dieser Zeit gefunden. Eine aus dem Flügelknochen eines Schwans. Das neu entdeckte Stück ist aus einem Gänsegeierflügelknochen. Weiterhin gibt es Flöten aus Mammutelfenbein. Jedes Stück hat einen etwas anderen Klang und es gibt Aufnahmen davon.

Archäologen bei der Arbeit am Fundort „Hohle Fels"

Natürlich gibt es keinen Menschen mehr, der weiß, wie man auf diesen Flöten gespielt hat. Können
40 **Sie auf der Grundlage der Instrumente ableiten, wie man darauf gespielt hat?**

Ja, auf jeden Fall. Man kann feststellen, welche Noten möglich waren. Aber die genauen Kombinationen und die gespielten Melodien wissen wir natürlich nicht.

45 **Vielen Dank für das Interview!**

Archäologische Ausgrabungswerkzeuge

1   Im Interview zählt Professor Conard die Grabungswerkzeuge von Archäologen und Archäologinnen auf. Erklärt, warum es sinnvoll ist, bei archäologischen Ausgrabungen solche feinen Werkzeuge zu verwenden.

AB 43

2   Man weiß heute, welche Tonhöhen die Steinzeitmenschen erzeugen konnten. Es gibt jedoch keinen Anhaltspunkt dafür, welche Musik sie gespielt haben. Erklärt diese Aussage.

3   Hört euch den Ausschnitt des Interviews mit Professor Conard an und schildert die Lebensweise der Steinzeitmenschen.

O-Ton

4   Hört euch beide Aufnahmen an. Beschreibt mögliche Unterschiede im Klang oder in der Art, wie das Instrument gespielt wird.

HB 81 – 82

5   Hier seht ihr eine nachempfundene Szene aus dem Leben der Steinzeitmenschen.

★   Beschreibt das Bild.

★★   … und lasst die Informationen des Interviews mit einfließen.

6   Wir wissen heute nicht mehr genau, wie die Vorfahren der heutigen Menschen vor 35 000 Jahren gelebt haben.

★   Überlegt, wie ein Tag der abgebildeten Menschen wohl ablaufen könnte und tauscht euch danach im Zweiterteam aus.

★★   Wählt eine Person auf dem Bild aus und schreibt einen inneren Monolog.

★★★ Konzipiert einen Dialog zwischen mindestens zwei der abgebildeten Menschen und führt ihn anschließend der Klasse vor.

Musik verklingt, Instrumente bleiben

Hilfekarte

Forscher glauben, dass Menschen schon seit Tausenden von Jahren musizieren. Aber es ist so gut wie unmöglich herauszufinden, wie sie dies genau gemacht haben. Es gibt ja niemanden mehr, den man fragen könnte. Allerdings haben diese Menschen Spuren hinterlassen. In der Höhle „Les trois Frères" in Frankreich haben Menschen vor circa 10 000 bis 15 000 Jahren die Wände mit vielen Zeichnungen versehen. Forscher vermuten, dass auf einem dieser Bilder ein sogenannter Musikbogen dargestellt ist. Das würde bedeuten, dass Menschen schon vor vielen Jahrtausenden Instrumente bauen konnten und darauf Töne produziert haben.

Leider gibt es niemanden, der weiß, wie die Musik zur damaligen Zeit geklungen hat. Die Möglichkeit, Töne aufzunehmen, gibt es erst seit rund 130 Jahren. (→ S. 55) Der Musikbogen wird auch noch heute in vielen Teilen der Welt benutzt.

Höhlenmalerei in der französischen Höhle „Les trois Frères"

Hilfekarte

1 Beschreibt die Abbildung.

2 Stellt Vermutungen darüber an, welche Handlung dargestellt sein könnte.

3 Auf der Abbildung vermuten Forscher ein Musikinstrument. Diese Meinung ist jedoch umstritten. Warum ist keine eindeutige Aussage möglich?

4 Es ist nicht immer einfach, Gegenstände auf alten Darstellungen genau zu bestimmen.
   a) Sammelt Argumente, die dafür sprechen, dass der abgebildete Gegenstand ein Musikinstrument ist.
   b) Um welchen Gegenstand könnte es sich ansonsten handeln?

Suche im Web

Musikbogen

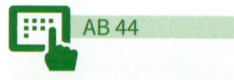

AB 44

5 Findet Informationen zum Musikbogen.
   ★   Fertigt eine Infobox an.
   ★★   Gestaltet ein Plakat.
   ★★★   Konzipiert eine digitale Präsentation (→ **Werkzeugkasten: „Informationen über Musik digital präsentieren", S. 80**).

Musikinstrumente können unterschiedliche Funktionen erfüllen. Man spielt sie zu Festen oder für sich alleine. Andere Menschen erfreuen sich am Klang oder tanzen ausgelassen dazu.

 Hilfekarten

Es gibt aber noch weitere Situationen, in denen Musikinstrumente gebraucht werden. Die Abbildung zeigt ein Horn, das Forscher an einem Fundort ausgegraben haben. Es stammt aus der Steinzeit.

6 Beschreibt das abgebildete Instrument.

7 ★ Stellt Vermutungen darüber an, wozu dieses Instrument gedient hat.

★★ Versetzt euch in die Steinzeit und erfindet eine Geschichte, in der dieses Horn vorkommt.

★★★ Versetzt euch in die Steinzeit und entwerft ein Bild, in dem eine Szene dargestellt wird, in der das Horn verwendet wird. Beschreibt in einem zweiten Schritt das Bild schriftlich.

8 Interpretiert die Zeichnung mit den folgenden Schritten:
a) Beschreibt zunächst, was zu sehen ist.
b) Beschreibt das Problem, das die Person auf dem Boot hat.
c) Findet einen Lösungsvorschlag.

Du	gehen	Stadt	ja
Alle	essen	Schule	nein
Ich	spielen	nach Hause	
	lernen	Schwimmbad	

Beispiel für das Wort „gehen"

Auf Handtrommel:
Schläge 1 + 2 leise
Schläge 3 + 4 laut

9 Wozu werden Signale heute verwendet? Nennt einige akustische Signale und beschreibt deren Funktion.

10 Verständigt euch mit akustischen Signalen. Orientiert euch an den Beispielen im nebenstehenden Schaubild.

a) Erfindet in Gruppen akustische Signale für Begriffe, die ihr sammelt (z. B. „Halt!"). Versucht, diese in irgendeiner Form aufzuschreiben.
b) Teilt eure Gruppe und verteilt die Mitglieder auf beiden Seiten des Schulhofs.
c) Eure Lehrerin oder euer Lehrer gibt einer Teilgruppe eine zu übermittelnde Nachricht. Diese sendet die Nachricht als akustisches Signal über den Schulhof zu ihren Gruppenmitgliedern. Diese Gruppe übersetzt wiederum das akustische Signal in Sprache.

 AB 45

Erinnern: Musik wird Schrift

HB 83

Zusatzseite

Die Schola Cantorum

Augustinus: Morgen ist es so weit. Dann werden sich unsere Wege trennen.

Benedikt: Das ist Gottes Wille. Jeder von uns hat eine Aufgabe, die er erfüllen muss. Auf welcher Route wirst du reisen?

Augustinus: Ich muss versuchen, noch vor dem Wintereinbruch die Alpen zu überqueren. Dann geht es durch Gallien und über die Meerenge zu jener Insel, wo die Angelsachsen leben.   5

Benedikt: Ich werde derweil hier in Rom bleiben und an der Schola Cantorum unterrichten. Ich beneide dich. Du wirst unsere gregorianischen Gesänge und damit unseren Glauben in ferne Länder bringen.

Augustinus: Deine Aufgabe ist ebenso wichtig. Du unterrichtest in der Schola 10 Cantorum viele unserer Brüder. Sie lernen von dir die richtige und einheitliche Singweise unserer Choräle.

Benedikt: Du hast recht. Ich darf mich nicht beschweren. Seit unsere Singschule um das Jahr 300 gegründet wurde, hat sich viel getan. Jetzt, unter der Regentschaft unseres Papstes Gregor und rund 300 Jahre später erlebt sie 15 ihren Höhepunkt. Ich bin sehr glücklich, dabei sein zu dürfen. Wer begleitet dich auf deiner langen Reise?

Augustinus: Wir sind eine Gruppe von 40 Brüdern. Sie alle haben hier in der Schola Cantorum die Melodien und Texte unserer geistlichen Gesänge gelernt und werden sie wiederum in vielen Klöstern ferner Länder lehren.   20

Benedikt: Dann lebe wohl, mein Freund, und möge Gott dich beschützen.

1 ★   Schreibt die wichtigsten Aussagen des Textes stichwortartig heraus.

★★   Fasst den Text zusammen.

★★★ Schreibt einen Lexikonartikel zur Schola Cantorum.

Geht auf die Suche

z. B. zu Hause, in der Bibliothek

2 Verfolgt die Reiseroute von Augustinus mithilfe der Karte und eines Atlas. In welchen Städten würdet ihr Halt machen?

Infobox

Den einstimmigen geistlichen lateinischen Gesang in der katholischen Kirche nennt man **Gregorianischen Choral** oder auch **Choral**. Er wird ohne Begleitung von Instrumenten gesungen.

Der Gregorianische Choral

HB 84

1 Schließt die Augen und atmet tief und regelmäßig. Lasst die Musik auf euch wirken.

a) Beschreibt, welche Gefühle die Musik bei euch auslöst.

b) Besprecht im Zweierteam eure durch die Musik ausgelösten Empfindungen.

c) Findet Adjektive, mit denen sich die Musik beschreiben lässt.
   (→ Werkzeugkasten „Musik mit treffenden Adjektiven beschreiben", S. 145)

d) ★ Sucht Adjektive, die überhaupt nicht zur Musik passen.

   ★★ Versucht zu ergründen, warum die Musik in dieser Weise auf euch wirkt.

   ★★★ Benennt musikalische Elemente des Hörbeispiels und ordnet diese einer bestimmten Stimmung zu.

Infobox
Halleluja (auch: Alleluia) leitet sich aus dem Hebräischen her und bedeutet so viel wie „Preiset Jah(we)". Dieser Gebetsruf kommt in vielen Gregorianischen Chorälen und Kirchenliedern vor (vgl. S. 144).

2 Hört euch mehrmals den Gregorianischen Choral „Gustate et videte" an.

HB 85

AB 46

a) Summt ihn gemeinsam mit.

b) Mit welchem der beiden Bilder unten würdet ihr die Musik am ehesten vergleichen?

c) Begründet eure Entscheidung. Bezieht euch bei eurer Begründung auch auf das „Halleluja" und setzt es in Beziehung zu einzelnen Bildmerkmalen.

Werkzeugkasten   Ein Interview führen

Sicherlich habt ihr schon oft ein Interview gehört oder gesehen:

Ein Reporter versucht, durch gezieltes Fragen Informationen von einem Gesprächspartner oder einer Gesprächspartnerin wie z. B. einem Experten/einer Expertin, einem Sportler/einer Sportlerin oder einem Musikstar zu erhalten.

Was oft so einfach aussieht, ist in Wirklichkeit harte Arbeit, die lange Übung und eine gute Vorbereitung erfordert.

Wenn ihr die folgenden Regeln beachtet, seid ihr auf dem richtigen Weg, ein gutes Interview zu führen.

Schritt 1
Präzise Vorarbeit ist entscheidend für ein gutes Interview. Informiert euch daher ausführlich über das Themengebiet.

Schritt 2
Überlegt euch, welche Aussagen ihr von eurem Gesprächspartner oder eurer Gesprächspartnerin erhalten wollt. Formuliert dann eure Fragen. Vermeidet dabei solche, die man einfach mit „Ja" oder „Nein" beantworten könnte.

Beispiel:
schlecht: Hören Sie gerne Pop-Musik?
gut: Viele Menschen hören gerne Pop-Musik. Wo liegen Ihre Vorlieben?

Schritt 3
Überlegt euch zu jeder Frage verschiedene Antwortmöglichkeiten, die euer Gegenüber wählen könnte. Plant voraus, wie ihr darauf reagieren könntet.

Schritt 4
Übt das Interview vorher mit einem eingeweihten Mitschüler, einer Mitschülerin oder euren Eltern. Vielleicht könnt ihr auf diesem Weg gute Tipps oder Verbesserungsvorschläge erhalten.

Schritt 5
Wenn ihr alle Schritte getan habt, braucht ihr keine Angst vor dem Interview zu haben und könnt in ruhiger Haltung und langsam und deutlich gesprochen eure Fragen stellen.
Wichtig: Ihr solltet als Reporter/Reporterin eure eigene Meinung nicht äußern und immer höflich und zuvorkommend sein.

Die Neumenschrift als einheitlicher Code

Gebete und damit die zentralen Glaubenssätze des Christentums wurden in der frühen Kirche in Form des Gregorianischen Chorals gesungen. Melodien wurden jedoch in dieser Zeit noch nicht aufgeschrieben und wurden mündlich von Person zu Person weitergegeben. Mit der Verbreitung des christlichen Glaubens musste jedoch eine Schrift – ein Code – entwickelt werden, um die Melodien aufzuschreiben. Dies war die Geburtsstunde der *Neumen*. Mit ihnen konnte man zwar nicht jeden Ton exakt bestimmen, doch die Mönche hatten nun eine Erinnerungshilfe und konnten sich durch die Neumen leichter an die bereits erlernten Gesänge erinnern.

Außerdem konnte die Kirche nun sichergehen, dass dort, wo das Christentum verbreitet war, die gleichen Gesänge mit den gleichen Texten gesungen wurden.

🖳 Hilfekarten

1

2   3

1 Erklärt, warum es für die Kirche so wichtig war, eine Schrift zu entwickeln, mit der die Musik des Gregorianischen Chorals aufgeschrieben werden konnte.

2 Auf dieser Seite sind drei unterschiedliche Codes abgebildet.
- ★ Fertigt in eurem Heft eine Tabelle an.
- ★★ Ergänzt die Tabelle durch weitere Codes, die ihr kennt.

	Wie heißt der Code?	Wozu dient der Code?	Für wen ist der Code?
Abbildung 1	?	?	?
Abbildung 2			
Abbildung 3			

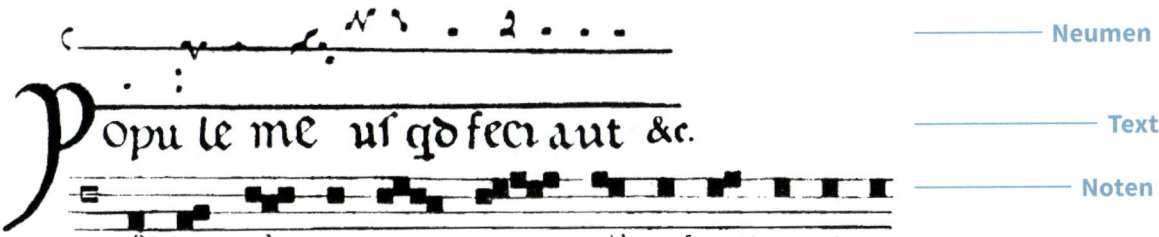

———— Neumen

———— Text

———— Noten

Musik ohne Schrift: Was mündlich bleibt

 HB 86

Jona und der Troubadour

Es dämmert.

Jona läuft barfuß über die Pflastersteine der Stadt. Es macht ihm nichts aus, denn er hat noch nie Schuhe besessen. Selbst die Kälte des frostigen Novemberabends kümmert ihn nicht sonderlich. Er ist erhitzt vom Laufen und die grobe Schafwolljacke hält ihn warm. Auch die Hose ist aus Wolle. Er hat nur die eine, 5 und sie ist ihm viel zu kurz geworden. Zu Hause wird es Ärger geben, denn am Nachmittag ist er bei seinen Botengängen an einem Ast hängen geblieben und nun ist sie zerrissen. Eigentlich ist er recht gut gelaunt, denn er darf mit seiner letzten Lieferung in die Burg der Stadt. Jona ist nun schon 12 Jahre alt und fast erwachsen. Die letzten Monate verbrachte er mit unbedeutenden Botengängen: 10 einen Sack Wolle zur Gerberei in der stinkenden Straße am Bach oder einen Beutel mit Lebensmitteln in die Bäckergasse. Wertvolle Gegenstände vertraute man ihm noch nie an. Er gehört zum gemeinen Volk, der untersten Klasse der Stadtbevölkerung. Natürlich ist er niemals zu Schule gegangen.

15 Bis vor einigen Augenblicken hätte er es niemals zu hoffen gewagt, doch Heinze, der Schneider, beauftragte ihn mit einem eiligen Botengang in die Burg. Einer hohen Dame soll er das soeben geänderte Kleid bringen.

Die wertvolle Fracht in Händen hetzt er aus dem Stadttor hinauf zur Burg. Er muss sich sehr beeilen, denn nach Sonnenuntergang wird das Tor bis zum
20 nächsten Morgen geschlossen und er wäre in der Nacht schutzlos wilden Tieren und Straßenräubern ausgesetzt.

Hektisches Hufgetrappel reißt ihn aus seinen Gedanken. Drei Reiter peitschen um die Kurve auf ihn zu. Er kann gerade noch zur Seite springen, ansonsten hätten ihn die furchterregenden Ritter über den Haufen geritten. Im Straßen-
25 graben liegend sieht er den stolzen Kämpfern in ihren glänzenden Metallrüstungen und mit ihren langen Schwertern nach. Ihr Tempo verlangsamt sich keinen Deut und keiner der drei sieht sich nach ihm um.

Ihm stockt das Herz. Er mustert ängstlich das Paket mit der Ware. Das Kleid ist unbeschmutzt und heil geblieben. Eilig rappelt er sich auf und rennt den Hügel
30 hinauf zur Burg.

Im Burghof herrscht reges Treiben. Überall sind Zelte aufgeschlagen. Gaukler in bunten Gewändern und mit lustigen Mützen jonglieren, andere tanzen zu einem Lied, das ein Troubadour mit großer Stimme singt, während er sich auf seinem Instrument begleitet. Jona schaut verblüfft zu. „Hierher, Junge", tönt
35 eine ungehaltene Stimme. „Wir warten schon seit Stunden auf das Kleid." Jona kämpft sich durch die vielen Menschen in Richtung eines vornehm gekleideten Mannes und übergibt ihm hastig das Paket. Ohne ein weiteres Wort reißt dieser es an sich und läuft ohne Bezahlung ins Innere der Burg. Mit einem Ruck fällt die schwere Tür vor Jona ins Schloss.

40 Benommen und entmutigt steht Jona vor der Tür. „Die sind wohl wieder mal knapp bei Kasse", brummt hinter ihm eine tiefe Stimme. Jona dreht sich um und erkennt den Troubadour von vorhin, der schmunzelnd hinter ihm steht. Über seiner Schulter hängt ein Musikinstrument. Verschmitzt lacht er Jona an und sagt: „Hier, ich schenke dir meine alte Flöte, damit sich der weite Weg trotzdem
45 für dich gelohnt hat. Ich habe mir gestern Abend eine neue gemacht. Vielleicht hast du genauso viel Spaß damit wie ich." Mit diesen Worten drückt er dem erstaunten Jona das kleine Instrument in die Hände, dreht sich um und verschwindet im Gewimmel der Menschen.

1 Erzählt eurem Tischnachbarn/euerer Tischnachbarin die Geschichte mit eigenen Worten.

2 Wählt eine Stelle aus der Geschichte aus und gestaltet ein Bild dazu.

3 Ermittelt Musikinstrumente, auf denen man im Mittelalter gespielt hat. Fertigt dazu ein Plakat mit Abbildungen und einer Instrumentenbeschreibung.

Suche im Web

Mittelalter, Instrument, Troubadour

 HB 87

4 Ihr hört ein Lied des Troubadours Bernart de Ventadorn (ca. 1140 – 1200). Beschreibt das Stück. Der **→ Werkzeugkasten „Musik mit treffenden Adjektiven beschreiben", S. 145** kann euch dabei eine Hilfe sein.

5 Studiert den Mitspielsatz ein und spielt ihn zum Original.

 AB 47

Quan vei la lauzeta mover

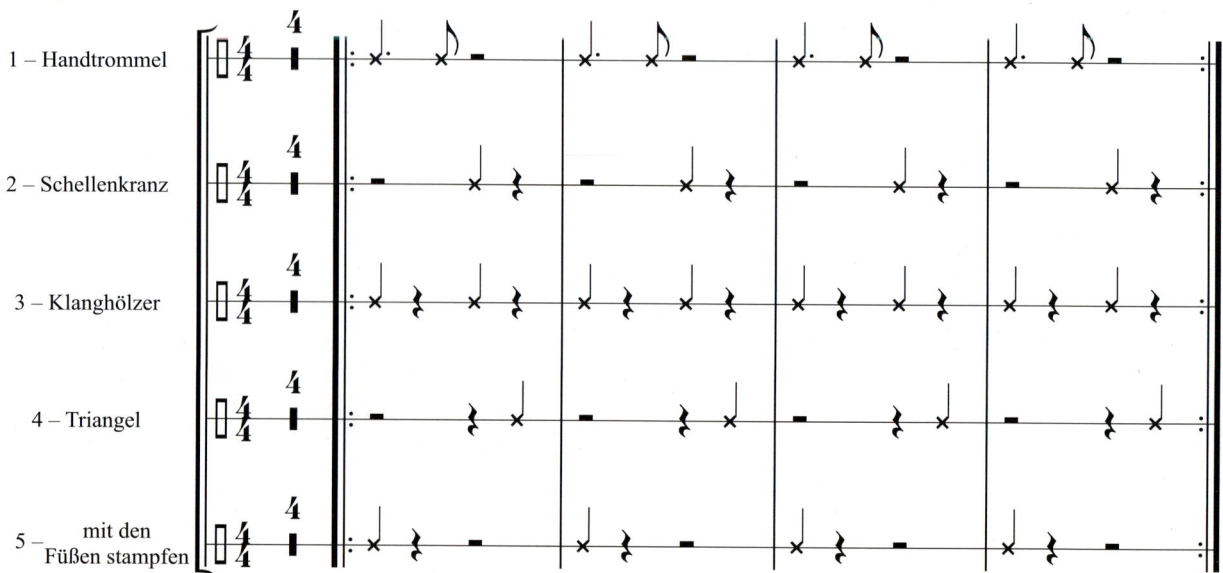

1 – Handtrommel
2 – Schellenkranz
3 – Klanghölzer
4 – Triangel
5 – mit den Füßen stampfen

6 Lest nun die Geschichte, in der Jona in einer Burg auf eine Gruppe von Spielleuten trifft. (→ S. 130 – 131) Stellt diese Szene nach. Beginnt ab der Stelle, als Jona auf den Burghof läuft. Die Spielleute führen das Lied „Quan vei la lauzeta mover" auf.

Richtet euch dabei nach den unten stehenden Punkten.

a) Verteilt die Rollen des Stückes. Jedes Klassenmitglied macht mit.

b) Spielt das Stück mehrmals. Sprecht nach den einzelnen Durchläufen über Verbesserungsvorschläge.

c) Ein Theaterstück wirkt besonders eindrucksvoll, wenn die Schauspieler und Schauspielerinnen verkleidet sind. Überlegt euch, welche eurer privaten Kleidungsstücke zum Stück passen könnten, und bringt sie zur nächsten Stunde mit.

d) Recherchiert im Internet und findet Informationen zu dieser Zeit.

Suche im Web

Mittelalter + Alltag + Kleidung

Minnesang

 Zusatzseite

Während in Frankreich die Troubadoure singend durch das Land zogen, spielte zwischen dem 12. und 13. Jahrhundert im deutschsprachigen Raum eine besondere Form des gesungenen Liebesgedichtes eine große Rolle: der Minnesang. Das Wort Minne steht für Liebe, aber diese Liebe bleibt in den Texten stets unerfüllt. Das bedeutet, dass der Minnesänger seine Herzensdame anbetet, obwohl er genau weiß, dass er niemals mit ihr zusammen sein kann, weil sie z. B. eine Prinzessin oder eine adlige Dame ist, er aber nur ein armer Sänger.

Oft luden die Herrscher im Mittelalter einen Minnesänger auf ihre Burg, damit er für sie einen Minnesang dichtete und auch vorsang.

Ein berühmter Minnesänger war Der von Kürenberg (12. Jahrhundert).

Der von Kürenberg

Da die Minnesänger vor rund 900 Jahren lebten, dichteten sie noch in einer älteren Form der deutschen Sprache, dem Mittelhochdeutschen.

1 Versucht, den Liedtext in unsere heutige Sprache zu übertragen.

2 Fasst den Inhalt des Liedes zusammen.

3 Erklärt mithilfe des Einführungstextes, warum der Liedtext typisch für einen Minnesang ist.

> ## Ich zôch mir einen valken
>
> Ich zôch mir einen valken   mêre danne ein jâr.
> dô ich in gezamete,   als ich in wolte hân,
> und ich im sîn gevidere   mit golde wol bewant,
> er huop sich ûf vil hôhe   und floug in anderiu lant.
>
> Sît sach ich den valken   schône fliegen:
> er fuorte an sînem fuoze   sîdîne riemen,
> und was im sîn gevidere   alrôt guldîn.
> got sende si zesamene,   die gerne geliep wellen sîn!

4 Hört euch den mittelhochdeutschen Text „Ich zôch mir einen valken" gesprochen an.

 HB 88

   ★   Beschreibt den Klang dieser Sprache mit Adjektiven (→ **Werkzeugkasten „Wir beschreiben Musik mit treffenden Adjektiven, S. 145**).

   ★★   Benennt die klanglichen Unterschiede zwischen dem mittelhochdeutschen Text und unserer heutigen Sprache.

5 Tragt das Gedicht ausdrucksvoll vor (→ **S. 13**).

 AB 48

Meistersang

Aus dem Minnesang erwuchs im 15. Jahrhundert im deutschsprachigen Raum der Meistersang. Das war eine Liedkunst, bei dem die Sänger ihre Stücke nach genauen Vorgaben zu entwerfen hatten. Nur wer ein neues Lied nach diesen Regeln erfand und eine Prüfung bestand, durfte sich danach „Meistersänger" nennen. Diese Technik konnte man in Singschulen erlernen. Es gab auch Wettbewerbe, bei denen die Künstler gegeneinander antraten. Auf der nächsten Sei-

1	Ich ritt durch Täler, tiefe Wälder.	9	
2	Mein Pferd trägt treu durch Stadt und Felder.	9	
3	Kälte, Stürme, Regen, Winde.	8	1. Stollen
4	Wiegt mich sanft als sei ich Kinde.	8	
5	Es scheut niemals auf keiner Straße.	9	
6	Erfreut mich stets in großem Maße.	9	
7	Ein Ritter wollt ich gerne werden	9	
8	und Drachen töten gar in Herden.	9	
9	?	8	2. Stollen
10		8	
11		9	
12		9	
13	So reit' ich durch alle Lande,	8	
14	niemals grob, stets ohne Schande.	8	
15		9	
16		9	
17	?	8	Abgesang
18		8	
19		9	
20		9	

AB 49 – 50

Hilfekarten

te sind einige der strengen Regeln wiedergegeben.

Viele Jahrhunderte später schrieb der Komponist Richard Wagner (1813 – 1883) eine Oper über einen solchen Gesangswettbewerb. In seinem Stück „Die Meistersinger von Nürnberg" muss ein junger Ritter, der noch niemals gesungen hat, einen Wettbewerb gewinnen, um seine Liebste zu heiraten.

1 Versetzt euch in die Rolle des jungen Ritters aus der Oper „Die Meistersinger von Nürnberg" und bereitet euch mit den unten stehenden Punkten auf einen Wettbewerb vor.

a) Lest die Regeln zum Meistersingen.

b) ★　　Erfindet einen Meistersang, indem ihr das Beispiel auf dieser Seite erweitert.

　★★　Erfindet ohne Vorlagen einen eigenen Meistersang.

c) ★　　Lest euren Text der Klasse vor.

　★★　Rappt euren Text vor der Klasse.

　★★★ Singt euren Meistersang der Klasse zu einer selbst gewählten Melodie vor.

d) Prüft gemeinsam am Text, ob die Regeln eingehalten werden.

Die Regeln des Meistersängers (gekürzt)

- Jede Strophe besteht aus 3 Teilen. Die ersten beiden Teile nennt man **Stollen** und den letzten **Abgesang**.
  Jeder **Stollen** hat 6 Zeilen.
  Der **Abgesang** hat 8 Zeilen.
- Der Gesang muss im Paarreim aufgebaut sein.
  Das bedeutet, dass die Endsilben von den beiden jeweils untereinanderstehenden Zeilen gleich sind.
- Jede Zeile hat 8 oder 9 Silben (siehe Beispiel).

Werkzeugkasten Kritik geben und annehmen

Alois hat den ganzen Nachmittag an seinem Schulprojekt gearbeitet und ist sehr stolz auf das Ergebnis. Später kommen noch Heike und Sebastian vorbei. Sie gehören auch zum Team. Zusammen halten sie am nächsten Tag ein Referat. Sie begutachten den Entwurf von Alois und beginnen damit, in der gemeinsamen Diskussion ihre eigenen Ideen mit einzuarbeiten. Am Ende ist von Alois' Version nicht mehr viel übrig. Einerseits fühlt er sich entmutigt, andererseits merkt er auch, dass durch das gegenseitige Kritisieren am Ende ein sehr gutes Ergebnis entstanden ist.

Habt ihr schon einmal eine ähnliche Situation erlebt? Die Arbeit im Team kann durch richtiges Kritisieren deutlich verbessert werden. Kritisieren will jedoch gelernt sein. Wenn ihr euch an die folgenden fünf Regeln haltet, kann eigentlich nichts schiefgehen.

1. Wir greifen niemanden persönlich an.
2. Wir sind einem Mitschüler, der uns kritisiert, nicht böse.
3. Bei einer Kritikrunde muss zunächst das Positive hervorgehoben werden.
4. Persönliche Sympathien sollen in einer Kritikrunde nicht deutlich werden.
5. Wir sagen uns immer die Wahrheit.

Eine kritische Äußerung sollte in drei Schritten aufgebaut sein.

1. Ist-Aussage
Benennt kurz die Aussage, das Verhalten oder die Tatsache, die ihr kritisieren wollt.

„Ich möchte gern etwas zu deiner Vortragsweise sagen."

2. Soll-Aussage
Beschreibt den Idealfall von dem, was am Ende der Bearbeitung herauskommen soll.

„Ich hätte es schön gefunden, wenn du ..."

3. Verbesserungsvorschlag

„Vielleicht könntest du beim nächsten Mal darauf achten, dass ..."

Das Notenbild wächst:
Musik braucht Raum

 HB 89

Jona am Hofe Ludwigs XIV.

Jona muss sich beeilen.
Jedes Mal, wenn er die lange Straße zum Schloss entlangläuft, ist er von tiefer Ehrfurcht erfüllt. Bevor er als Musiker nach Frankreich gekommen war, hätte er sich ein solch grandioses Bauwerk nicht vorstellen können. Das Schloss Ver-

sailles raubt ihm jedes Mal den Atem. Vom Mittelpunkt 5
aus breitet sich das riesige Bauwerk absolut spiegelbildlich
nach beiden Seiten aus. Es soll nahezu 2 000 Räume im
Schloss geben. Allein die königliche Familie soll weit über
100 Zimmer bewohnen. Zeitweise sollen über 30 000 Menschen am Bau dieses Palastes mitgewirkt haben. 10
Jona wendet seine Gedanken wieder der kommenden Aufgabe zu, denn er muss zu einem Ball. Es ist erst sein zwei-
ter Auftritt im Schloss. Er darf sich keinen Fehler erlauben,
denn nur die besten Musiker dürfen für die Fürsten und
vor den anderen hochgestellten Persönlichkeiten Frank- 15
reichs spielen. Aufgeregt betastet er seine Ledertasche.

Dort führt er immer einen Talisman mit sich, der ihm in solchen Situationen Kraft gibt. Es ist eine alte Flöte. Nicht, dass er noch auf diesem handgeschnitzten Instrument spielen würde, die Musikinstrumente haben sich weiterentwickelt.

20 Aber die Flöte stammt von seinem Urahnen. Er lebte im Mittelalter und hatte sein Leben lang als Dienstbote gearbeitet, obwohl er die Musik sehr liebte. Seitdem nahm die Musik immer einen hohen Stellenwert in Jonas Familie ein.

Jona ist, genau wie sein Vater, Flötist und darf nun in dem wohl größten Schloss der Welt musizieren. Der König wird heute Abend auch dabei sein. Ludwig XIV.

25 (gesprochen: Ludwig der Vierzehnte) ist alleiniger Herrscher Frankreichs. Früher regierten hier viele Fürsten, die sich immer wieder stritten und versuchten, sich gegeneinander auszuspielen. Mit Ludwig XIV. wurde das anders. Nach seiner Thronbesteigung befahl er allen Fürsten, ihren Wohnsitz nach Versailles zu verlegen und dort mit ihm zu leben. Nun hat er sie besser im Auge und die

30 Fürsten bekommen nur wenig Gelegenheit, sich gegen Ludwig zu stellen. Heute besteht ihr Alltag größtenteils darin, den König zu umschmeicheln, denn er bildet das absolute Machtzentrum und alle Fürsten sind von ihm abhängig.

In Gedanken versunken stößt Jona auf dem Weg beinahe mit einem Mann zusammen. Eine Entschuldigung murmelnd läuft er weiter auf das Schloss zu. Ge-

35 rade rechtzeitig trifft er im Festsaal ein, in dem gerade viele Kerzen angezündet werden. Schon bald werden die Gäste mit ihren gelockten weißen Perücken kommen. Die Damen werden aufwendig gefertigte Kleider tragen. Es wird vor allem getanzt. Jona genießt besonders den Anblick der eleganten Schreittänze.

Nicht zuletzt deshalb freut sich Jona auf die Musik des heutigen Abends.

40 Nachdem er als Musiker in London die Werke von Georg Friedrich Händel hören durfte und erst vor Kurzem einen jungen vielversprechenden Organisten namens Johann Sebastian Bach in Weimar getroffen hat, ist er nun neugierig auf die französische Musik.

1 Fasst die Geschichte zusammen.

Hilfekarte

2 In der Geschichte werden neben Jona drei weitere Personen mit Namen erwähnt.

Geht auf die Suche
z. B. zu Hause, in der Bibliothek

★ Informiert euch über sie und sammelt Informationen in eurem Heft.

★★ Fertigt eine Tabelle an und tragt in den Spalten den Namen, die Lebensdaten und biografische Eckpunkte zusammen.

★★★ Informiert euch über sie. Begründet, welche Person am ehesten Vorbild für euch sein könnte oder warum keine der drei Personen für euch als Vorbild in Frage kommt.

3 Versetzt euch in Jonas Rolle auf seinem Weg zum Schloss.

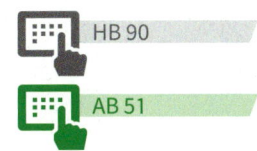

HB 90

a) Stellt Jonas Gehhaltung auf dem Weg zum Schloss nach.

AB 51

b) Hört Musik, die zur Zeit Ludwigs XIV. in Versailles gespielt wurde und probiert dazu verschiedene Gangarten aus.

c) Wie verändern sich eure Bewegungen durch die Musik?

d) Stellt Vermutungen darüber an, warum sich die Gehhaltung verändert.

O-Ton

Milo Pablo Momm (* 1977) ist Tänzer, Musikwissenschaftler und Tanzlehrer für historischen Tanz. Er lebt in Berlin.

Infobox

Ein **Choreograf** (griech.: *Tanz schreiben*) erfindet und probt mit den Darstellern die Abfolge von verschiedenen Tanzbewegungen zu einer bestimmten Musik und legt diese fest.

AB 52

HB 91

Der Tanzmeister

Sie beschäftigen sich mit historischem Tanz. Wie hat sich Ihr Interesse dafür entwickelt?

Angefangen habe ich als Kind mit einer Ballettausbildung. Ich habe eine ganz normale klassische Tanzausbildung gemacht. Ich habe mich aber sehr früh für die Epoche des Barock interessiert und wollte dann auch wissen, ob es dort 5 Tanz gab und ob man Tanz aus dieser Zeit rekonstruieren kann. Im Alter von 15 Jahren habe ich mich dann intensiv mit Barocktanz beschäftigt.

Was sind die grundsätzlichen Unterschiede zum heutigen Standardtanz?

Ein Hauptunterschied ist, dass sich die Tanzpartner eigentlich nicht berühren. 10 Man gibt sich höchstens die Hand, eigentlich nur die Fingerspitzen. Der andere Unterschied ist, dass die Tanzschritte vorher von einem Choreografen, der am Hof gearbeitet hat, vorgegeben wurden. Weiterhin hat immer nur ein einziges Paar vor dem gesamten Hof getanzt. Die Liste der Tänzer wurde vom König vorgegeben. Der Tanz hatte weniger mit Vergnügen, sondern viel mehr mit Re- 15 präsentation und Politik zu tun.

Sie sprechen von einer Zeit, die schon viele Jahre zurückliegt. Woher kennen Sie die Tanzschritte der damaligen Zeit?

Es gibt ein wichtiges Buch aus der Zeit. Das ist der „Maître à danser" [„Der Tanzmeister", geschrieben im Jahr 1725] von Pierre Rameau. Dort sind auf vie- 20 len hundert Seiten alle Schritte und die dazu passenden Armbewegungen beschrieben.

Wie lange würde man brauchen, um am damaligen Hof von König Ludwig XIV. unbemerkt mittanzen zu können?

Sehr lange! Die Höflinge der damaligen Zeit hatten ab dem dritten Lebensjahr 25 täglich Tanzunterricht und tanzten im Alter von 14 oder 15 Jahren zum ersten Mal öffentlich am Hof.

Wo kann man barocke Tänze erlernen?

Es gibt sehr viele Workshops, in denen man den historischen Tanz erlernen kann. Fast in jeder großen Stadt gibt es ein Ensemble. Man kann sich auch sehr 30 gut im Internet informieren.

Vielen Dank für das Interview!

---

4 Fasst den Text zusammen.

5 Hört euch das Interview mit Milo Pablo Momm im O-Ton an. Da die Abschrift des Interviews gekürzt ist, werdet ihr noch weitere Informationen erhalten. Notiert sie während des Hörens stichpunktartig.

6 Erläutert die Aussage: Tanz war am Hof Ludwigs XIV. mehr als reine Unterhaltung.

Johann Sebastian Bach

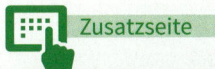
Zusatzseite

Johann Sebastian Bach ist heute einer der bekanntesten und meistgespielten Komponisten überhaupt. Er wurde im Jahr 1685 in Eisenach/Thüringen geboren und erlernte früh das Orgelspiel. Sein Vater und sein Großvater waren in ihrer Zeit ebenfalls berühmte Musiker. Nach dem Tod seines Vaters nahm sein älterer Bruder ihn zu sich und unterrichtete ihn fortan. Schon mit 17 galt er als Virtuose auf allen damals gespielten Tasteninstrumenten.

In jungen Jahren war Bach als Musiker an verschiedenen Musikkapellen angestellt und wurde 1714 in Weimar zum Konzertmeister ernannt. Für Komponisten der damaligen Zeit war es wichtig, eine Anstellung am Hof oder bei der Kirche zu haben, um seinen Lebensunterhalt zu verdienen. Bach wechselte später von Weimar nach Köthen, wo er 1717 Kapellmeister wurde.

Die meiste Zeit seines Lebens arbeitete der evangelische Kirchenmusiker jedoch als Thomaskantor und Musikdirektor in Leipzig (ab 1723). Der Titel Thomaskantor leitet sich von zwei Begriffen her: einerseits von der Berufsbezeichnung des Kantors, was so viel wie Vorsänger oder Chorleiter bedeutet, andererseits von dem Ort der Tätigkeit, der Thomaskirche in Leipzig. Noch heute gibt es die Stelle des Thomaskantors.

Neben den vielen geistlichen Werken schrieb Bach auch zahlreiche weltliche Kompositionen. Im 19. und 20. Jahrhundert wurden Bachs Werke im sogenannten Bach-Werke-Verzeichnis (BWV) thematisch sortiert und mit Nummern versehen. Es zählt über 1 000 Werke.

Neben seiner Tätigkeit als Komponist arbeitete Johann Sebastian Bach als Musiklehrer. Er unterrichtete junge Menschen im Instrumentalspiel. Auch seine Kinder erhielten Musikunterricht. Einige wurden später selbst erfolgreiche Komponisten.

Johann Sebastian Bach starb im Jahre 1750. Obwohl die Musikepochen nicht präzise mit einer Jahreszahl abzugrenzen sind, wird mit diesem Datum oft das Ende des Barocks verbunden.

Johann Sebastian Bach (1685 – 1750)

1 ★   Fertigt ein Plakat zum Barock an.

    ★★   Erstellt ein Lernplakat zu Johann Sebastian Bach mit den Kategorien „Leben", „Kompositionen" und Orte. (→ **Werkzeugkasten „Ein Plakat erstellen", S. 50**)

Geht auf die Suche

z. B. zu Hause, in der Bibliothek

2 Informationen lassen sich leichter lernen, wenn sie gut strukturiert sind. Fertigt mit den Informationen aus dem Text einen Steckbrief von Johann Sebastian Bach an. (→ **Werkzeugkasten „Einen Steckbrief erstellen",** **S. 185**)

3 Fragt eure Eltern nach der Aufnahme einer Komposition von Bach. Spielt der Klasse einen kurzen Ausschnitt des Werkes vor.

Suche im Web

Thomaskantor

4 Recherchiert: Wer nimmt heute die Stelle des Thomaskantors ein?

Infobox

Ein **Virtuose/eine Virtuosin** beherrscht sein/ihr Instrument oder seine/ihre Stimme technisch perfekt.

In einem Orchester nennt man den ersten Geiger/die erste Geigerin auch **Konzertmeister/in**. Er/sie sitzt meistens links neben dem Dirigenten/der Dirigentin (früher Kapellmeister/in genannt), am sogenannten ersten (Noten-)Pult und leitet nicht nur das Einstimmen des Orchesters an, sondern spielt zuweilen die Solo-Partien oder dirigiert hin und wieder vertretungsweise selbst.

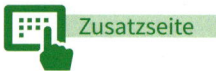 Zusatzseite

Präludium in C-Dur

1722 beendete Johann Sebastian Bach „Das Wohltemperierte Klavier". Dahinter verbirgt sich eine Sammlung von insgesamt 48 Kompositionen, wobei in jeder Dur- und Moll-Tonart jeweils ein Präludium und eine Fuge stehen.

1744 komponierte Bach einen zweiten Zyklus mit abermals 24 Präludien und 24 Fugen. Er wollte damit zeigen, dass man mit einem gut gestimmten Klavier (oder einem Cembalo) in allen Tonarten schön klingende Musik machen kann. Während ein Präludium ein frei gestaltetes Vorspiel ist, bezeichnet Fuge ein mehrstimmiges Musikstück, das einem festgelegten Kompositionsprinzip folgt. Das Präludium in C-Dur ist das erste Stück dieser Sammlung. Es zeichnet sich durch viele gebrochene Akkorde (→ **S. 235**) aus, die wie eine Wellenbewegung das gesamte Stück durchziehen.

Infobox

Ein **Akkord** (→ **S. 235**) ist ein Zusammenklang von mindestens drei Tönen.

Wenn die einzelnen Akkordtöne nicht zusammen erklingen, sondern schnell nacheinander gespielt werden, spricht man von einem **gebrochenen Akkord**.

Ein **Präludium** ist ein Instrumentalstück, das den Charakter eines Eröffnungsstückes hat. Eine **Fuge** ist ein Musikstück, das nach einem festgelegten Prinzip komponiert ist. Fugen sind immer mehrstimmig. Dabei lehnt sich jede Stimme an dieselbe Melodie an, die zeitversetzt erklingt.

Präludium I BWV 864
aus: Das Wohltemperierte Klavier

Johann Sebastian Bach (1685-1750)

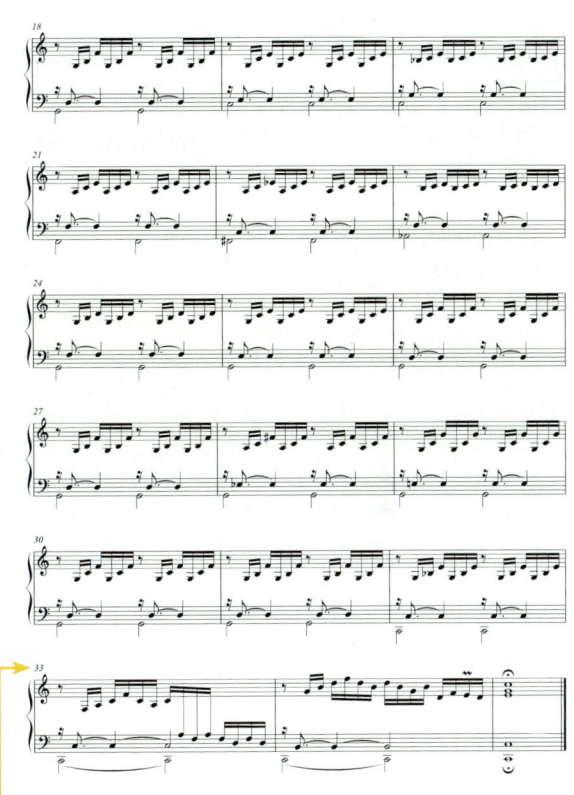

Alle Systeme, die links mit einer geschweiften **Klammer** zusammengefasst sind, werden gleichzeitig gespielt.

Über manchen Takten stehen Taktzahlen. Sie sind sehr hilfreich, wenn man über eine bestimmte Stelle sprechen will. Ihr könnt dann einfach die Taktzahl der Passage nennen und jeder findet sie sofort.

1 Hört euch das Stück an. Jeder von euch ist jetzt ein Dirigent. Zeichnet den Melodieverlauf des Stückes mit euren Händen nach.

HB 92

2 Die gebrochenen Akkorde beginnen jeweils mit einem Basston auf den Zählzeiten 1 und 3. Zählt während des Hörens innerlich die Zählzeiten des Stückes und klatscht auf den Schlägen 1 und 3.

Mitlaufpartitur

3 Verfolgt während des Hörens die Noten mit eurem Finger.

4 Hört das Stück mehrere Male von Anfang an und verfolgt den Notentext. Das Hörbeispiel wird jeweils an unterschiedlichen Stellen angehalten. Notiert euch die Takte, in denen das Stück unterbrochen wird, um eure Ergebnisse später zu vergleichen.

Vom Präludium zum Ave Maria

Hilfekarte

AB 53 – 54

Der französische Komponist Charles Gounod (1818 – 1893) griff gut hundert Jahre nach Bachs Tod auf dessen Präludium in C-Dur zurück. Dafür veränderte er es geringfügig und komponierte eine weitere Melodie dazu, der er später einen Text („Ave Maria gratia plena") unterlegte. Das entstandene Stück wurde bald zu einem der bekanntesten Werke der klassischen Musik überhaupt.

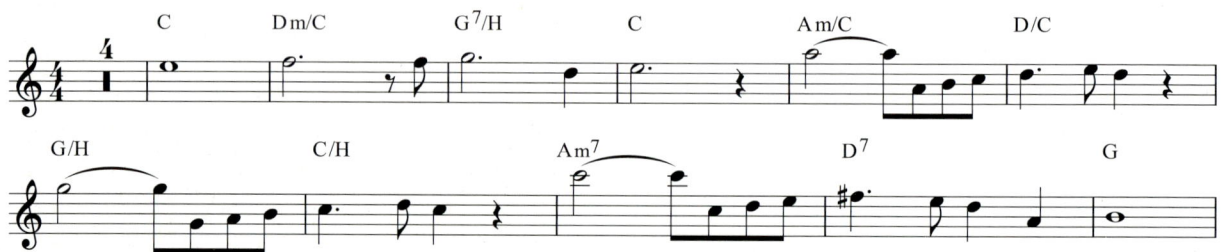

Melodieausschnitt aus Gounods Ave Maria

HB 93

1 Hört euch die Begleitung zum Stück von Gounod an; ihr liegt das Präludium von Bach zugrunde. Diskutiert, warum sich Bachs Präludium so gut als Begleitung eignet?

2 Hört euch die Fassung von Gounod an und beschreibt den Verlauf der Melodie.

HB 94

3 Schreibt den oben abgebildeten ersten Melodieteil von Gounods „Ave Maria" als Notenschreibübung ab. (→ Werkzeugkasten „Noten schreiben", S. 218) Verseht die Noten mit Notennamen.

Suche im Web

„Ave Maria" Text

4 Der Text des „Ave Maria" wurde in jeder Epoche von Komponisten vertont. Recherchiert Informationen zum Text.

5 Spielt die Melodie gemeinsam. Verwendet dafür beispielsweise Klangstäbe.

6 Spielt die Melodie zur Begleitung des Stückes „Ave Maria".

7 Spielt die Melodie zu Gounods „Ave Maria".

Infobox

Melodie (griech. für *melos* = Lied und *odé* = Gesang) ist die Aufeinanderfolge von Tönen, deren Tondauer festgelegt ist. Sie ist meist gut zu singen und ihre Gestalt kann leicht erfasst werden.

Georg Friedrich Händel

Hilfekarte

HB 95

1 Beschreibt Händels Kleidung auf dem Gemälde.

2 Erklärt, warum es zur damaligen Zeit unter Komponisten beliebt war, andere Länder zu bereisen, um musikalische Eindrücke zu sammeln.

3 Hört euch das Hörspiel zum Leben von Händel an und bearbeitet die folgenden Fragen schriftlich:
a) Wie lauten die Lebensdaten von Georg Friedrich Händel?
b) In welcher Beziehung stand Händel zum Königshof?
c) Welche Werke komponierte Händel?
d) Schildert Händel als Geschäftsmann.

4 Verfasst einen Text zu den folgenden Überschriften und verwendet dafür die Informationen in Bild und Text auf dieser Seite:
a) „Die Mode des Barock",
b) „Die Stationen von Händels Lebensweg".

5 Recherchiert im Internet und verfasst einen Text zu den folgenden Überschriften:
a) „Händels Geburtshaus",
b) „Händelaufführungen in unserer Nähe" (→ S. 48).

Georg Friedrich Händel,
Gemälde von Thomas Hudson, 1749

Suche im Web

„Georg Friedrich Händel" Geburtshaus

Geburtsstadt Halle (1685)

Musiker in Hamburg (1703)

Studienreise nach Italien (1706)
Station in Florenz, Rom, Neapel und Venedig

Kapellmeister in Hamburg (1710)

Aufenthalt in London (1710/11)

Rückkehr nach Hamburg (1712)

Übersiedlung nach London (1712)

 AB 55 – 56

Händels „Halleluja"

Händel komponierte im Jahr 1741 sein Oratorium „The Messiah" („Der Messias") für Orchester, Chor und Gesangssolisten. 1742 wurde es in Dublin (Irland) zum ersten Mal aufgeführt. Einem Oratorium liegt immer ein biblischer Text zugrunde. Im „Messias" sind das unterschiedliche Texte, die sich alle mit der Bedeutung des Lebens und Sterbens Christi befassen. Das vielleicht berühmteste Stück aus dem „Messias" ist das „Halleluja". Es wurde weltbekannt.

 HB 96

1 Hört euch Händels „Halleluja" an und beschreibt es. (→ **Werkzeugkasten: „Musik mit treffenden Adjektiven beschreiben", S. 145**)

2 ★★ Klatscht den Rhythmus der Gesangsstimmen.
   ★★ Singt die Sopranstimme mit.

3 Sucht in den Noten weitere Stellen, in denen der rhythmische Halleluja-Ruf vorkommt, und schreibt die Stellen mit Takt- und Stimmangabe heraus.
(→ **Werkzeugkasten „Noten schreiben", S. 218**)

4 Hört den Halleluja-Choral gemeinsam und …
   ★   … zeigt auf, sobald der Halleluja-Ruf im Gesang vorkommt.
   ★★ … zeigt auf, sobald der Halleluja-Ruf vom Orchester gespielt wird.

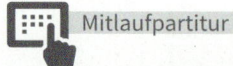 Mitlaufpartitur

5 Schaut euch die Mitlaufpartitur an und verfolgt anhand der Markierung den Fortlauf der Musik.

Werkzeugkasten　Musik mit treffenden Adjektiven beschreiben

Musik zu beschreiben ist nicht so einfach. Die meisten Menschen können zwar sagen, ob ihnen ein Stück persönlich gefällt, doch um auch für andere nachvollziehbare Aussagen treffen zu können, ist ein gewisses Handwerkszeug notwendig.

Schritt 1
Hört sehr aufmerksam zu und lasst die Musik auf euch wirken. Dazu könnt ihr eine Hörhaltung einnehmen, die euch angenehm ist. Schließt beispielsweise die Augen oder legt euren Kopf auf den Tisch.

Schritt 2
Beschreibt nun die Wirkungen, die die Musik auf euch hat, mit eigenen Worten. Eine Hilfestellung bietet der nachfolgende Adjektivzirkel. In ihm findet ihr viele Wörter, die eure Gefühle oder Empfindungen beschreiben können. Gegensätzliche Adjektive stehen sich gegenüber, verwandte Gefühlsbereiche stehen nebeneinander. Schreibt beim zweiten Hören die Worte heraus, die eurem Empfinden nach die Wirkung am besten beschreiben.

6
lustig
freudig
fröhlich
glücklich
munter
sonnig

7
begeistert
beflügelt
tänzerisch
leidenschaftlich
leicht
aufgewühlt
aufregend
ruhelos

5
humorvoll
verspielt
launig
beschwingt
zart
leicht

8
kraftvoll
robust
disharmonisch
aggressiv
schwerfällig
majestätisch

4
gemächlich
behaglich
harmonisch
friedlich
ruhig
mild

1
andächtig
ehrfurchterregend
würdevoll
feierlich
ernst

2
trübe
traurig
tragisch
frustriert
düster
schwer
dunkel

3
träumerisch
nachgiebig
zärtlich
gefühlvoll
sehnsüchtig
flehend
klagend

Schritt 3
Macht euch beim dritten Hören Notizen zur Klangfarbe des ganzen Stückes oder eines einzelnen besonders auffälligen Instrumentes. Wundert euch nicht, wenn ihr euch nicht eindeutig auf bestimmte Klangfarben einigen könnt. Jeder von uns nimmt die Klangfarben einer Musik anders wahr.

> scharf – spitz – scheppernd – kratzend – hohl – metallisch – hölzern – blechern – weich – hart ...

Schritt 4
Andere musikalische Merkmale eines Stückes lassen sich leichter beschreiben. Dabei könnt ihr euch an diesem Schema orientieren.

Tonhöhe:
- hoch
- tief
- gleichbleibend
- wellenartig
- aufsteigend
- absteigend
- springend

Rhythmus:
- gleichmäßig
- ungleichmäßig
- hüpfend
- tänzerisch
- durchgehend
- zerrissen
- stockend
- rollend

Dynamik (Lautstärke):
- laut (*forte*)
- leise (*piano*)
- lauter werdend (*crescendo*)
- leiser werdend (*decrescendo*)
→ **siehe Buchdeckel**

Tempo (Geschwindigkeit):
- langsam (*lento*)
- gehend (*andante*)
- schnell (*presto*)
- schneller werdend (*accelerando*)
- langsamer werdend (*ritardando*)

Schritt 5
Versucht die Wirkung der Musik (Schritt 2) mithilfe der musikalischen Merkmale (Schritt 3 + 4) zu begründen.

Schritt 6
Ordnet eure Ergebnisse und tragt sie vor. Die ersten Sätze einer Musikbeschreibung benennen in der Regel den Namen der Komponistin oder des Komponisten, das Tempo des Stückes sowie die verwendeten Instrumente. Bei einer Verschriftlichung können zum Beispiel folgende Wendungen benutzt werden:

Das Musikstück (*Werkname*) stammt von der Komponistin (*Name der Komponistin*).
Die Tempobezeichnung des Stückes lautet (*Tempo*).
Die folgenden Instrumente kann man deutlich hören: (*Auflistung der Instrumente*).

Partituren auf Reisen:
Von Wien in die Welt hinaus

Jona in Wien

Ein Fuhrwerk holpert vorbei.
Jona drückt sich mit dem Rücken
an eine Hauswand, um nicht vom
aufspritzenden Wasser durchnässt
5 zu werden. Amüsiert stellt er fest,
dass er mit seinem Hechtsprung
nicht der einzige Passant ist, der
vor der heranrasenden Pferdekut-
sche Reißaus nehmen muss. Auf
10 der anderen Seite der gepflasterten Straße steht ein Mann mit Zylinder und einem dunklen Frack. Seine helle Hose ist übersät mit schmutzigen Wasserspri-
zern.
Während der Mann dem Fuhrmann in wienerischer Mundart üble Schimpfwor-
te hinterherruft, fährt dieser gelassen und ohne den Kopf zu wenden weiter.
15 Einen Augenblick später ist er um die nächste Straßenecke verschwunden.
Jona zupft seinen Mantel zurecht und berührt dabei die handgeschnitzte Flöte,
die eingewickelt in ein Stück Stoff in der Innentasche steckt. „Mein Talisman",
murmelt er und lächelt dabei. Eilig geht er die engen Straßen entlang bis zum

Freihaus. Überall gehen Menschen geschäftig ihrer Arbeit nach. Je näher Jona dem Freihaus kommt, desto belebter werden die Straßen. Jona ist immer wieder 20 von diesem gewaltigen Gebäude beeindruckt. Wer Geld hat, denkt Jona, der kann sich so etwas leisten, wie auch diese kleine Abendmusik gestern. Jona hatte nämlich bei einem privaten Treffen von einflussreichen Bürgern mit einigen seiner Kollegen ein privates Konzert gegeben. In Wien gibt es neben reichen Adligen auch einfache Bürger, die es zu einigem Reichtum gebracht haben. Man- 25 che von ihnen unterstützen als Mäzene Künstler, ohne dafür eine Gegenleistung zu verlangen. In der Hauptstadt Wien wimmelt es daher von Künstlern und auch Jona hatte sich deswegen hier niedergelassen. Gestern wurden übrigens einige Streichquartette von Joseph Haydn gespielt. Jona liebt diese zurzeit sehr populäre Gattung und schätzt den bereits betagten Haydn sehr. 30

Schon steht er vor dem Theater von Schikaneder, dem großen Theatermann. Es ist ein Teil des Freihauses. Mit einem Blick auf seine Taschenuhr erkennt er, dass er gerade noch rechtzeitig zur Probe kommen wird. In einer Woche soll die Zauberflöte, eine Oper von Mozart, aufgeführt werden. Die Vorbereitungen laufen auf Hochtouren. Derzeit werden noch einige Kostüme geändert, und die 35 Sänger proben die letzten unsicheren Passagen. Schikaneder hat die Textvorlage zum Stück selbst geschrieben und singt sogar eine Titelrolle.

Gerade noch rechtzeitig kommt Jona zur Probe und setzt sich eilig mit seiner Querflöte auf seinen Platz. Heute soll es einen vollständigen Durchlauf geben, und Mozart leitet diese sogenannte Bühnenprobe selbst. 40

 Hilfekarte

1 ★ Fasst die zentralen Informationen der Geschichte stichpunktartig zusammen.

★★ Bereitet euch darauf vor, die Kernelemente der Geschichte in freier Rede vorzutragen.

Suche im Web

Streichquartett

2 Im Text wird von einem Streichquartett gesprochen. Was ist das? Fertigt eine Infobox an.

 Hilfekarte

Joseph Haydn. Ein Leben in Abgeschiedenheit

Joseph Haydn wurde im Jahre 1732 in Rohrau (Niederösterreich) geboren. Zwar waren seine Eltern keine Musiker, doch wurde recht bald entdeckt, dass Haydn musikalisch außerordentlich begabt war. So wurde er zum Chorsänger ausgebildet. Zur damaligen Zeit hatten viele Städte einen Domchor, der nur aus Knaben bestand. Diese lebten in einem Internat, gingen dort zur Schule, erhielten 5 Instrumentalunterricht und sangen während der Gottesdienste. Neun Jahre lang war Joseph Haydn Chorsänger im Stephansdom zu Wien. Nach dem Stimmwechsel entließ man ihn.

Einige Zeit versuchte er, sich seinen Unterhalt als freier Musiker zu verdienen. Doch war dies eine sehr schwierige Zeit für ihn, denn Geld kam nur ins Haus, 10 wenn er einen Kompositionsauftrag erhielt.

Im Jahre 1761 begann einer der glücklichsten Abschnitte in Haydns Leben, denn er trat in den Dienst der Familie Esterházy. Das war eine reiche und einflussreiche Familie, die ein eigenes Orchester unterhielt. 30 Jahre lang arbeitete
15 Haydn in dem abseits von Wien gelegenen Schloss Esterházy in Abgeschiedenheit. Nur wenn die Familie in die Winterresidenz nach Wien umzog, hatte Haydn die Möglichkeit, sich mit anderen Musikern auszutauschen und selbst Konzerte zu besuchen. Während dieser Aufenthalte freundete er sich mit Wolfgang Amadé Mozart an. Den über 20 Jahre jüngeren Mozart faszinierten vor
20 allem Haydns Streichquartette.

Im Jahre 1790 wurde Haydn in Pension geschickt und er arbeitete fortan als freischaffender Komponist. In den Folgejahren unternahm er zwei Reisen nach London. Er blieb jeweils über ein Jahr in England und wurde in dieser Zeit sehr berühmt. Joseph Haydn starb 1809 in seinem Haus in Wien.

3 Die Abbildungen auf dieser Seite stehen jeweils für eine bestimmte Station des Lebens von Joseph Haydn. Ordnet die Bilder der zeitlichen Reihenfolge nach und beschreibt sie. Bringt sie in einem dritten Schritt mit Haydns Lebensweg in Verbindung.

4 Fertigt ein Lernplakat zu Joseph Haydn an. (→ **Werkzeugkasten „Ein Plakat erstellen", S. 50**)

Hilfekarte

AB 57

Von der Kaiserhymne zum Deutschlandlied

Die Melodie der deutschen Nationalhymne wurde zu einer Zeit komponiert, als es den Staat Deutschland in seiner heutigen Gestalt noch nicht gab. Joseph Haydn komponierte die Melodie im Jahre 1797 ursprünglich auch gar nicht für Deutschland, sondern er schrieb auf den Text „Gott erhalte Franz den Kaiser" von Lorenz Leopold Haschka eine Hymne auf den österreichischen Kaiser Franz I. Zu dessen Geburtstag erklang sie zum ersten Mal am 12. Februar 1797 in allen Wiener Theatern und blieb seitdem die Hymne für alle nachfolgenden österreichischen Kaiser.

Später verarbeitete Haydn die Melodie in einem seiner Streichquartette, das unter dem Namen „Kaiserquartett" weltbekannt wurde.

Der Text des „Deutschlandliedes" stammt von Hoffmann von Fallersleben (1798 – 1874), der ihn im Jahre 1841 auf der Insel Helgoland schrieb und Haydns Melodie unterlegte. Mit diesem Text erklang sie im Oktober 1841 in Hamburg zum ersten Mal. Von Fallersleben dichtete ursprünglich drei Strophen, die 1922 in der Weimarer Republik (1918/19 – 1933) mit der Melodie von Haydn zur deutschen Nationalhymne erklärt wurde. Heute wird nur noch die dritte Strophe gesungen.

Im Jahre 1952 wurde die deutsche Nationalhymne in ihrer heutigen Form die Nationalhymne der Bundesrepublik Deutschland und 1991 des wiedervereinigten Deutschlands.

1   Fasst die Entstehungsgeschichte des Deutschlandliedes mit eigenen Worten zusammen.

Deutsche Nationalhymne

Musik: Joseph Haydn
Text: Hoffmann von Fallersleben

Ei – nig – keit und Recht und Frei – heit   für das deut – sche Va – ter – land,
da – nach lasst uns al – le stre – ben brü – der – lich mit Herz und Hand!

Ei – nig – keit und Recht und Frei – heit   sind des Glü – ckes Un – ter – pfand.

Blüh' im Glan – ze die – ses Glü – ckes, blü – he, deut – sches Va – ter – land!

Gott erhalte Franz, den Kaiser

Gott erhalte Franz, den Kaiser,
unsern guten Kaiser Franz!
Lange lebe Franz, der Kaiser,
in des Glückes hellstem Glanz!
5 Ihm erblühen Lorbeerreiser,
wo er geht, zum Ehrenkranz!
Gott erhalte Franz, den Kaiser,
unsern guten Kaiser Franz!

Infobox
Der **cantus firmus** (abgekürzt: c. f.) ist eine vorgegebene geistliche (z. B. Kirchenlied/Choral) oder weltliche Melodie (z. B. ein Volkslied), die einem mehrstimmigen Satz zugrunde gelegt ist.

2 Vergleicht den Text des Liedes „Gott erhalte Franz den Kaiser" mit dem der deutschen Nationalhymne. Was steht jeweils im Vordergrund?

3 Nennt Anlässe, bei denen Nationalhymnen gespielt werden.

4 Hört euch eine Aufnahme der deutschen Nationalhymne an. Benennt musikalische Elemente, durch die die Aufnahme majestätisch klingt.

 HB 98

Das Kaiserquartett

1797 komponierte Joseph Haydn ein Streichquartett. Die Melodie im zweiten Satz stammt aus der zuvor komponierten Kaiserhymne „Gott erhalte Franz den Kaiser". Daher wird es auch „Kaiserquartett" genannt.
Eine weitere Besonderheit des „Kaiserquartetts" ist seine Kompositionsweise. Haydn lässt die Liedmelodie als *cantus firmus* (→ **Infobox**) mehrmals nacheinander erklingen, verändert allerdings bei jedem Durchgang die umliegenden Stimmen. Der musikalische Fachbegriff für diese Kompositionsweise lautet *Variation*.
Diese besondere Art der Variation, bei der das Thema (in diesem Falle die Melodie der Kaiserhymne) unangetastet bleibt, wird *Cantus-Firmus-Variation* genannt.

 Hilfekarte

5 Hört den zweiten Satz des Kaiserquartetts und zeigt jedes Mal auf, wenn das Thema von vorne beginnt.

 HB 99

6 Beschreibt die Musik. (→ **Werkzeugkasten „Musik mit treffenden Adjektiven beschreiben", S. 145**)

7 Vergleicht den Klang des Kaiserquartetts mit dem der deutschen Nationalhymne. Erklärt den unterschiedlichen Klangeindruck.

 HB 98 – 99

8 Im Notenbeispiel seht ihr jeweils den gleichen Abschnitt des *cantus firmus*. Beschreibt die Variationen in der Begleitung.

 Hilfekarte

Streichquartett in C-Dur, op. 76, Nr. 3 („Kaiserquartett"), Auszüge

Joseph Haydn

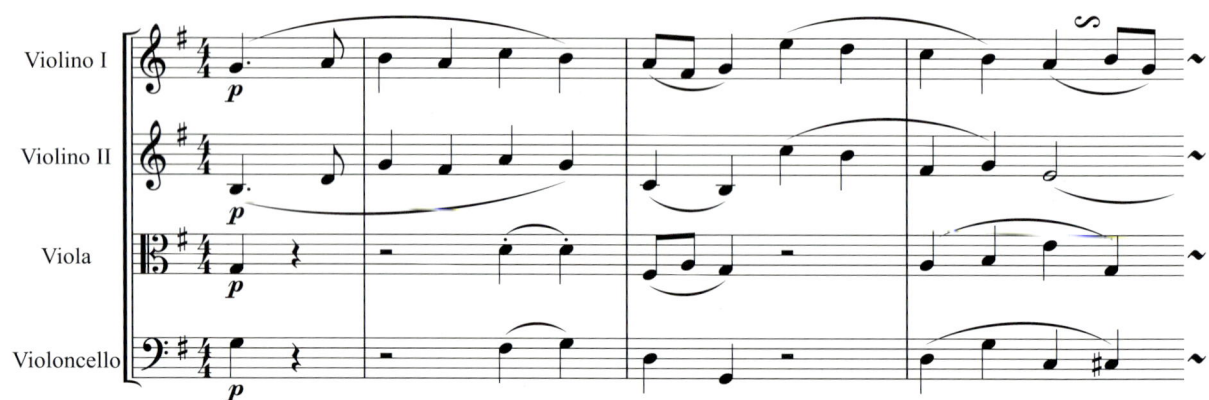

Die Sinfonie mit dem Paukenschlag

Hilfekarte

Auf seiner ersten Reise nach London komponierte Haydn die Sinfonie Nr. 94, G-Dur, die dort am 23. März 1792 aufgeführt wurde und seitdem auf Englisch die Bezeichnung „Surprise" trägt. Wie bei Sinfonien üblich, besteht sie aus mehreren Sätzen, die sich voneinander unterscheiden. Ihren Beinamen erhielt die Sinfonie

durch den 2. Satz (Andante). Der erste Biograf Haydns berichtet dazu Folgendes:
„Ich fragte einst im Scherz, ob es wahr wäre, dass er das Andante mit dem Paukenschlage komponiert habe, um die in seinem Konzert eingeschlafenen Engländer zu wecken? ‚Nein', erhielt ich zur Antwort, ‚sondern es war mir daran gelegen, das Publikum durch etwas Neues zu überraschen und sich auf eine brillante Art vorzustellen.'"
Das volksliedartige, staccato gespielte Thema wird an einigen Stellen überraschend unterbrochen.

> ## Infobox
> **Sinfonie** ist die Bezeichnung für ein aus drei bis vier Sätzen bestehendes Orchesterwerk. In der Musik nennt man einen musikalischen Einfall, der abgerundet und in sich geschlossen klingt, ein **Thema**. Es liegt einer Komposition zugrunde und kann im weiteren Verlauf wiederholt, verändert oder verarbeitet werden. Manche Stücke haben auch zwei oder drei Themen.
> Die Vortragsanweisung **staccato** bedeutet, dass die Töne sehr kurz, also abgestoßen gespielt werden. In der Notenschrift ist diese Spielweise durch einen Punkt unter oder über der Note angezeigt.

1 Hört euch den Beginn des 2. Satzes an und

HB 100

★ ... beschreibt euer Hörerlebnis.

★★ ... beschreibt euer Hörerlebnis. Bezieht dabei die Aussage Haydns mit ein, das Publikum mit etwas Neuem überraschen zu wollen.

2 Tragt die im Notentext vorkommenden Vortragsanweisungen in einer Tabelle zusammen und erklärt sie.

Name der Spielanweisung	Zeichen	Erklärung
?	?	?

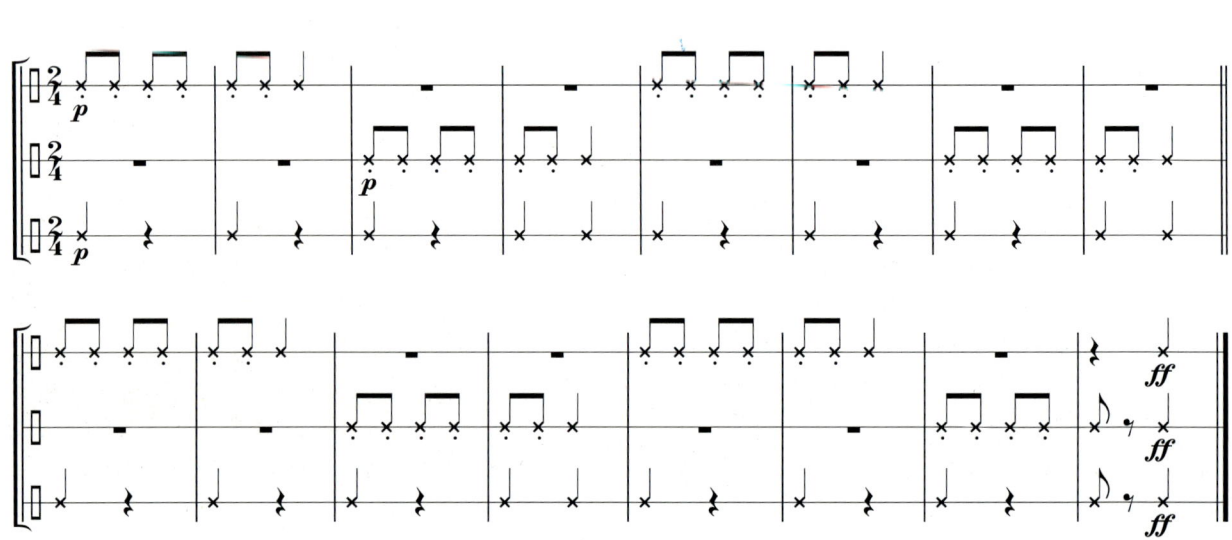

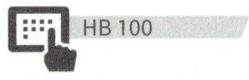 HB 100

3 Musiziert den Mitspielsatz zum Original von Haydn. Beachtet die Spielanweisungen.

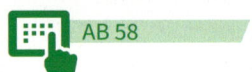 AB 58

4 Beschreibt Haydns Melodie und verwendet dafür den → **Werkzeugkasten „Musik mit treffenden Adjektiven beschreiben", S. 145**.

5 Stellt zur Musik von Haydn eine der im Folgenden beschriebenen Handlungen szenisch dar:
   a) Ein Dieb bricht leise in ein Haus ein und wird von der Polizei geschnappt.
   b) Ein Elefant bewegt sich tänzelnd im Porzellanladen und stößt eine Vase um.
   c) Ein Affe springt von Ast zu Ast und verfehlt schließlich einen Ast.
   d) Ein eitler Opernsänger tritt vor das Publikum und wird vom genervten Orchester zum Schweigen gebracht.

6 Erfindet eine eigene Handlung, die zur Musik passt, und führt sie der Klasse vor.

Suche im Web

Sinfonie

7 ★ Erklärt mit eigenen Worten, was eine Sinfonie ist.
   ★★ Recherchiert weitere Informationen zur Sinfonie.

Wolfgang Amadé Mozart

 HB 101 – 105

Mozart war ein fleißiger Briefeschreiber. In zahlreichen Nach-
richten teilte er vor allem seiner Familie mit, was er zum Beispiel auf seinen Konzertreisen erlebte und woran er gerade
arbeitete. Rund 300 Briefe sind von ihm erhalten. Sie geben
uns einen Einblick in sein Leben und in seine Gedanken.

> **1**
> auf dem Weg nach Prag, 08.04.1789
> Liebstes Weibchen!
> Unterdessen der Fürst im Pferd=Handel begriffen ist,
> ergreif ich mit Vergnügen diese Gelegenheit um Dir,
> Herzensweibchen, ein paar Worte zu schreiben. – Wie
> geht es Dir? – Denkst Du wohl so oft auf mich, wie ich
> auf Dich? – alle Augenblicke betrachte ich Dein
> Portrait – und weine – halb aus Freude, halb aus Leide!
> – erhalt mir Deine mir so werthe Gesundheit und lebe
> wohl, Liebe! [...]

Wolfgang Amadé Mozart (1756 – 1791)

> **2**
> Wien, den 16. Juny 1787
> Liebste, beste Schwester!
> Daß Du mir den traurigen und mir ganz
> unvermutheten Todesfall unsers liebsten
> Vaters nicht selbst berichtet hast, fiel mir
> gar nicht auf, da ich die Ursache leicht
> errathen konnte. – Gott habe ihn bey sich!
> – Sey versichert, meine Liebe, daß, wenn
> Du Dir einen guten, Dich liebenden und
> schützenden Bruder wünschest, Du ihn
> gewiß bey jeder Gelegenheit in mir finden
> wirst. – Meine liebste, beste Schwester!
> wenn Du noch unversorgt wärest, so
> brauchte es dieses Alles nicht. Ich würde,
> was ich schon tausend Mal gedacht und
> gesagt habe, Dir Alles mit wahrem Ver-
> gnügen überlassen; da es Dir aber nun, so
> zu sagen, unnütz ist, mir aber im Gegent-
> heil es zu eigenem Vortheil ist, so halte ich
> es für Pflicht, auf mein Weib und Kind zu
> denken.

> **3**
> Wien, den 7. und 8. Oktober 1791
> liebstes, bestes Weibchen! –
> Eben komme ich von der Oper/die Zauber-
> flöte; – Sie war eben so voll wie allzeit. –
> das Duetto *Mann* und *Weib* etc: und das
> Glöckchen Spiel im ersten Ackt wurde wie
> gewöhnlich wiederhollet – auch im 2:t
> Ackt das knaben Terzett – was mich aber
> am meisten freuet, ist, der *Stille beifall*!
> – man sieht recht wie sehr und immer
> mehr diese Oper steigt [...]

> **4**
> Vienne ce 18 de Juin 1783
> Mon trés chér Pére!
> Ich gratuliere, Sie sind Gros=Papa! gestern
> früh den 17. um halb 7 uhr ist mein liebes
> Weib glücklich mit einem großen, Starken
> und kugelrunden Buben entbunden wor-
> den; [...]

Bologna den 22. Sept. 1770.   5

Ich hoffe meine mama wird wohlauf seyn, wie auch du, und wünsche daß du mir doch ins künftige auf meine brief wirst besser antworten, dan es ist Ja weit leichter etwas anzuworten, als selbsten etwas erfenden. die 6 Menuett von Hayden gefallen mir besser als die ersten 12, wir haben sie der gräfin oft machen müssen, und wir wünscheten daß wir im stande wären den teutschen menuetten gusto in italien einzuführen, indeme ihre menuetti so lang bald als wie eine ganze sinfonie daueren. verzeyhe mir daß ich so schlecht schreibe, allein ich künte es schon besser, aber ich eilc. auf das künftige Jahr möchten wir zwey kleine Calenderl haben. addio. Meinen handkus an die Mama:

1 Lest die Briefe und findet für jeden Brief eine Überschrift.

2 Mozart schrieb diese Briefe vor mehr als 200 Jahren. Seit damals haben sich Sprache und Rechtschreibung verändert. Findet Beispiele dafür.

3 Fasst den Inhalt der Briefe kurz zusammen.

4 ★ Wählt einen Brief aus. Übt solange, bis ihr ihn mit passender Betonung vorlesen könnt.

 AB 59

★★ Bereitet euch auf eine Lesung mit drei Mozartbriefen eurer Wahl vor. Bei einer Lesung werden Texte entweder von Autorinnen und Autoren, professionellen Sprecherinnen und Sprechern oder Schauspielerinnen und Schauspielern einem Publikum vorgetragen.

★★★ Bereitet euch auf eine Lesung vor. Tragt mindestens drei Mozartbriefe eurer Wahl ausdrucksvoll vor und kommentiert diese anschließend in freier Rede.

5 ★ Listet Ereignisse auf, die Mozart in seinen Briefen beschreibt.

★★ In den Briefen sind verschiedene Ereignisse beschrieben. Datiert sie und schreibt sie der zeitlichen Reihenfolge nach auf.

★★★ Recherchiert zusätzlich geschichtliche Ereignisse, die zeitgleich in der Welt stattfanden.

Hilfekarte **6** Die Abbildung zeigt das Original eines der hier abgeschriebenen Briefe Mozarts. Findet heraus, um welchen es sich hierbei handelt.

Der Klavierschüler Mozart

Wolfgang Amadé Mozart lernte gemeinsam mit seiner Schwester Anna Maria (genannt Nannerl) das Klavierspielen vom Vater Leopold. Für diesen Unterricht entstand über einen Zeitraum von fünf Jahren das „Notenbuch für Nannerl" oder „Nannerls Notenbuch". Leopold kopierte leichte und mittelschwere Stücke von anderen Komponisten, fügte aber auch Mozarts erste eigene Kompositionen in dieses Übungsheft ein. Eines dieser Stücke, von dem man annimmt, dass es vom fünfjährigen Mozart stammt, ist das folgende Menuett.

Infobox

Ein **Menuett** ist ein im Barock und in der Klassik sehr beliebter Paartanz im 3/4-Takt. Kennzeichnend sind zahlreiche Verbeugungen, kleine Schritte, vor allem unterschiedliche Figuren im Raum (z. B. Kette, Dos a Dos).

1 ▸ Hört euch das Stück an und versucht, den Notentext zu verfolgen.

2 ▸ An manchen Stellen spielt die Melodiestimme einen ganzen Takt lang den gleichen Rhythmus wie die Begleitstimme.

   ★   Findet diese Takte.

   ★   Benennt dieses Stellen im Notentext präzise mithilfe des ➔ **Werkzeugkastens „Sich im Notentext orientieren", S. 39.**

HB 106

Hilfekarte

 Hilfekarte

3 Überlegt euch einen Tanz zu Mozarts Menuett. Bildet dazu Gruppen.
    a) Hört euch das Stück an und überlegt, welche Bewegungen dazu passen.
    b) Übt einen Tanz ein.
    c) Tanzt euch gegenseitig vor und gebt euch gegenseitig Rückmeldung.
      (→ Werkzeugkasten „Kritik geben und annehmen", S. 135).

 Hilfekarte

Ein Wunderkind?

> **Infobox**
>
> Der **Kanon** ist eine besondere Form der Mehrstimmigkeit, in dem nacheinander die gleiche Melodie gesungen wird. Die Mehrstimmigkeit wird erzeugt, indem die jeweiligen Stimmen zeitversetzt beginnen. Die Melodie begleitet sich dabei selbst.

Obwohl das Reisen mit Postkutschen zu Zeiten Mozarts noch sehr anstrengend und vor allem teuer war, reiste er schon als Kind viel durch Europa. Sein Vater Leopold präsentierte seinen begabten Sohn an den Höfen Europas gerne als Wunderkind. Viele hochgestellte Persönlichkeiten waren bereit, für ein Privatkonzert gut zu bezahlen.

Als junger Erwachsener ließ sich Wolfgang Amadé Mozart in Wien nieder und wurde schnell ein erfolgreicher Komponist. Im Alltag hatte Mozart jedoch die gleichen Probleme wie viele andere. So hatte er Schwierigkeiten mit seinem Arbeitgeber in Salzburg und war in Wien häufig in Zahlungsschwierigkeiten, obwohl er gut bezahlt wurde und mit seinen Kompositionen so viel wie kein anderer Komponist seiner Zeit verdiente. Aber er gab das Geld sogleich mit vollen Händen wieder aus.

Ansonsten scheint er ein recht lustiger Mensch gewesen zu sein, denn er erlaubte sich in seinen Briefen und in einigen Kompositionen viele Späße – wie zum Beispiel in dem Kanon „Bona nox" („Gute Nacht").

 AB 60

Bona Nox

Musik und Text: Wolfgang Amadé Mozart

In Mozarts Kanon „Bona nox" beginnt die zweite Stimme, wenn die erste Stimme sich im fünften Takt befindet. Im Notentext sind die Stimmeinsätze durch kleine Ziffern deutlich gemacht, die über der Notenzeile stehen.

1 Singt das Lied zuerst gemeinsam und dann im Kanon.

2 Der Text des Kanons „Bona nox" wurde im Nachhinein von einem Bearbeiter verändert.
- **a)** Recherchiert den Originaltext.
- **b)** Welche Textpassagen wurden verändert?
- **c)** Stellt Vermutungen über die Gründe für diese Veränderung an.

Suche im Web

„Bona nox" im Originaltext

Hilfekarte

Infobox

Mit den **Vornamen von Mozart** ist es etwas kompliziert. Im Taufbuch des Salzburger Doms heißt es: „Am 28. Januar 1756 um halb elf Uhr vormittags getauft, am vorhergehenden Tag um 8 Uhr abends geboren. Täufling: Johannes Chrysostomos Wolfgangus Theophilus Mozart." Die ersten beiden Namen spielen im Alltag vom Mozart keine Rolle, nur die beiden anderen sind wichtig. Theophilus ist die griechische Übersetzung des lateinischen Namens Amadeus. Mozart benutzte jedoch diesen Namen kaum, sondern unterschrieb meistens mit der französischen Variante: Amadé. Beide Namen finden heute Verwendung, denn sie sind beide korrekt. (Übrigens wurde er als Kind Wolferl genannt.)

Rock me Amadeus

Der Wiener Musiker Falco (1957 – 1998) wurde mit seinem Titel „Rock me Amadeus" weltbekannt. Es war der erste deutschsprachige Titel, der auf Platz Eins der US-amerikanischen Single-Charts landete. Im Text beschreibt der österreichische Musiker das Leben des Komponisten Wolfgang Amadé Mozart.

Musik: Robert Bolland / Ferdinand Bolland
Text: Falco (Johann Hölzel)

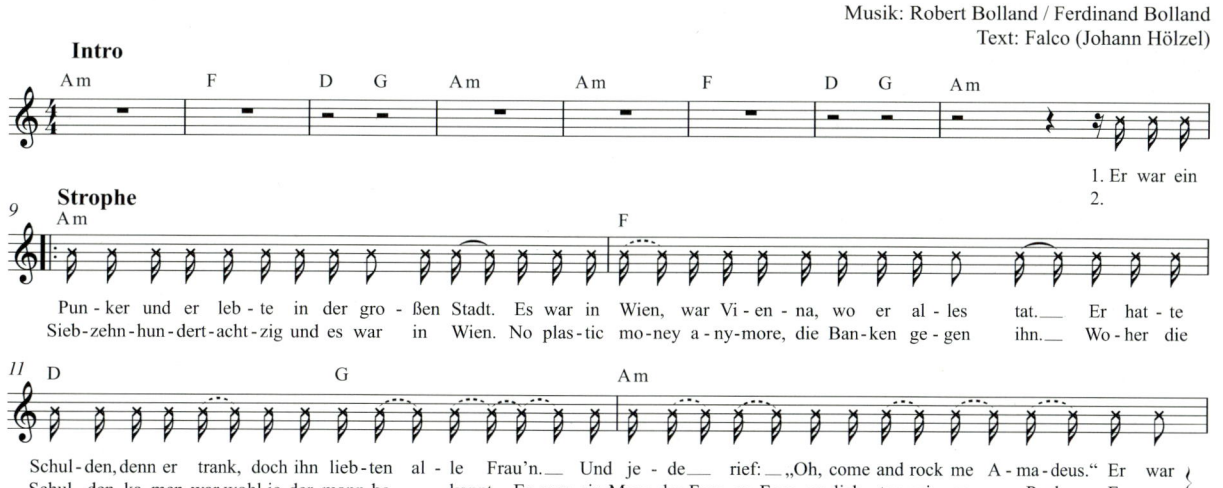

13 Am / F
Su - per - star,__ er war po - pu - lär.__ Er war so ex - al - tiert, be - cause er hat - te Flair.__ Er war

15 D / G / Am
ein Vir - tu - o - se, war ein Rock - i - dol.__ Und al - les rief:__ „Come and rock me A - ma - de - us!" A - ma -

Refrain

17 Am / F
de - us, A - ma - de - us, A - ma - de - us, A - ma - de - us, A - ma - de - us, A - ma -

19 D / G / Am
de - us, A - ma - de - us, oh, oh,__ oh, A - ma - de - us! Come and rock me A - ma - de - us! A - ma -

21 Am / F
de - us, A - ma - de - us, A - ma - de - us, A - ma - de - us, A - ma - de - us, A - ma -

23 D / G / 1. Am
de - us, A - ma - de - us, oh, oh,__ oh, A - ma - de - us! 2. Es war um

(vocal ad lib.)

25 2. / Am / Fm / D G
de - us! Come and rock me A - ma - de - us.

29 Am / Am / F / D G / Am

Musik: Bolland, Robert/Bolland, Ferdinand
Text: Bolland, Robert/Bolland, Ferdinand/Hölzel, Johann
© Edition Falco Privatstiftung bei Sony/ATV Music Publishing (Germany) GmbH, Berlin
Rolf Budde Musikverlag GmbH, Berlin
Warner Chappell Holland BV/Neue Welt Musikverlag GmbH, Hamburg

1 Hört euch das Lied an. An manchen Stellen hat die Melodiestimme einen ganzen Takt lang den gleichen Rhythmus wie die Begleitstimme. Findet die Takte.

 HB 107

2 Beschreibt Falcos Singweise.

3 ★ Welche Informationen vermittelt der Falco-Text über Mozart?
★★ Vergleicht Falcos Mozartdarstellung mit den Informationen über Mozart, die ihr den anderen Buchseiten entnehmt.

4 Beschreibt den Aufbau des Stückes. (→ **S. 180**)

5 Sucht weitere drei Lieder in diesem Buch und beschreibt auch deren Liedaufbau.

6 Hört das Lied und versucht, es mitzusingen.

7 Singt das Lied zum Playback.

 HB 108

8 ★ Teilt die Klasse in Gruppen auf. Jede Gruppe singt einen anderen Liedteil.
★★ Singt die Strophen solistisch und die Refrains mit der ganzen Klasse.

Ludwig van Beethoven

Persönliche Gegenstände, die berühmten Menschen aus vergangenen Zeiten gehörten, schaffen eine direkte Verbindung zwischen ihnen und uns. Aus diesem Grund befinden sich heute oft Museen in den Geburts- oder Wohnhäusern von Künstlern, Schriftstellern und Musikern. Dort sind neben Briefen und Bildern auch Alltagsgegenstände und Möbel ausgestellt.

1 Beschreibt nacheinander die Bilder auf der nächsten Seite (→ **S. 162**).

2 Überlegt, in welcher Beziehung die Bilder zu Beethoven stehen könnten.

3 Hört euch den Audioguide zu den Bildern an und schreibt die wichtigsten Informationen heraus.

4 Auf den **Seiten 159 f.** findet ihr Falcos Song „Rock me Amadeus".
a) Tauscht den Text der Strophen gegen einen eigenen Text über Beethoven aus. Das Reimschema und die Silbenzahlen müssen gleich sein.
b) Singt euren Beethoventext zum Playback von „Rock me Amadeus". Ersetzt den Text des originalen Refrains durch Beethovens Initialen L. v. B.

5 Die Beiträge des Audioguides werden durch eines der bekanntesten Werke Beethovens eingeleitet. Findet heraus, um welches Stück es sich handelt.

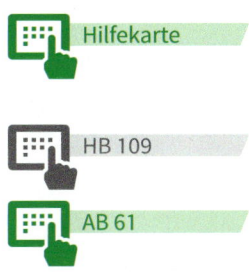

Hilfekarte

HB 109

AB 61

HB 108

Station 3

Station 1

Station 4

Station 2

Station 5

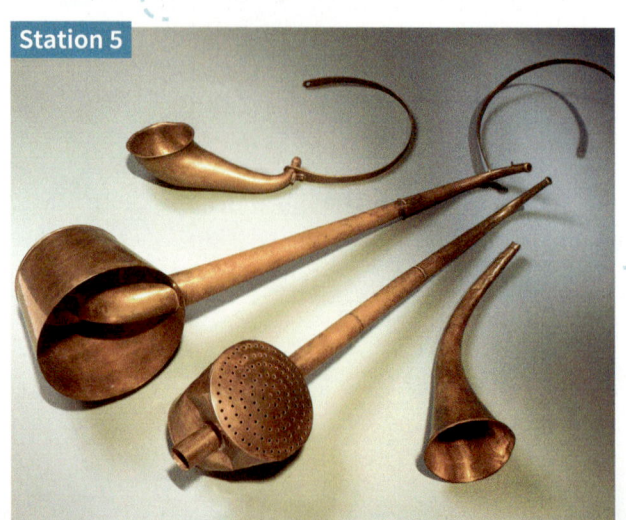

Station 6

Die 9. Sinfonie. An die Freude

Dem vierten Satz seiner letzten vollendeten Sinfonie hat Ludwig van Beethoven zum Schluss ein Chorstück eingefügt. Dieses als 9. Sinfonie bekannte Werk wurde 1824 in Wien zum ersten Mal aufgeführt. Als Text für diesen Schlusschor verwendet der Komponist die von dem Dichter Friedrich Schiller knapp 40 Jahre zuvor geschriebene Ode „An die Freude". Das Stück gehört bis heute zu den populärsten Kompositionen Beethovens. Im Jahre 1985 wurde sie die offizielle Hymne der Europäischen Gemeinschaft.

Hilfekarte

AB 62

Musik: Ludwig van Beethoven
Text: Friedrich Schiller

1. Freu - de, schö - ner Göt - ter - fun - ken, Toch - ter aus E - ly - si - um,
4. Freu - de heißt die star - ke Fe - der in der e - wi - gen Na - tur.

wir be - tre - ten feu - er - trun - ken, Himm - li - sche, dein Hei - lig - tum.
Freu - de, Freu - de treibt die Rä - der in der gro - ßen Wel - ten - uhr.

Dei - ne Zau - ber bin - den wie - der, was die Mo - de streng ge - teilt.
Blu - men lockt sie aus den Kei - men, Son - nen aus dem Fir - ma - ment,

Al - le Men - schen wer - den Brü - der, wo dein sanf - ter Flü - gel weilt.
Sphä - ren rollt sie in den Räu - men, die des Se - hers Rohr nicht kennt.

1 ★ Singt das Lied gemeinsam.
 ★★ Spielt das Lied auf Instrumenten.

2 Die Ode „An die Freude" ist in der dreiteiligen Liedform komponiert. Findet weitere Beispiele für diese Form.

3 Hört euch den Ausschnitt „Freude" aus dem Schlusssatz der 9. Sinfonie an und beschreibt die Musik mithilfe des → **Werkzeugkastens „Musik mit treffenden Adjektiven beschreiben", S. 145**.

HB 110

4 Warum eignet sich die Ode „An die Freude" als Europahymne?

Lieder auf Reisen: Japan

Zusatzseite

Sophie staunte nicht schlecht, als sie aus der U-Bahn-Haltestelle mit dem Namen „Nihonbashi" heraustrat. Sie stand im grellen Sonnenlicht, sah zahlreiche Hochhäuser um sich herum und einen kleinen Park. Verführerische Gerüche kamen aus kleinen Restaurants, die Nudelgerichte, Fisch und Frittiertes anboten. Sie zog aus ihrem Rucksack eine alte Postkarte.

HB 111

1 Diskutiert, was Sophie alles hört.

2 Vergleicht Sophies Hörerfahrungen in der U-Bahn mit denen, die ihr aus ähnlichen Situationen kennt.

Die Nihonbashibrücke in Tokyo

Als Edo (das heutige Tokyo) vor 400 Jahren die Hauptstadt Japans wurde, entwickelte sich der Stadtteil am Fluss Nihonbashi zu einem wichtigen Handelsplatz. Er war Ausgangspunkt der Hauptverkehrsstraße zwischen Tokio und Kyoto, genannt *Tōkaidō*. Seit vielen Jahrhunderten, genauer seit 1603, führte eine Holzbrücke über den Fluss.

3 Schaut euch die Abbildung genau an.
   a) Beschreibt die Umgebung.
   b) Beschreibt die Personen.
   c) Erfindet eine Geschichte, was da wohl gerade passiert.

Das in Japan sehr berühmte Volkslied „o edo nipponbashi" beschreibt diese alte Brücke und alles, was in seiner Umgebung passiert. Heute singt man vor allem die erste Strophe.

4 Hört euch das Lied an. Beschreibt den Klang der Instrumente, die ihr hört (**→ Seite 102**).

HB 112

5 Singt das Lied.
   a) Erfindet eine rhythmische Begleitung.
   b) Denkt euch einen Kreistanz zu der Musik aus.

Infobox

Der Name **Nihonbashi** besteht aus zwei Worten: Nihon für Japan und hashi (oder bashi) heißt Brücke. Für den Handel in ganz Japan war dies eine wichtige Verkehrsverbindung, daher klingt der Name auch so bedeutend.

Oedo nipponbashi

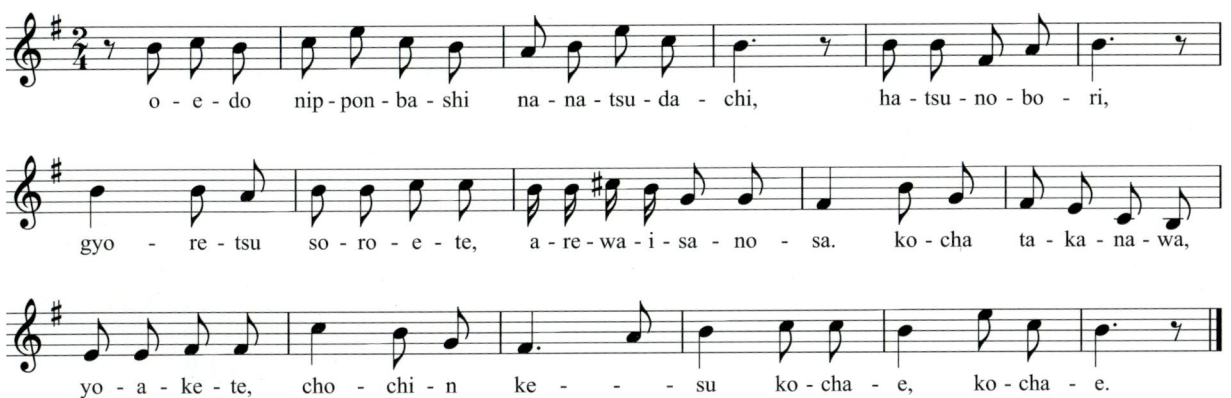

o - e - do   nip - pon - ba - shi   na - na - tsu - da - chi,   ha - tsu - no - bo - ri,

gyo - re - tsu   so - ro - e - te,   a - re - wa - i - sa - no - sa.   ko - cha   ta - ka - na - wa,

yo - a - ke - te,   cho - chi - n   ke - - - su   ko - cha - e,   ko - cha - e.

Im alten wie auch im gegenwärtigen Japan spielt die Kirschblüte im Frühjahr eine wichtige Rolle. Damals wie heute ist das eine Gelegenheit, mit Freunden unter den Kirschbäumen zu sitzen, zu essen, aber auch zu musizieren. Die Abbildung unten zeigt eine solche Situation und erinnert ein wenig an ein heutiges Picknick.

Um vier morgens reisen wir zum ersten Mal in Richtung Westen (= Kyoto). Lasst uns gehen, es ist Zeit! Jetzt sind wir nahe Takanawa (= ein Stadtteil von Edo) und bald geht die Sonne auf. Lasst uns die Lampen löschen. He ho, he ho! (Übertragung B. Clausen)

6 Hört euch nochmal das Lied an. Ordnet eure Instrumentenbeschreibung den Musikinstrumenten zu, die auf der Abbildung unten gespielt werden.

a) Recherchiert die japanischen Namen der Instrumente.

b) Ein Instrument fehlt in der Abbildung. An welches euch bekannte Instrument erinnert euch der Klang?

Suche im Web

Japan, Musikinstrumente

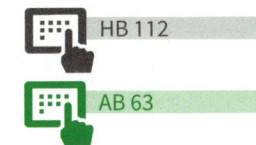 HB 112

AB 63

China

Musik aus und über China

Vor ein paar Tagen erhielt Sophie einen Brief aus China. Er ist von ihrer ehemaligen Schulfreundin Anna, die fünf Monate zuvor mit der ganzen Familie nach Beijing (Peking) gezogen war. Ihr Vater arbeitet dort für die deutsche Botschaft.

Liebe Sophie!

Hier in Beijing wird es langsam sehr kalt, denn der Winter steht vor der Tür. Die Leute sagen, dass es sehr kalt werden kann, also fast wie daheim in Deutschland. Übrigens wohnen wir gar nicht weit entfernt von der „Verbotenen Stadt". Es sind nur 15 Minuten zu Fuß. Wenn du im nächsten Jahr kommen solltest, dann müssen wir sie uns unbedingt zusammen anschauen. Heute schicke ich dir außerdem die Noten zu einem sehr bekannten Lied. Es heißt „moli hua". Seine Melodie ist mit Ziffern aufgeschrieben, weil das hier so gemacht wird. Am besten übersetzt du es in unsere Notenschrift.

Viele Grüße, deine Anna

Infobox

Die **Verbotene Stadt** war der Herrschaftssitz der chinesischen Kaiser. Sie ist schachbrettartig angelegt und besteht aus 890 Palästen mit insgesamt 9999 Räumen. Der einfachen Bevölkerung war es nicht gestattet, sie zu betreten.
Als **Pentatonik** bezeichnet man Tonleitern, die aus fünf (griech.: *penta*) verschiedenen Tönen bestehen.

Moli hua

Achtung, Aussprache! *h* wie in „Ach!" | *mei* wie in engl.: „may" | *zhi* wie „dsch" | *r* wie engl.: „road" | *j* wie „dj" | *-ie* wie „je"

> Übersetzt lautet der Text:
>
> Wie schön doch der Jasmin ist.
> Blühend, duftend, weiß und frisch ziert er Garten, Raum und Tisch.
> Alle loben ihn, den Jasmin.
> Pflücken möchte ich ihn, um ihn zu verschenken.

1 Entziffert das Notenrätsel mithilfe des Arbeitsblatts 64 und singt dann das Lied.

 AB 64

2 Fertigt mithilfe der folgenden Aufgaben eine Präsentation an, in der ihr unterschiedliche Versionen von „moli hua" vorstellt. (→ **Werkzeugkasten „Informationen über Musik digital präsentieren", S. 80**).

   a) Bei den olympischen Spielen 2008, die in Beijing stattfanden, spielte das Lied „moli hua" ebenfalls eine wichtige Rolle. Recherchiert seine Verwendung.

   b) Recherchiert weitere Versionen von „moli hua" und wählt mindestens zwei davon für eure Präsentation aus.

Suche im Web

moli hua olympische Spiele

   c) Vergleicht die unterschiedlichen Versionen, die ihr bis jetzt kennengelernt habt, anhand von Instrumentation und Verwendung.

China bei Puccini

Viele Komponistinnen und Komponisten bauen Volkslieder in ihre Werke ein. Auch Giacomo Puccini (1858 – 1924) verwendet ein solches Zitat in seiner Oper „Turandot". Ihr werdet es im folgenden Musikbeispiel sicherlich wiedererkennen.

Die Handlung der Oper geht wie folgt: Prinzessin Turandot, Tochter des chinesischen Kaisers, hat geschworen, nur den Mann zu heiraten, der in der Lage ist, drei Rätsel zu lösen. Viele Bewerber waren bisher an den Fragen gescheitert und mussten dafür ihr Leben lassen. Die Unbarmherzigkeit Turandots ist gleich zu Beginn der Oper auf der Bühne zu sehen. Puccini schreibt in seine Noten:

> *„Der Mond geht auf. Der Henker führt einen persischen Prinzen zur Hinrichtung. Er muss sterben, weil er die drei Rätsel, die Turandot ihm aufgegeben hat, nicht lösen konnte. Auf seinem Weg begleitet ein Chor von Kindern den Todgeweihten."*

3 Versetzt euch in die Situation des Anfangs hinein und entwerft ein Standbild der Situation. (→ **Werkzeugkasten „Ein Standbild entwickeln", S. 68**)

 HB 113

4 Hört euch nun den Ausschnitt an (Achtung: Er fängt sehr leise an!) und korrigiert gegebenenfalls euer Standbild.

RAGAZZI	JUNGEN
Là sui monti dell'Est	Dort auf den Bergen im Osten
la cicogna cantò.	sang der Storch.
Ma l'april non rifiorì,	Aber der April blühte nicht wieder,
ma la neve non sgelò.	aber der Schnee taute nicht.
Dal deserto al mar non odi tu	Von der Wüste bis zum Meer hörest du nicht
mille voci sospirar:	wie tausend Stimmen seufzen:
„Principessa, scendi a me!	„Prinzessin, komm zu mir herab!
Tutto fiorirà, tutto splenderà!"	Alles wird dann erblühen, alles erglänzen!"
Ah!	Ah!

5 Vergleicht den Text von Puccini mit dem von „moli hua".
   a) Fasst den Inhalt der jeweiligen Liedtexte zusammen.
   b) Diskutiert die Unterschiede.

Suche im Web

Turandot moli hua

6 Findet heraus, wie Puccini im fernen Italien an die chinesische Melodie gekommen ist.

Musik aufzeichnen und speichern

Jona, Sophie und die Neue Musik

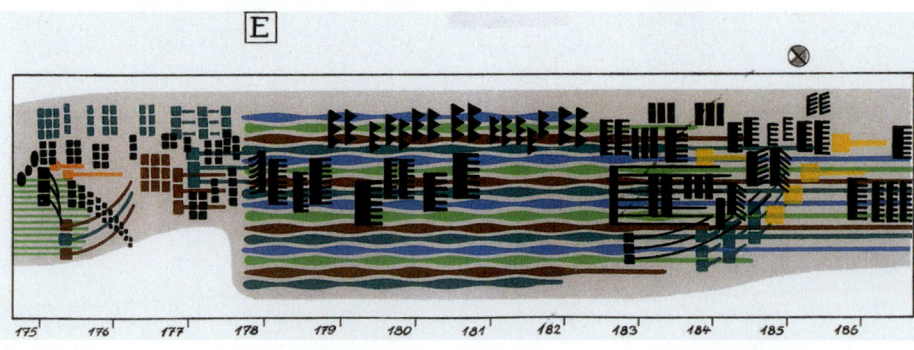

Györgi Ligeti, Artikulation
© Schott Music GmbH & Co.
KG, Mainz. Für die Hörpartitur
© Rainer Wehinger

Jona sitzt an seinem Wohnzimmertisch und hat ein großes Buch aufgeschlagen, in dem son-
5 derbare Zeichen abgebildet sind. Am unteren Rand ist eine Zeitleiste angebracht, die verrät, dass man die darüber ste-
10 henden Symbole von links nach rechts lesen soll. Aber das war ihm erst einmal egal. Jona blättert in dem Buch vor und zurück. Von Zeit zu Zeit bleibt sein Blick hier und da haften und er zeichnet mit den Fingern manche Stelle nach. Er weiß, dass sich hinter dieser fast zehn Meter langen Grafik Musik verbirgt. Denn jedes dieser Zeichen
15 steht für einen besonderen Klang. Diese „Neue Musik", die hier ins Bild gesetzt ist, stammt von einem ungarischen Komponisten mit dem Namen György Ligeti. „Neue Musik" – Jona erinnert sich an seine Schulzeit: „Dazu gehörte doch auch ein Schönberg", denkt er und sofort fällt ihm auch noch ein anderer „Berg" ein, Alban Berg. „Zu den beiden gehörte doch noch ein dritter", murmelt Jona vor
20 sich hin. Aber der Name will ihm aber einfach nicht einfallen. Nur dass alle diese Komponisten zur sogenannten Zweiten Wiener Schule gehörten, das weiß er. „Aber", brummt Jona, „wenn es eine Zweite Wiener Schule gab, dann muss es doch auch eine Erste Wiener Schule gegeben haben. Wer gehörte denn bloß dazu?" Jona schaut grübelnd aus dem Fenster.
25 Jedenfalls – dieser Ligeti hatte mit denen gar nichts zu tun, genauso wenig wie mit diesem Komponisten, der ihm ebenfalls unvermittelt in den Sinn kommt und Stockhausen hieß. In der ganzen Welt gibt es Komponisten der Neuen Musik. An einen erinnert er sich nur deshalb noch, weil sein Name so ähnlich klang wie Momo aus Michael Endes Roman. Man musste nur einen Buchstaben
30 tauschen und aus Momo wurde Nono, mit ganzem Namen hieß er Luigi Nono, und er kam aus Venedig.
Plötzlich poltert Sophie, Jonas Tochter, herein. „Hier, schau mal", sagt Jona, und Sophie blickt ihm neugierig über die Schulter, „sieht das nicht toll aus?" „Och, ganz hübsch", meint sie und fragt beiläufig: „Was ist denn das?" „Das sind grafi-
35 sche Zeichen für Musik. Aber anders als bei manchen Komponisten, die erst die Musik in der bekannten Notation aufschreiben und dann spielen, hat man hier erst die Musik aufgenommen und dann diese Partitur angefertigt", antwortet Jona. „Das muss aber eine komische Musik sein, die man so aufschreibt", lacht Sophie. Jona lässt sich durch Sophies Spott nicht beirren. Er nimmt den Ge-

sprächsfaden wieder auf und erzählt Sophie von „Neuer Musik", von den Kom- ₄₀ ponisten, die solche Musik machten und schließlich von Ligeti und dieser Musik hier. „Das hier ist elektronische Musik", endet Jona seinen kleinen Vortrag. „Wow", meint sie, „da kenn ich mich aus, was macht der denn sonst noch so? Ist der auch in den Charts?" Jona muss schmunzeln. „Nein, Ligeti und viele Komponisten der Neuen Musik sind schon tot. Ihre Musik findet man nicht in den ₄₅ Charts." „Die muss dann ja schon steinzeitmäßig alt sein, deine ‚Neue Musik'", kichert Sophie. Jona seufzt. „Vielleicht möchtest du die Musik ja mal hören", meint er noch. Aber da ist Sophie schon aus dem Zimmer gehuscht. Schade. Allerdings ist er durch das Gespräch mit Sophie auf eine Frage gestoßen, die er selbst nicht beantworten kann: Wird eigentlich heute noch „Neue Musik" ge- ₅₀ schrieben?

1 Lest die Geschichte mit verteilten Rollen: Erzähler, Jona, Sophie.

2 Was versteht ihr unter „Neuer Musik"? Gestaltet dazu eine Mindmap.
(→ **Werkzeugkasten, S. 78**)
- Welche Musik, Gruppen und Künstler würdet ihr darunter fassen?
- Welche Merkmale zeichnet eurer Meinung nach „Neue Musik", wie ihr sie versteht, aus?
- Wenn es eine „Neue Musik" gibt, muss es dann nicht auch eine „Alte Musik" geben? Was würdet ihr zu dieser zählen?
- Schreibt abschließend mithilfe der Informationen aus eurer Mindmap eine Definition zur „Neuen Musik".

Geht auf die Suche
z. B. zu Hause,
in der Bibliothek

3 Recherchiert im Lexikon, was dort unter „Neuer Musik" verstanden wird.

4 Tragt die Gemeinsamkeiten und Unterschiede zwischen eurer eigenen Definition und der im Lexikon recherchierten zusammen.

AB 65

5 Versucht, mithilfe der gefundenen Informationen Jonas letzte Frage zu beantworten.

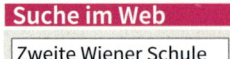
Suche im Web
Zweite Wiener Schule

6 Jona spricht von der sogenannten Zweiten Wiener Schule, zu der Schönberg und Berg gehören. Recherchiert auch, was man unter der Ersten Wiener Schule versteht und wer mit dieser verbunden wird.
- ★ Warum heißt die Stilrichtung, die mit Schönberg und Berg verbunden wird, ebenfalls Wiener Schule? Wie heißt der dritte Komponist, der auch dazu gehört? Schreibt auf, was er für Musik gemacht hat, und tragt zusammen, was ihr an seinem Leben erwähnenswert findet. Erstellt aus euren Informationen eine Wandzeitung.
- ★★ Schreibt die Komponisten, die Jona erwähnt, heraus und recherchiert ihre Lebensdaten sowie wichtige Stationen ihres Lebens. Ergänzt diese Daten um zwei weitere Komponisten, die ebenfalls zur „Neuen Musik" gehören. Bietet zu eurer Wandzeitung auch Klangbeispiele.

Partituren hören – György Ligeti: „Artikulation"

György Ligeti war ein ungarischer Komponist. Nach einem Aufstand 1956 in Ungarn und dessen Niederschlagung war er nicht mehr sicher in seinem Heimatland und verließ Ungarn in Richtung Wien. 1957 und 1958 arbeitete er in Deutschland im Kölner „Studio für elektronische Musik" und experimentierte mit elektronisch erzeugten Klängen.

Nach wenigen Experimenten mit diesen neuartigen Klängen wandte er sich aber wieder der Musik mit dem

György Ligeti (1923–2006)

traditionellen Orchester zu und ließ seine Erfahrungen in seine Arbeit einfließen. Mit seinen Kompositionen für Orchester wurde er berühmt. Ligeti starb 2006 in Wien. Eines der elektronischen Experimente, das Ligeti 1958 schuf, heißt „Artikulation". Mit „Artikulation" wollte Ligeti unterschiedliche Situationen oder auch Laute nachempfinden, die durch den Gebrauch unserer Sprache entstehen.

Klangexperimente, für die man früher ein großes Studio benötigte, kann man heute mit dem Computer realisieren. Die Klänge in „Artikulation" klingen fremd – oder doch nicht?

1 Hört euch die folgenden drei Hörbeispiele an und entscheidet, welches Hörbeispiel (aus dem Jahre 1956) von Ligeti stammt. Die beiden anderen sind von dem Künstler Marilyn Manson (1998) und von der Gruppe Prodigy (2000). Begründet eure Entscheidung.

HB 115–117

2 Sichtet eure eigene Musiksammlung und tragt Musik zusammen, die mit außergewöhnlichen Klängen arbeitet. Auch kleinere Ausschnitte aus ganzen Stücken dürfen Berücksichtigung finden. Stellt sie eurer Klasse vor.

Rainer Wehinger hat das Stück 1970 nach seinen Höreindrücken im Bild wiedergegeben. Einige Ausschnitte aus dieser Partitur werden im Folgenden gezeigt.

 HB 118 – 123

3 In welcher Reihenfolge erklingen die Teile?
- Hört euch dazu die Klangausschnitte an und vergleicht sie mit den Bildausschnitten.
- Sortiert und notiert die richtige Buchstabenfolge.

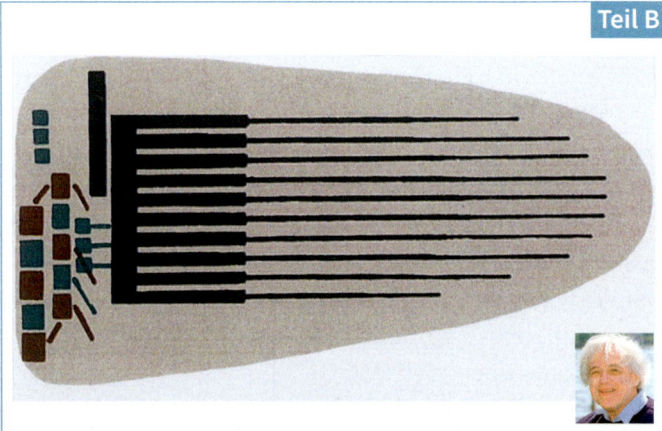

György Ligeti, Artikulation © Schott Music GmbH & Co. KG, Mainz. Für die Ausschnitte aus der Hörpartitur © Rainer Wehinger

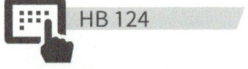 HB 124

4 Hört nun die einzelnen Klangausschnitte als zusammenhängendes Hörbeispiel und überprüft eure Entscheidung. Das Hörbeispiel von Marilyn Manson fehlt beim Zusammenklang. Benennt die Nummer des Hörbeispiels, das fehlt.

Die folgenden fünf Beschreibungen versuchen, die einzelnen Klangausschnitte mit Worten wiederzugeben.

5 Hört die Klangausschnitte ein weiteres Mal. Ordnet die Aussagen den Hörbeispielen zu. Ein Klangbeispiel bleibt übrig:  HB 118–123

kurzes aufsteigendes Geräusch, dem ein ebenso kurzes Gluckern folgt	ein quietschender auf- und absteigender Ton; kurze metallische und geräuschhafte Klänge umrahmen und unterbrechen ihn	zu Beginn kurz und metallisch, dann folgt ein Knall, der lang verhallt	metallisch klingend, leicht kratzend und zirpend	wie ein Pfeifton, der dann von einem glucksenden, abschwellenden Geräusch abgelöst wird

6 Zu dem übrig gebliebenen Klangausschnitt gehört das Fragezeichen. Findet eine eigene Beschreibung.

7 Für diesen Klang gibt es auch keine grafische Notation. Gestaltet hierzu auf einem Blatt Papier einen musikalischen Verlauf. Ihr könnt dazu die Symbole verwenden, die ihr eben kennengelernt habt. Ihr könnt aber auch eigene erfinden.

8 Hört abschließend das ganze Stück.    HB 125
   a) Stellt fest, mit welchem Ausschnitt aus dem Stück ihr euch beschäftigt habt.
   b) Beschreibt das ganze Stück mit Worten. (→ **Werkzeugkasten „Musik mit treffenden Adjektiven beschreiben", S. 145**)

Neue Wege – neue Formen – neue Klänge – Neue Musik

Neue Klangfarben zu erfinden, ist nicht immer ganz einfach. Zu sehr bleibt man bei seinen Gewohnheiten, von denen man sich nur schwer trennen kann. Ligeti experimentierte und probierte mit Geräten, die ihm neu waren. So waren klangliche Überraschungen möglich. Er fand schließlich neue Klänge: Die vorhandenen zerlegte er dazu zunächst in winzige Teile, wählte einzelne zufällig aus, verarbeitete diese dann weiter und fügte sie neu zusammen. Auf diese Weise entstand das „Sprachgewirr von Babylon", wie „Artikulation" ursprünglich heißen sollte.

Auch auf anderem Wege ist es möglich, neue Klänge und Formen zu finden. Manchmal muss man nur kleine Umwege dafür in Kauf nehmen, z.B. wenn man ein Bild zur Vorlage nimmt. Zum einen kann man sich von der Komposition des Bildes inspirieren lassen und versuchen, es in Musik auszudrücken. Zum anderen kann man aber auch Elemente, Motive eines Bildes entnehmen und sie in einer Verlaufspartitur neu formieren.

Achim Schläbitz: Die Anderen

1. Beschreibt das Bild von Achim Schläbitz.

2. Beschreibt auch die Wirkung, die das Bild auf euch ausübt.

3. Setzt das Bild mit Instrumenten eurer Wahl in Musik um.

Norbert Schläbitz: Materialfundus

In dem Materialfundus findet ihr Elemente, die dem Bild von Achim Schläbitz entnommen sind.

4. Identifiziert die Elemente im Bild.

Mit den entnommenen Elementen oder Bildmotiven kann man experimentieren und auf anderem Wege Neues schaffen. Man kann Teile auswählen, sie zusammenfügen, wiederholen, in der Größe verändern, auch drehen und manches mehr. Mit dieser Methode kann man auch selbst komponieren, eine Partitur gestalten und mit ihrer Hilfe „Neue Musik" gestalten. Ein Beispiel seht ihr im Folgenden:

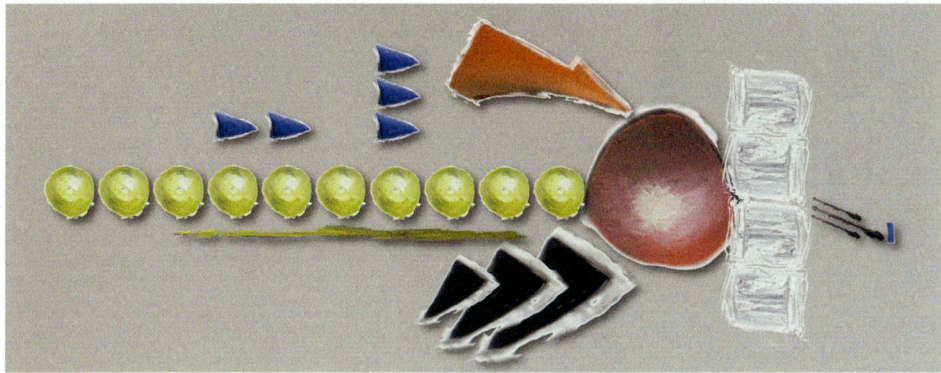

Norbert Schläbitz: In neue Form gebracht

5 Setzt die grafische Partitur mithilfe von Instrumenten und/oder der Stimme um.

6 Wählt sieben Elemente aus dem Materialfundus aus, mit denen ihr eine eigene grafische Partitur entwerfen wollt.

7 Gestaltet mit ihrer Hilfe eine eigene Verlaufspartitur. Es gibt mehrere Wege, um mit den Elementen zu komponieren.

★ Ihr könnt mit farbigen Stiften die Formen auf ein großes Blatt Papier übertragen, um eine eigene Partitur zu entwerfen.

★★ Ihr könnt den Materialfundus mehrfach kopieren, die Formen ausschneiden und anschließend etwas Eigenes damit gestalten.

★★★ Ihr könnt mit einem kleinen Fotobearbeitungsprogramm die Formen dem Materialfundus entnehmen und diese über CUT/COPY/PASTE nach Belieben in Größe und beliebiger Menge zusammenfügen.

★★★ Entnehmt mit einem Fotobearbeitungsprogramm dem Originalbild weitere Formen und erweitert den Materialfundus. Entwerft eine eigene Komposition.

8 Setzt eure Vorlage auf dem Papier ebenfalls mit Instrumenten und mit der Stimme um.

9 Geht auf die Suche nach Bildern, die sich dazu eignen, dass man ihnen bildnerische Motive entnehmen kann. Unter den Stichwörtern „Kasimir Malewitsch", „Wassily Kandinsky" oder „Joan Miró" werdet ihr schnell fündig. Auch das Arbeitsblatt 4 kann hier erneut verwendet werden. Komponiert mit dem Bild, das euch geeignet scheint.

Infobox

Cluster (engl.: Traube, Büschel, Haufen): Klangräume, in denen die Einzeltöne in einem Klangband verschwimmen.
In modernen Partituren werden sie häufig als schwarzer Balken dargestellt.

Suche im Web

Malewitsch

 AB 4

Achim Schläbitz: Hartes Ringen

★   Druckt dazu das Bild, das ihr ausgewählt habt, mehrfach aus. Bis auf ein Bild nutzt ihr die anderen, um die einzelnen Elemente und Formen, mit denen ihr komponieren wollt, auszuschneiden. Klebt die sortierten Einzelteile in ihrer neuen Ordnung auf ein Blatt Papier.

★ ★   Schneidet mit einem Fotobearbeitungsprogramm die Elemente, mit denen ihr komponieren wollt, aus und fügt sie mit dem Programm zu einer neuen kompositorischen Ordnung zusammen.

10   Stellt eurer Klasse sowohl das Originalbild in Form des nicht verwendeten Bildes oder als Internetpräsentation als auch als kompositorische Vorlage vor.

 **11**   Nehmt eure grafische Vorlage und setzt sie in Musik um.

12   Das Bild oben eignet sich auch, um damit zu komponieren. Versucht es.

Rockmusik ist …

1   Beschreibt eurem Tischnachbarn, was ihr auf den Bildern seht.

2   Benennt die Bilder, die ihr eindeutig der Rockmusik zuordnen könnt.

3   Ordnet auch den anderen Bildern mögliche Musikstile zu.

4   Sammelt gemeinsam Namen von Musikerinnen und Musikern, die ihr als *Rocker* bezeichnen würdet.

Geht auf die Suche
z. B. zu Hause, in der Bibliothek

Rockmusik ist Teil der Popmusik. Als Popmusik wird Musik bezeichnet, die „populär", also bekannt ist. Rockmusik ist oft handgemacht und wird als rau bezeichnet.

Die Rockmusik ist als erster Musikstil aus der Jugend heraus in den 1960er-
5 Jahren entstanden. Die Jugendlichen konnten mit den bekannten Interpretin-nen und Interpreten dieser Zeit nichts mehr anfangen. Sie begannen, selbst Musik zu schreiben und zu spielen. In den Kellern ihrer Eltern und auf vielen kleinen Bühnen wurde Rockmusik gespielt und schnell bekannt. Die Eltern fan-den diese Musik meist nicht gut. Ihnen war sie zu laut und zu wild. Sie konnten
10 nicht verstehen, warum die Musikerinnen und Musiker und ihre Fans so ausge-lassen tanzten und sangen. Rockmusik konnte auf der ganzen Welt bekannt werden, weil sie auf Schallplatten, in Radios und später auch im Fernsehen ver-breitet wurde. In den Folgejahren bildeten sich zahlreiche Rock-Stile aus, die auch heute noch gespielt werden.
15 Der Begriff Rockmusik entstand in den 1960er-Jahren in den USA. Die vollstän-dige Bezeichnung lautete damals „Rock'n'Roll Music". Der Name sollte sich von der ebenfalls erfolgreichen englischen Beat-Musik dieser Zeit absetzen. Vorläu-fer beider Musikstile sind der Rock'n'Roll der 1950er-Jahre, der afro-amerikani-sche Rhythm'n'Blues der 1940er-Jahre und der historische Blues, der bereits um
20 das Jahr 1900 gespielt wurde.

5 Haltet wichtige Daten zur Entstehung der Rockmusik auf einer Zeitleiste in eurem Heft fest.

6 Ordnet die Hörbeispiele den genannten Jahrzehnten oder Stilen der Rockmu-sik zu.

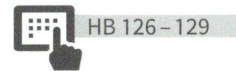 HB 126 – 129

7 Erstellt in Gruppenarbeit eine Präsentation (→ **Werkzeugkasten „Informati-onen über Musik digital präsentieren", S. 80**) zu den Zeiträumen 1940 – 1950, 1950 – 1960, 1960 – 1970. Geht auf die Suche in eurer Bibliothek, im Internet oder fragt eure Familien, was in diesem Jahrzehnt in den folgen-den Bereichen wichtig war:

Geht auf die Suche
z. B. zu Hause, in der Bibliothek

a) Mode: Was wurde von Fans des Musikstils getragen? Wie sahen Eltern, wie die Kinder und Jugendlichen aus?

b) Medien: Über welche Medien wurde die Musik aufgenommen, verbreitet oder angehört? Wie informierten sich Fans über den Musikstil?

c) Politik: Was passierte in diesem Jahrzehnt in der Politik? Gibt es eine Verbindung zwischen dem Musikstil und den geschichtlichen Ereignissen?

d) Künstlerinnen und Künstler: Sammelt Informationen über bekannte Künstlerinnen und Künstler der Musikstile Blues, Beat und Rock'n'Roll. Fertigt dazu Steckbriefe (→ **Werkzeugkasten „Einen Steckbrief erstel-len", S. 185**) an. Die fertigen Steckbriefe werden so Teil eines Musik-Lexi-kons eurer Klasse.

8 Sammelt Lieder, die ihr nicht gemeinsam mit euren Eltern spielt oder anhört (→ **Werkzeugkasten „Ein Interview führen", S. 128**).

Hilfekarten

Instrumente der Rockmusik

Für den speziellen Klang (englisch: *sound*) der Rockmusik sind die eingesetzten Instrumente, Spieltechniken und Verstärker verantwortlich. Hier könnt ihr etwas über die Instrumente erfahren.

Filmbeispiel

Die E-Gitarre

Die elektrische Gitarre (E-Gitarre) gehört in die Familie der Zupfinstrumente (Chordophone, → S. 111) und hat sechs Saiten. Sie wurde vor allem entwickelt, um größere Lautstärken beim Spielen zu erreichen. Dadurch können Gitarristinnen und Gitarristen sich in einer Band gegen die Blasinstrumente oder ein Schlagzeug durchsetzen. Hierzu ist die Gitarre mit Tonabnehmern unter den Saiten versehen. Diese wandeln die Schwingungen der Saiten in elektrische Spannung um. Über ein Kabel wird die E-Gitarre an einen Verstärker angeschlossen. Meist wird sie mit einem Plektrum (Plättchen, mit dem Zupfinstrumente angeschlagen oder gezupft werden können) gespielt. Die Saiten können aber auch mit den Fingern gezupft oder angeschlagen werden.

Der E-Bass

Der elektrische Bass hat wie ein Kontrabass meist vier Saiten, verfügt jedoch über keinen eigenen Resonanzkörper. Wie bei der E-Gitarre sind unterhalb der Saiten Tonabnehmer angebracht, um das Instrument verstärken zu können. Der Bass wird meist mit den Fingern gezupft. Man kann ihn aber auch mit einem Plektrum spielen. Ein besonders prägnanter Klang entsteht, wenn man die Saiten anschlägt oder sie anreißt (engl.: *Slapping*). Zusammen mit dem Schlagzeug bildet der E-Bass die Rhythmusgruppe in einer Band.

Filmbeispiel

Das Schlagzeug

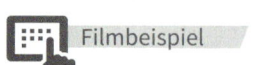

Das Schlagzeug (engl.: *Drum Set*) besteht aus mehreren Schlaginstrumenten. Darunter befinden sich Trommeln (engl.: *Tom Toms*) und Becken. Die wichtigsten Bestandteile eines Schlagzeugs sind die große Trommel (engl.: *Bass Drum*), die kleine Trommel (engl.: *Snare Drum*) und das Beckenpaar, genannt *Hi-Hat*. Meist wird das Schlagzeug mit Stöcken (engl.: *Sticks*) gespielt. Die *Bass Drum* wird über eine Fußmaschine gespielt, bei der ein Schlägel gegen das hintere Fell schlägt. Die *Snare Drum* hat auf ihrer Unterseite einen Teppich aus Metallsaiten. Sobald dieser auf das Fell gespannt wird, klingt sie metallisch und schnarrend. Nimmt man den Teppich wieder weg, klingt sie wie eine einfache Trommel.

Die *Hi-Hats* schwingen beim Anschlagen gegeneinander und zischen lange nach. Sobald man das Pedal der Fußmaschine tritt, liegen sie direkt aufeinander auf und der Klang wird kürzer.

Für komplexe Rhythmen, Überleitungsteile und Pausen (engl.: *Breaks*) stehen dem Schlagzeuger zusätzlich die unterschiedlich großen *Tom Toms* und verschiedene Becken zur Verfügung.

Das Keyboard

Keyboard ist die englische Bezeichnung für Tasteninstrumente, die Klänge elektronisch oder digital erzeugen. *Keyboards* können die Klänge von Streichern, Orgeln, Glockenspielen oder Gitarren wiedergeben. Diese sind entweder im *Keyboard* gespeichert oder sie werden von einem externen Klangerzeuger (z. B. Computer) auf Tastendruck abgespielt.

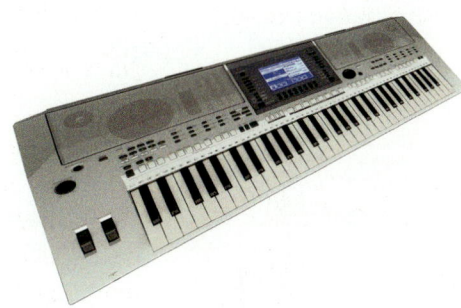

1 Besprecht in Partnerarbeit die Unterschiede zwischen einem E-Bass und einer E-Gitarre.

2 Findet heraus, welche Instrumente noch zu einem Schlagzeug gehören:

Geht auf die Suche
z. B. zu Hause, in der Bibliothek

★ Sucht weitere Schlaginstrumente im Buch und schreibt deren Namen in euer Heft ab.

★★ Recherchiert weitere Instrumente, die man unter der Bezeichnung des „Schlagwerks" zusammenfasst.

3 Sucht im Internet eine Liste der Klänge, die ein aktuelles Keyboard mindestens abspielen kann.

★ Sucht euch fünf bekannte und fünf unbekannte Klänge und stellt diese der Klasse vor.

★★ Erklärt, wie die Klänge im Keyboard sortiert sind.

4 Die Formteile der Stücke in den Hörbeispielen werden durch Buchstaben kenntlich gemacht. Setzt die Tabelle in eurem Heft fort und kreuzt während des Hörens an, wann die einzelnen Instrumente jeweils spielen.

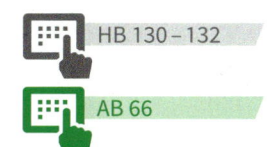

HB 130 – 132

AB 66

Instrument	Einsatz im Stück			
	A	B	A	...
Schlagzeug	X	X		...
Bass	X	X	X	...
Gitarre		X		...
Keyboard			X	...

Gestalten und Formen: Aufbau von Rocksongs

Formteile

Rocksongs sind meist aus wenigen Formteilen zusammengesetzt. In den frühen Blues- und Rock'n'Roll-Songs wurden meist nur Strophen und Refrains verwendet. Die Formteile tragen häufig englische Namen:

Bezeichnung	Englisch	Bedeutung
Introduktion	Intro	leitet in den Song ein. Häufig werden eingängige Melodien, weit verbreitete Harmonien oder Rhythmen verwendet.
Strophe	Verse	erzählt das Thema des Songs
Refrain	Chorus	häufig wiederkehrender, eingängiger Teil des Songs, bildet den Höhepunkt eines Songs
Überleitung	Bridge	leitet zwischen Formteilen über. Dabei kann sie zwischen zwei Chorus-Teilen (*primary*) oder zwischen Verse und Chorus (*transitional*) stehen
Zwischenspiel	Interlude	instrumentales Zwischenspiel zwischen zwei Formteilen
Coda	Outro	beendet den Song. Gegenstück zum Intro am Ende des Songs.

Songformen

Formteile lassen sich zu kompletten Songs zusammensetzen. Man bezeichnet dabei die einzelnen Formteile meist mit Großbuchstaben (A, B, C,…). Hier seht ihr einen Ausschnitt aus einem Song, der in einem Musikbearbeitungsprogramm geöffnet wurde. Die unterschiedlichen Farben dienen eurer Orientierung:

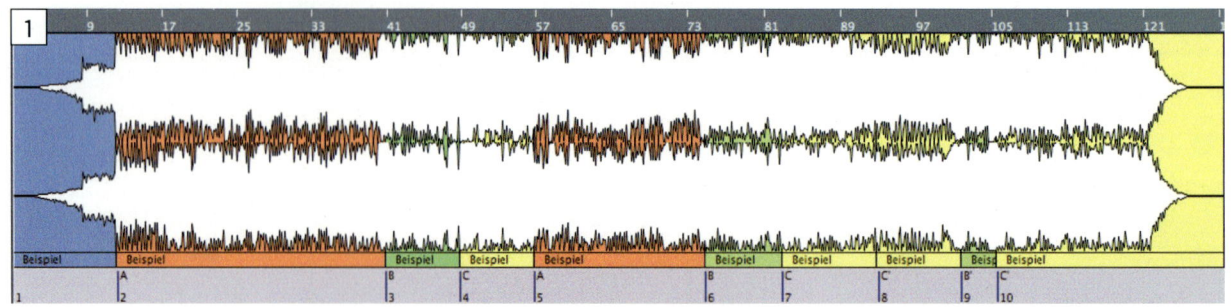

 HB 133 – 135   Hört euch nun drei Hörbeispiele an:

1 Weist Abbildung 1 das richtige Hörbeispiel zu.

 Hilfekarte   **2** a) Notiert die Formteile (Großbuchstaben) aller drei Songs.

b) Ordnet den Großbuchstaben die richtigen Bezeichnungen der Formteile zu.

Twist and Shout

HB 136

Musik und Text:
Phil Medley / Burt Russel
Satzbearbeitung: Michael Ahlers

Rhythmik und Begleitpatterns

1 Schlagzeug — Hi-Hat / Snare Drum / Bass Drum

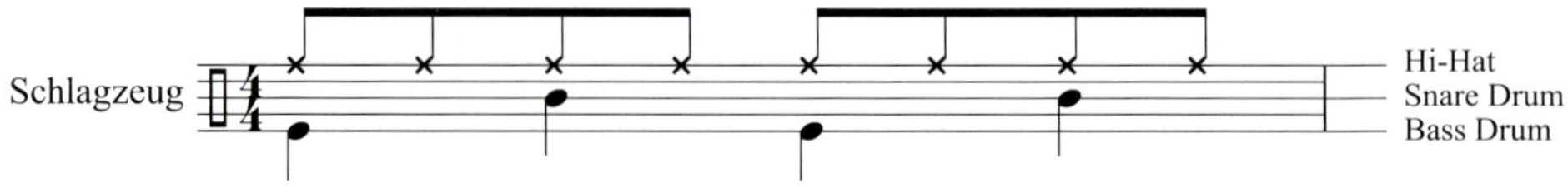

2

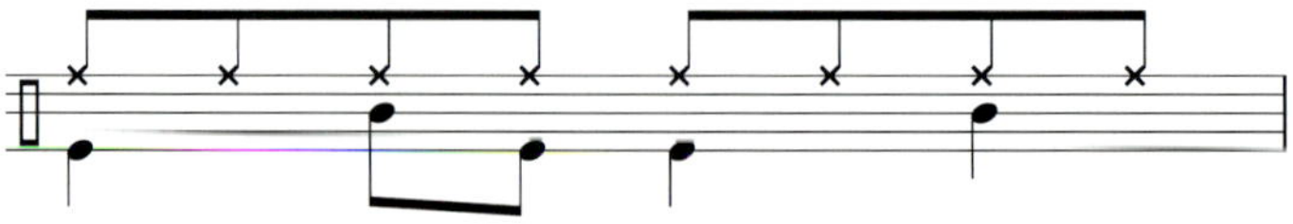

3

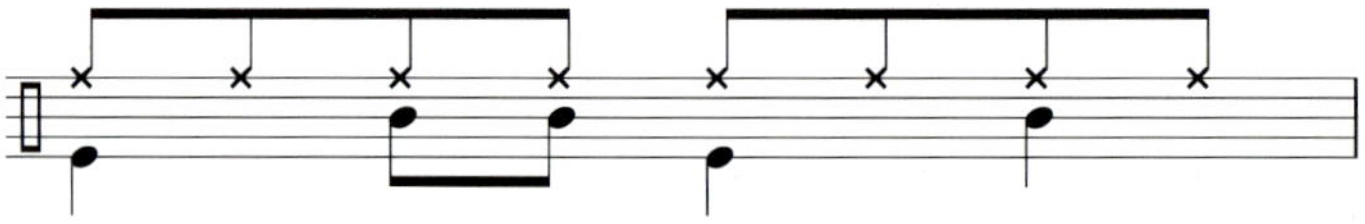

4

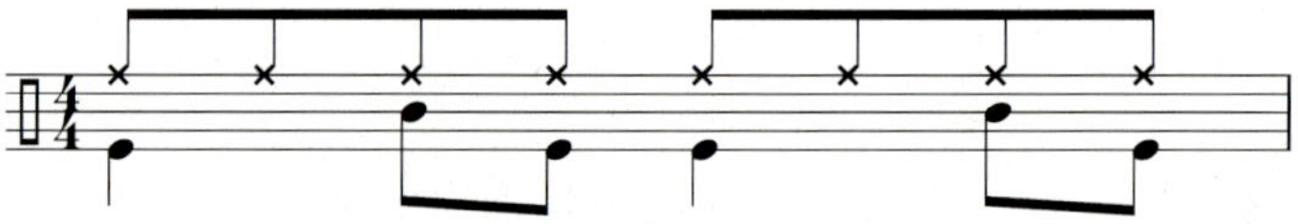

5

6

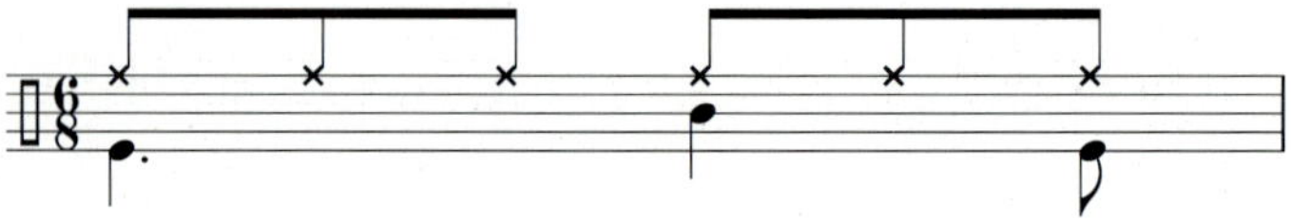

   AB 67

1 Übt die Rhythmen im Klassenverband. Teilt die Schlagzeug-Rhythmen dabei auf, wie in der Übersicht zur Bodypercussion beschrieben. **(→ S. 194)** Jeweils eine Gruppe von euch spielt gemeinsam den Rhythmus der *Bass Drum*, *Snare Drum* und der *Hi-Hat*.

2 Experimentiert nun mit den Rhythmen:
- **a)** Eine Schülerin oder ein Schüler dirigiert und gibt ein Metrum vor **(→ S. 201)**
- **b)** Die Gruppen für Bass Drum, Snare Drum und Hi-Hat stehen nebeneinander.
- **c)** Durch ein Handzeichen oder eine Karte wird zwischen den sechs Rhythmen gewechselt.
- **d)** Diskutiert abschließend: Welche Wechsel waren einfach und welche schwierig?

Der Powerchord

In der Rockmusik werden die Gitarren-Akkorde häufig ohne Terzen (→ S. 230 ff.) gegriffen. Sie bestehen nur aus dem Grundton und einer Quinte. Zusätzlich kann der Grundton verdoppelt werden. Man erkennt diesen Griff an der Zahl 5 hinter dem Akkordsymbol (z. B.: E^5). Dieser Griff ist auch für Gitarrenanfänger/-innen leicht zu lernen:

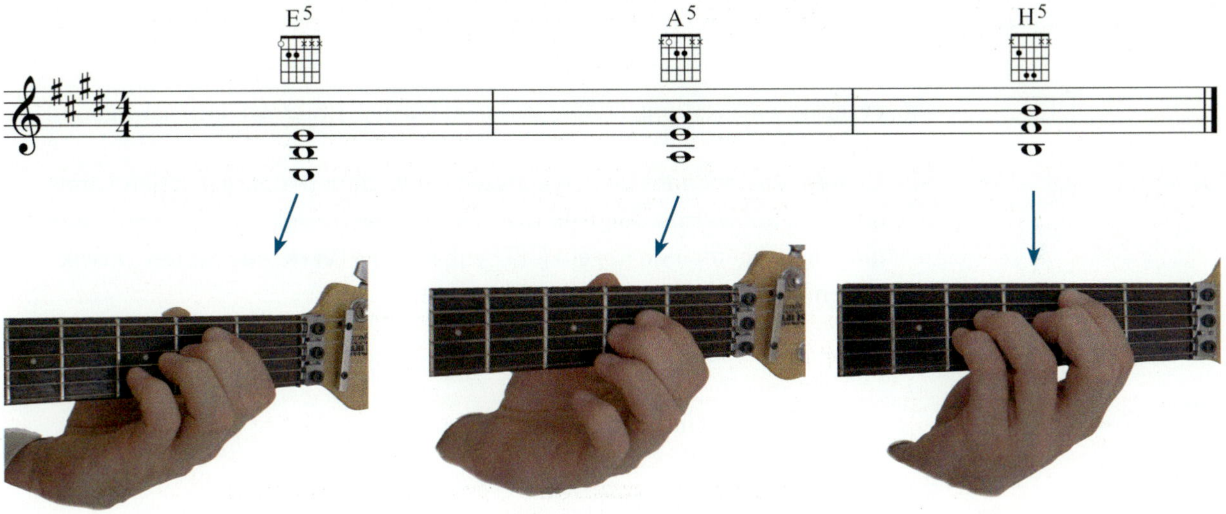

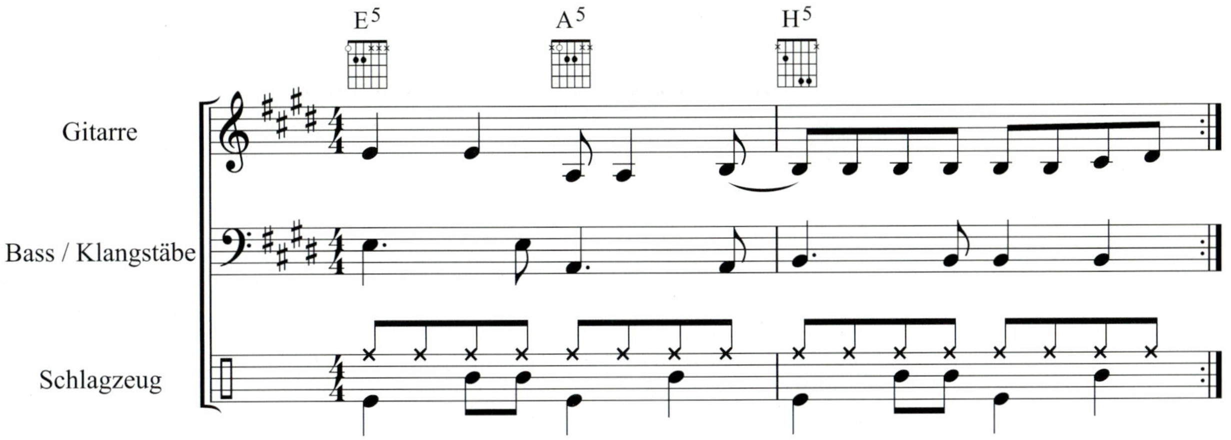

(→ S. 230 ff.)

1 Übt die Begleitstimmen und den Rhythmus zu „Twist and Shout" zunächst einzeln.

2 Singt das Lied mit eurer Begleitung.

Die Jury: Charts & Sounds

Stellt euch vor, ihr seid in die Jury eines Nachwuchswettbewerbs für die Schulband gewählt worden. Die jungen Musikerinnen und Musiker werden versuchen, euch durch ihre Auftritte und ihre Songs zu begeistern. Euer Urteil entscheidet über die weitere Karriere der Bands.

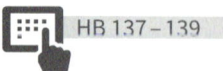 HB 137 – 139

1 Hört euch die Hörbeispiele an. Jedes Jurymitglied wird sich eigene Gedanken machen.

2 Fertigt ein Bewertungsraster nach dem Beispiel unten an. Ergänzt eigene Ideen.
Mit dem Raster könnt ihr den anderen Mitgliedern der Jury und den Bands erklären, auf welche Dinge ihr beim Hören Wert gelegt habt. Beachtet unbedingt die allgemeinen Regeln für Feedbacks. (→ **Werkzeugkasten „Kritik geben und annehmen", S. 135**)

 AB 68

Besonders gut finde ich:
den Text, den Rhythmus
Mich stört:
die Gitarre, der hohe Gesang im Refrain
So könnte die Musik noch besser klingen:
mehr zusammen spielen, tiefer singen

Folgende Aspekte habe ich bewertet:	Schulnote (1 – 6)	Begründung
Rhythmus	2	…
Intonation	4	
Zusammenspiel	6	
Stimme(n)	…	
…		
Außerdem ist mir aufgefallen:		
…		

Infobox

Intonation:
Bezeichnung für die Feinabstimmung der Tonhöhe. Je nach Geschmack und musikalischem Genre sind feine Abweichungen von der reinen Intonation nach oben oder unten möglich und akzeptiert.

Werkzeugkasten | Einen Steckbrief erstellen

1. Nehmt ein DIN A4-Blatt und verseht es mit der Überschrift „Steckbrief".

2. Findet im Internet oder in einem Lexikon ein Foto des Musikers, der Musikerin oder der Musikgruppe, zu dem oder zu der ihr einen Steckbrief gestalten wollt. Druckt das Foto aus oder kopiert es. Anschließend klebt ihr es auf euren Steckbrief.

3. Sucht Informationen zu der Musikerin/dem Musiker oder der Gruppe. Dabei solltet ihr folgende Angaben unbedingt herausfinden:
   - Name: Künstlername, richtiger Name
   - Geburtsjahr/Gründungsjahr
   - gegebenenfalls Todesjahr
   - Hauptinstrument/Besetzung
   - Musikstil
   - Größter Erfolg
   - Besonderheiten

4. Vor allem unter den „Besonderheiten" sind euch keine Grenzen gesetzt. Hier dürft ihr alle Informationen eintragen, die euch bei eurer Suche wichtig erschienen sind.

5. Hängt die Steckbriefe in der Klasse auf.

6. Stellt euch gegenseitig die Steckbriefe vor und beantwortet Fragen der Mitschüler/-innen.

7. Sammelt die Steckbriefe und fügt sie in einem Ordner zusammen. So entsteht mit der Zeit das persönliche Musiker- und Musikerinnen-Lexikon eurer Klasse.

Steckbrief
Name: Beyoncé (eigentlich Beyoncé Giselle Knowles-Carter)
Geburtstag: 4. September 1981
Instrument: Gesang
Musikstil: Pop und R'n'B
Erster Erfolg: Say My Name (mit Destiny's Child)
Größter Erfolg: Irreplaceable
Besonderheiten:
– ist Sängerin, Schauspielerin und Designerin,
– engagiert sich für soziale Projekte,
– gemeinsam mit ihrem Mann, dem Rapper Jay-Z, ist sie eine sehr erfolgreiche Geschäftsfrau,
– gewann bereits 20 Grammy Preise,
– ...

Steckbrief
Name: Joseph Haydn
Geburtstag: 31. März 1732
Todestag: 31. Mai 1809
Instrument: Klavier, Gesang
Musikstil: Klassik
Erster Erfolg: Streichquartette
Größter Erfolg: Kaiserhymne, Melodie für die Deutsche Nationalhymne
Besonderheiten:
– Sinfonien
– Streichquartette
– Sonatenform
– arbeitete lange für die Familie Esterházy
– ...

Steckbrief
Name: Die Fantastischen Vier
Gegründet: 1986
Mitglieder: Michi Beck (Michael Beck), Thomas D (Thomas Dürr), Smudo (Michael Bernd Schmidt), And.Ypsilon (Andreas Rieke)
Erster Erfolg: Die Da
Größte Erfolge: Die Da, Troy
Besonderheiten:
Eine der ersten Rap-Formationen Deutschlands,
– Häufige Seitenprojekte (Megavier, Turntablerocker, Thomas D Solo),
– Juroren bei „The Voice of Germany",
– eigenes Musiklabel „FourMusic",
– ...

CUT/COPY/PASTE: Speichern & kombinieren

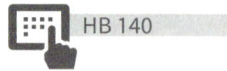

Sophie und Jona unterhalten sich: „Aus Schund wird Kunst!"

„Kennst du die Geschichte vom Sprayer aus Zürich?" Sophie schaut ihren Papa gespannt an: „Gehört habe ich schon mal von ihm. Aber das ist schon lange her. Ich habe aber keine Ahnung mehr, was ich mit ihm verbinden soll", antwortet Jona.

„Harald Naegeli – so heißt er – hat früher in Zürich von 1977 an, mit 39 5 Jahren erst, Graffiti an die Wände gemalt", meint sie wissend.

Bei Jona tauchen blasse Erinnerungen aus den Tiefen seiner Gehirnwindungen empor: „Wurde der dafür nicht verurteilt?"

„Genau", meint Sophie, „der musste sogar sieben Monate ins Gefängnis!" 10

„Na siehst du, es ist strafbar, Häuserwände zu bemalen", mahnt Jona.

Triumphierend zeigt Sophie auf den Bildschirm ihres Computers. Sie hatte einen *Link* aufgerufen, der sich mit Naegeli beschäftigt. „Genau. Seine Graffiti nannte man früher sogar ‚Schmierereien'. Und weißt du was?" 15

Jona ahnt, dass Sophie gleich einen Trumpf aus dem Ärmel ziehen wird. Außerdem ist er selbst neugierig geworden. Darum fragt er: „Worauf willst du hinaus?"

„Hier steht", sagt sie bedeutungsvoll, „dass die Stadt Zürich heute auf diese ‚Schmierereien' stolz ist. Sie hat sogar eines seiner Graffiti restau- 20 riert, um es vor dem Verfall zu schützen."

Jona nickt anerkennend: „Da siehst du mal, wie sich die Zeiten ändern. Erst gelten manche Sachen als Schund oder sie werden – wie du sagst – als ‚Schmierereien' bezeichnet, und dann ist es ...", Jona schnippt mit den Fingern, „... auf einmal anerkannte Kunst." 25

„Eben!"

„Wieso eben? Und warum erzählst du mir das alles?"

Listig schiebt Sophie ein Blatt mit bunten und geschwungenen Linien hervor, das mit kunstvollen Buchstaben versehen war. „Also, wenn ich Hip-Hop höre, kommen mir die besten Ideen. Hip-Hop, Graffiti und *Tags* 30 gehören einfach zusammen. Wie findest du denn das? Das ist mein *Tag*."

Jona nickt bewundernd. Es gefällt ihm, was Sophie da zu Papier gebracht hat – solange sie nur leere Blätter damit schmückt und keine Wände.

„Von wegen ‚Schmierereien'", ärgert sich Sophie. Jona ahnt, dass sich im Hintergrund ein stiller Kritiker verbirgt. „Ich finde, das ist Kunst!", sagt sie be- 35 stimmt.

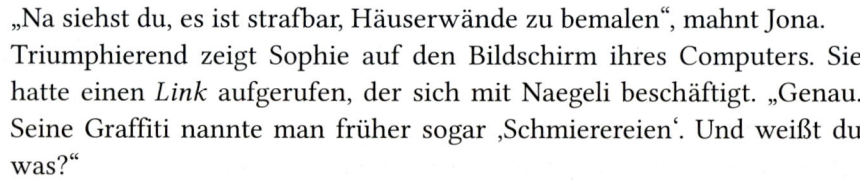

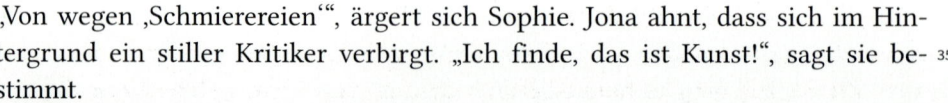

1 Tragt den Text mit verteilten Rollen szenisch vor: Erzähler, Jona, Sophie.

2 Fasst die zentralen Informationen zusammen.

3 Erklärt, was ein *Tag* ist. Ihr könnt Informationen dazu auch auf den nächsten Seiten finden.

4 Vergleicht Naegelis Kunst mit den heutigen Graffiti. Gibt es Gemeinsamkeiten und Unterschiede?

★ Tragt eine Auswahl von fünf Graffiti von Harald Naegeli zusammen und erläutert, was euch daran gefällt oder nicht gefällt.

★★ Sammelt Informationen zu Harald Naegeli. Was ist aus ihm geworden?

★★ Harald Naegeli hat einmal mit dem Musiker Karl-Heinz Essl zusammengearbeitet. Stellt das Projekt vor, das sie gemeinsam auf den Weg gebracht haben.

Suche im Web

Harald Naegeli

★★★ Erstellt aus den gesammelten Informationen einen eigenen Dialog und führt ihn szenisch auf.

Hip-Hop: Geschichte und Kultur

Zusatzseite

Hip-Hop entstand als Straßenkultur Mitte der 1970er-Jahre im New Yorker Stadtteil Bronx. Hier lebten viele Einwanderer aus Westafrika, Puerto Rico und der Karibik in ärmlichen Verhältnissen. Gewalt, Straßengangs und Abgrenzung prägten das Bild der Bronx; sie
5 wurde deshalb auch als Getto bezeichnet.
Ein Teil der Hip-Hop-Kultur, das sogenannte *DJing*, entstand aus der Tradition der jamaikanischen *Soundsystems*. Hierbei handelte es sich um mobile Diskos, die auf Wagen oder LKW montiert waren. Die Discjockeys *(DJs)* der
10 *Soundsystems* konnten durch immer geschicktere Techniken zwei Schallplatten abmischen, sodass ein einziger, langer Song entstand, zu dem getanzt werden konnte.
Die DJs entwickelten in der Folgezeit immer ausgefeiltere Scratch-Techniken mit ihren Plattenspielern und Misch-
15 pulten. Ebenso bekannt waren die Masters of Ceremonies (MCs). Diese begannen oft mit witzigen Kommentaren, Sprechgesang und kritischen Aussagen die Stimmung anzuheizen. Der *Rap* als weiterer Bestandteil der Hip-Hop-Kultur war geboren. Viele *MCs* konnten aber nicht nur gut mit Sprache umgehen, sie imitierten beispielsweise auch Klänge
20 von Schlagzeugen. Dies wurde später *Beatboxing* genannt.
Da viele Jugendliche rivalisierenden Gangs angehörten, suchten Hip-Hop-Fans nach einer Möglichkeit, sich ohne Gewalt untereinander zu messen. Hieraus entwickelte sich der *Breakdance* oder *das Breaking*, bei dem in unterschiedlichen Stilen akrobatische und pantomimische Fähigkeiten gezeigt werden kön-
25 nen. Zu Beginn ging es hauptsächlich darum, zu zeigen, welche *Crew* die bes-

ten *Breaker*, *DJs* und *MCs* in ihren Reihen hatte. Durch Graffittis kennzeichneten die Crews ihre Reviere in der Bronx. Neben den Unterschriften der Crew-Mitglieder, den sogenannten *Tags*, entwickelte sich eine eigene Kunstform, die es inzwischen über bemalte U-Bahn- und Häuserwände bis in Museen geschafft hat.

Ein weiterer wichtiger Bestandteil der Hip-Hop-Kultur ist ihre Kleidung. Während zunächst vor allem bequeme Jogginganzüge und Basketballschuhe getragen wurden, hat sich heute ein riesiger Markt entwickelt, zu dem neben Baggy-Pants und Schuhen auch Baseball-Kappen, Ringe, Ketten oder übergroße Shirts gehören.

1 Lest den Text und erklärt eurer Tischnachbarin/eurem Tischnachbarn die *kursiven* Fachbegriffe. Schlagt unbekannte Begriffe nach.

2 **a)** Benennt Bilder, auf denen Elemente der Hip-Hop-Kultur zu sehen sind.
b) Lest den entsprechenden Satz aus dem Text dazu vor.

3 Erstellt eine Wandzeitung zur Hip-Hop-Kultur. (→ **Werkzeugkasten „Informationen über Musik digital präsentieren", S. 80**). Sammelt Informationen zu bekannten:
a) Rapperinnen und Rappern,
b) DJs und DJanes,
c) Tänzerinnen und Tänzern (B-Boys, B-Girls, Crews),
d) Graffiti-Künstlerinnen und Künstlern.

4 ★   Recherchiert Namen bekannter Rap-Stile.
★★   Recherchiert die Unterschiede bekannter Rap-Stile.

Suche im Web

rap stile

Die Fantastischen Vier: MfG – Mit freundlichen Grüßen

Die Fantastischen Vier sind eine Rap-Gruppe aus Stuttgart. Bereits seit Beginn der 1990er-Jahre veröffentlichen sie ihre Musik und gehören damit zu den ältesten und erfolgreichsten Rap-Gruppen Deutschlands. Ihre Mitglieder haben die Künstlernamen Thomas D., Michi Beck, Smudo und And.Ypsilon. In jüngerer Zeit treten sie auch als Juroren in Casting-Sendungen auf.

 HB 141

 a) Schreibt die im folgenden Songtext unterstrichenen Abkürzungen ab.
   b) Recherchiert ihre Bedeutung und erklärt sie in der nächsten Stunde.

MfG

M/T: Thomas Dürr, Andreas Rieke,
Michael Beck, Michael B. Schmidt

(Gesprochen) Nun, da sich der Vorhang
der Nacht von der Bühne hebt, kann das Spiel beginnen,
das uns vom Drama einer Kultur berichtet.

1. ARD, ZDF, C&A
   BRD, DDR und USA
   BSE, HIV und DRK
   GbR, GmbH – ihr könnt mich mal
   THX, VHS und FSK
   RAF, LSD und FKK
   DVU, AKW und KKK
   RHP, USW, LMAA

2. PLZ, UPS und DPD
   BMX, BPM und XTC
   EMI, CBS und BMG
   ADAC, DLRG – ojemine
   EKZ, RTL und DFB
   ABS, TÜV und BMW
   KMH, ICE und Eschede
   PVC, FCKW – is' nich' o.k.

3. HNO, EKG und AOK
   LBS, WKD und IHK
   UKW, NDW und Hubert Kah
   BTM, BKA, hahaha
   LTU, TNT und IRA
   NTV, THW und DPA
   H&M, BSB und FDH
   SOS, 110 – tatütata

4. SED, FDJ und KDW
   FAZ, BWL und FDP
   EDV, IBM und WWW
   HSV, VfB, Olé, Olé
   ABC, DAF und OMD
   TM3, A&O und AEG
   TUI, UVA und UVB
   THC in OCB is' was ich dreh'

MfG mit freundlichen Grüßen,
die Welt liegt uns zu Füßen
Denn wir stehen drauf, wir gehen drauf,
für ein Leben voller Schall und Rauch
Bevor wir fallen, fallen wir lieber auf

MfG mit freundlichen Grüßen,
Die Welt liegt uns zu Füßen
Denn wir stehen drauf, wir gehen drauf,
Für ein Leben voller Schall und Rauch
Bevor wir fallen, fallen wir lieber auf
(2x)

O-Ton

Mit Smudo im Gespräch

Wann hast du mit dem Rappen begonnen?
Rund 1986 fing das an. Ich würde es aber noch nicht richtig Rappen nennen, eher so 1987.

Was waren deine Vorbilder?
Schwer zu sagen, weil es die heute alle nicht mehr gibt und sie kein Mensch 5 mehr kennt.

Es waren dann also eher so Run DMC?
Nein, bzw. die auch, aber eher UTFO, Roxanne Shanté, die New Yorker Rap-Szene. UTFO war ganz große Klasse, das war 'ne Riesen-Band und deswegen weiß ich gar nicht, wie ich das beantworten soll. 10

Gab es andere Bereiche des Hip-Hop, die für dich interessant waren? Also Breakdancing, DJing, Graffiti oder Beat-Boxing?
Als Teenager hab ich alles mal so ein bisschen interessant gefunden und hab alles auch so ein bisschen ausprobiert: ein bisschen getanzt, auch ein bisschen gesprüht, aber die Musik fand ich das Spannendste und Interessanteste, und das 15 hat sich sehr schnell innerhalb eines Jahres herausgestellt, dass ich Musik machen will und nichts anderes.

Wie fallen dir Texte ein? Kannst du das festmachen?
Das Blöde an Ideen ist ja, dass sie vollkommen ungeplant kommen und zuweilen nicht, oder manchmal an einer Stelle des Tages, wenn man gar nicht damit 20 rechnet. Deswegen hab ich immer was zum Notieren dabei. Wenn mir etwas einfällt, schreib ich es schnell auf, und wenn ich mich an den Text setze, habe ich diese Notizen alle bei mir und versuche, sie irgendwie einzubauen. Die Ideen fallen mir nebenher so ein, beim Autofahren, beim Joggen usw.

Gibt es eine besondere Tageszeit, zu der du besonders kreativ bist? 25
Nee, es gibt eigentlich keine besondere Tageszeit. In den Abend rein schreiben ist manchmal etwas einfacher.

Was ist dir lieber: das Live-Konzert, die Studio-Situation oder gibt es andere Anlässe, die du vorziehst?
Ich finde gerade die Abwechslung gut, dass es gerade mal eine Phase gibt, in 30 der man viel im Studio ist, viel nach innen gekehrt ist; dass es dann aber auch 'ne Phase gibt, in der man nach draußen geht damit.

Vielen Dank für das Interview!

1 Verfasst einen kurzen Text darüber, wie Smudo mit dem Rappen begonnen hat.

Suche im Web
UTFO

2 a) Klärt unbekannten Begriffe im Interview durch eine Recherche.
   b) Recherchiert Informationen zu den ersten Lieblingsbands Smudos.

Der Schul-Rap: ein Hip-Hop-Projekt

New @ School

Musik und Text: Michael Ahlers

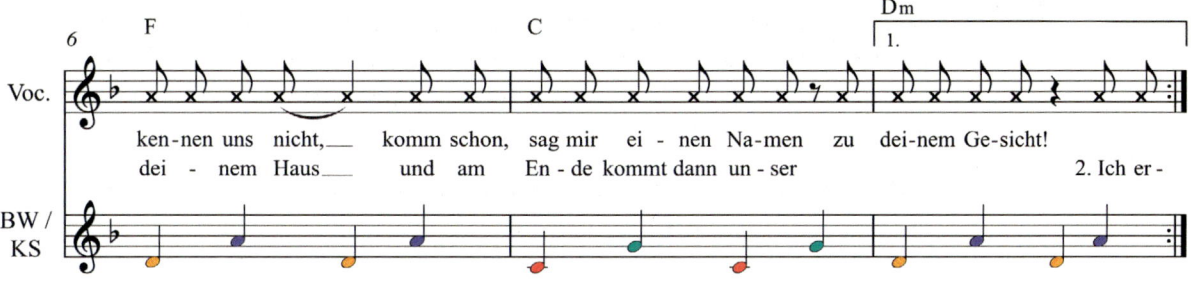

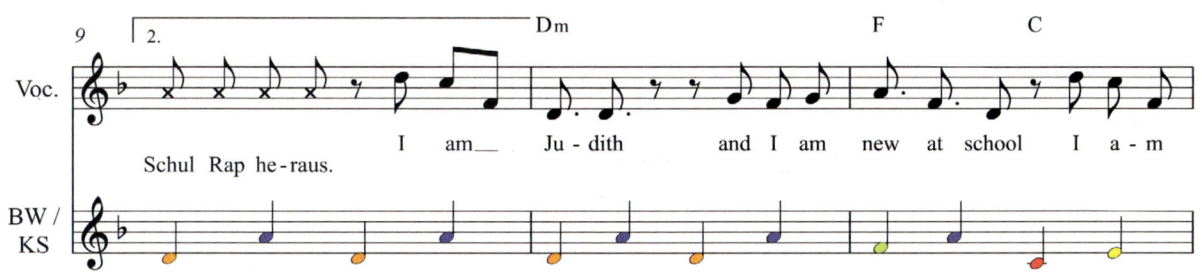

Mi - cha - el　　please don't treat　me like　a fool　I　a - m　Den - nis　　I　try to

be　so　cool　I　a - m　Ann - Ka - thrin　and I　am　new at　school.

Hilfekarte　　Begleitrhythmus

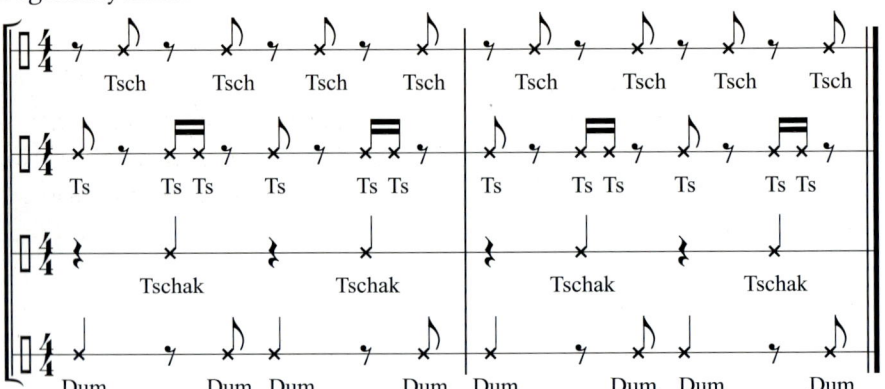

HB 143

1 Hört euch das Musikbeispiel an und sprecht den Text dabei stumm mit.

2 Übt den Begleitrhythmus mit Bodypercussion oder Vocussion zum Instrumental ein.

3 Begleitet das Instrumental mit Boomwhackers oder Klangstäben.

4 Ersetzt die Namen im Refrain durch eure eigenen und führt den Song erneut auf.

5 Ersetzt die Namen im Refrain durch eure eigenen und führt den Song auf:
　　★　　Nehmt dabei typische Hip-Hop-Posen ein (→ S. 197).
　　★★　　Überlegt euch eine Choreografie zum Song.

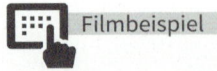
Filmbeispiel

> **Infobox**
>
> Mit der englischen Bezeichnung **Instrumental** wird ein Lied bezeichnet, in dem kein Gesang zu hören ist. Es sind aber alle Instrumente zu hören. Das zeitgleiche Bewegen und Imitieren eines Liedes mit Gesang, ohne selbst zu singen, wird **Playback** genannt. Im **Vollplayback** sind alle Stimmen in der Aufnahme enthalten.
> Im **Halbplayback** fehlt nur die gesungene Hauptstimme.

Beatboxing und Bodypercussion

Hilfekarte

Der Begriff *Beatboxing*, auch *Human Beatbox* genannt, wird häufig im Zusammenhang mit der Hip-Hop-Kultur gebraucht. Er bezeichnet die Kunst, rhythmische Schlagzeug- und Percussion-Geräusche mit den Möglichkeiten der menschlichen Stimme nachzuahmen.
Beatboxing ist in den 1980er-Jahren in den USA entstanden. Rhythmuscomputer waren zu dieser Zeit noch sehr teuer. Also fingen die *Beatboxerinnen* und *Beatboxer* an, die Klänge der Maschinen mit ihrem Mund nachzuahmen. Dieser Trend breitete sich dann von den USA auch nach Europa aus, wo er aufgrund der wachsenden Kunstfertigkeit große Anerkennung erfuhr.
Neben Schlagzeug- und perkussiven Klängen werden beim *Beatboxing* auch Bassläufe oder Geräusche erzeugt.

1 Erklärt mit eigenen Worten, was unter dem Begriff Beatboxing zu verstehen ist.

2 Auf der nächsten Seite findet ihr eine Auswahl von typischen Sounds und Rhythmen. Probiert sie mithilfe eurer Lehrerin/eures Lehrers aus.

3 Arbeitet ausgehend davon in Kleingruppen zusammen:
  - ★ Gestaltet eine wiederholbare Sound- und Rhythmusabfolge, die ihr der Klasse vorstellt.
  - ★★ Erfindet eigene Sound- und Rhythmus-Elemente, die ihr zusätzlich in euer Stück einbaut.
  - ★★★ Untermalt mithilfe eurer Beatboxsequenz einen eigenen kurzen Raptext zum Thema „Stimme" und veranstaltet einen kleinen *„Battle"*.

Ein Schlagzeug besteht aus vielen unterschiedlichen Schlaginstrumenten, die jeweils einen besonderen Klang haben (→ S. 178). Einige davon kann man mit dem eigenen Körper nachahmen. Wird der gesamte Körper eingesetzt, spricht man von *Bodypercussion*. Werden die Klänge mit dem Mund nachgeahmt, heißt dies *Vocussion*.

Schlaginstrument	Bodypercussion	Vocussion-Silbe
Bass-Drum	Stampfen auf den Boden	Dum
Snare	Klatschen	Tschak
Hi-Hat geschlossen	Patschen auf Brust	Ts
Hi-Hat offen	Schnippen	Tsch

Text & Tags. Einen Rap erfinden

Spielt mit eurer Stimme: Flüstert, brüllt oder sprecht normal.

Gebt euch eine eigene „Rap-Identität": Wie heißt ihr als Rap-Stars?

Übt allein oder zu zweit zum Instrumental: Klatscht dabei den Puls mit.

Die letzten Wörter eurer Zeilen sollten sich reimen.

Beschreibt eure Schule, beschreibt eure Mitschüler: Achtet darauf, dass ihr die Gefühle anderer nicht verletzt.

Benutzt Übertreibungen, witzige Vergleiche, Bilder und Spitznamen.

Auf den folgenden Seiten lernt ihr einige wichtige Bereiche der Hip-Hop-Kultur besser kennen. Mit euren Texten, Gesten und Posen könnt ihr abschließend euren eigenen Schul-Rap aufführen.

1 Erfindet jeweils eine Strophe für euren Schul-Rap nach den oben genannten Kriterien.

2 Übt das Sprechen zuerst mit einer Partnerin oder einem Partner, die oder der euch einen Puls (→ S. 201) gibt. Übt anschließend zur Instrumental-Version des Songs.

Eigene Tags entwerfen

Überlegt euch einen Künstlernamen und eine Abkürzung (Beispiel: MC Adam = MCA).

3 Entwerft ein eigenes *Tag*. Versucht, euch bei der Gestaltung an den Abbildungen auf dieser Seite zu orientieren.

Gesten und Posen

Beispiele für High Five

High Five
Beide heben jeweils einen Arm
hoch und klatschen sich ab.

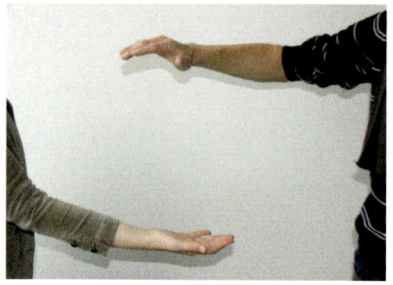

Low Five
Eine Person hält ihre Handfläche nach oben, die andere
klatscht von oben.

**High Ten oder
Double High Five**
Entspricht High-Five, aber mit
beiden Armen.

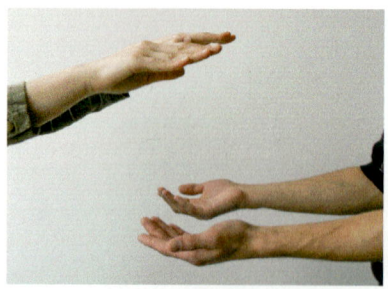

Too slow: Schritt eins
Beide Handflächen werden
nach oben gehalten zum
Abklatschen.

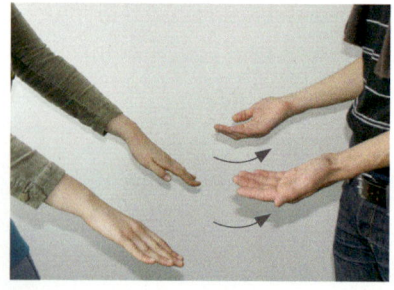

Too slow: Schritt zwei
Im letzten Moment werden aber
die Hände nach hinten wegge-
zogen.

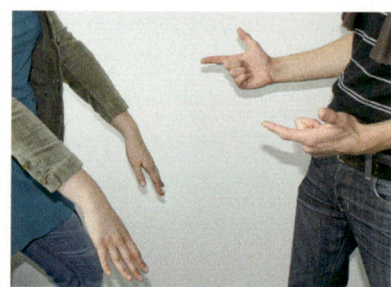

Too slow: Schritt drei
Als Letztes wird auf die Person
gezeigt, die auf den Trick
hereingefallen ist.

1 ★ Übt die verschiedenen Arten von *High Fives* mit eurem Tischpartner/
eurer Tischpartnerin ein.

★★ Kennt ihr weitere Variationen des *High Five*? Stellt sie einander vor.

★★★ Überlegt euch eigene Erweiterungen: Schnippt mit den Fingern, dreht
euch dabei und so weiter.

Infobox

High Five: Eine Geste zwischen Personen, die sich begrüßen oder die etwas feiern. Sie
entstand Ende der 1970er-Jahre im US-amerikanischen Basketball.

Im Hip-Hop spielen Gesten und Posen eine große Rolle. Man kann hierdurch sein Image definieren. Rechts seht ihr zwei Beispiele für bekannte Posen:

2 Beschreibt die Posen auf den Bildern.
  a) Wie steht die Person?
  b) Was tut sie mit ihren Armen?
  c) Welche Kleidung trägt sie?
  d) Was drücken Gestik und Mimik aus?

Übersicht bekannter Hip-Hop-Posen

Name der Pose	Ausführung
Bad Boy	Schaut böse, schiebt die Unterlippe vor, kneift die Augenbrauen zusammen und verschränkt die Arme vor der Brust.
Holy	Schaut in den Himmel, verschränkt die Arme vor der Brust.
Outta Space	Tut mit euren Händen so, als ob ihr Laserstrahlen in die Luft schießt.
Pointer	Steht breitbeinig, zeigt mit euren Fingern auf etwas vor euch.
Thinkaboutit	Zeigt mit eurem Zeigefinger auf die eigene Stirn.
Freezer	Tanzt ein wenig, friert plötzlich in der Bewegung ein und haltet die Position.
Vaughn Bode	Biegt euren Oberkörper etwas nach hinten und haltet die Position.

3 Benennt die Posen auf den Bildern.

4 Recherchiert spezielle Posen von Frauen im Hip-Hop und präsentiert die Ergebnisse in der nächsten Stunde.

Geht auf die Suche
z. B. zu Hause, in der Bibliothek

5 a) Überlegt euch eine neue Pose zu eurer Hip-Hop-Identität oder benutzt eine von dieser Seite.
  b) Übt miteinander Varianten der High-Fives ein.

6 Nutzt dann die eigenen Gesten, Posen und Texte in eurem Schul-Rap im Rahmen einer gemeinsamen Aufführung. Begleitet selbst oder nutzt das Instrumental.

 HB 143

Filmbeispiel

Infobox
Vaughn Bode (eigentlich Bodé) ist ein US-amerikanischer Comic-Zeichner, dessen Stil auf vielen Plakaten und Platten des Hip-Hops kopiert wurde.

Musikwerkstatt

1 In einer Werkstatt wird mit Materialien und mit Werkzeugen gearbeitet. Ganz ähnlich ist es in einer Musikwerkstatt. Einige davon findet ihr auf dieser Seite. Zählt sie auf.

Die Geschichte der Notenschrift

Seit vielen tausend Jahren musizieren die Menschen. Doch um das zu tun, muss Musik nicht immer aufgeschrieben sein. Bis heute gibt es Musik, die nicht notiert wird. Sie wird aus dem Gedächtnis gespielt und von Generation zu Generation weitergegeben.

Die mündliche Weitergabe von Musikstücken führt jedoch dazu, dass sich die ursprünglichen Melodien im Laufe der Jahrzehnte immer mehr verändern. Dadurch gibt es manchmal von ein und demselben Musikstück unterschiedliche Versionen, die voneinander abweichen können.

Die christliche Kirche ist in Europa der Vorreiter in der Entwicklung einer Notenschrift (→ S. 129) gewesen. Schon im Jahre 800 n. Chr. haben Geistliche die Neumenschrift entwickelt. Diese Notationsweise unterscheidet sich jedoch von unserem heutigen System. Ein ganz entscheidender Schritt im 11. Jahrhundert ist die Erfindung der Notenlinien. Neben anderen ist für diese Entwicklung maßgeblich der Benediktinermönch Guido von Arezzo zu nennen. In ihren Anfängen hatte die Notenschrift eine andere Funktion als heute. Für die Nonnen und Mönche von einst war sie eine bloße Erinnerungshilfe. Sie waren frei darin, von der Vorlage abzuweichen und auf ihre Vorstellungskraft zu vertrauen. Heute ist die Notenschrift eine Vorschrift, von der man beim Musizieren kaum abweichen darf.

Das heute gebräuchliche Notensystem mit fünf Linien entstand erst im 15. Jahrhundert.

1 Spielt „Stille Post" mit einer Melodie, die eure Lehrerin oder euer Lehrer euch vorgibt.
- **a)** Vergleicht das Ergebnis dieser Übung mit dem Inhalt des Textes.
- **b)** Aus welchem Grund war es wichtig, eine Notenschrift zu entwickeln?

2 Überlegt, welche Bedeutung die Entwicklung der Notenlinien für die Notenschrift hat. Diskutiert eure Überlegungen.

Suche im Web

Guido von Arezzo

3 Gestaltet einen Steckbrief zu Guido von Arezzo (→ **Seite 185**).
  ★★ Erstellt ein Plakat zu Guido von Arezzo (→ **Seite 50**).
  ★★★ Entwickelt eine mediengestützte Präsentation zu Guido von Arezzo. (→ **Werkzeugkasten, S. 80**).

Pulsschlag und Rhythmus

Das Metrum

Jede Musik hat einen Grundschlag, ähnlich wie unser Puls.

1 Klatscht die Begleitung zu „We Will Rock You" von der Rockgruppe Queen und achtet darauf, welche Zählzeit ihr betont.

2 Betont bewusst die zweite Viertelnote. Was fällt euch auf?

We Will Rock You

Rhythmusbegleitung zum Lied der Gruppe Queen

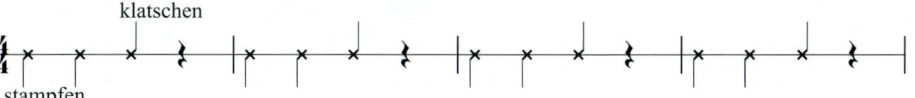

1. Strophe: Buddy you're a boy make a big noise
Playin' in the street gonna be a big man someday
You got mud an yo' face
You big disgrace
Kickin' your can all over the place

Chorus (2x)

2. Strophe: Buddy you're a young man hard man
Shoutin' in the street gonna take on the world someday
You got blood on yo' face
You big disgrace
Wavin' your banner all over the place

Chorus

3. Strophe   Buddy you're an old man poor man
Pleadin' with your eyes gonna make you some peace someday
You got mud on your face
You big disgrace
Somebody better put you back in to your place

Chorus

Der Rhythmus

In der Musik bezeichnet der Rhythmus die Folge unterschiedlicher Tondauern und Pausen. Rhythmen prägen den Höreindruck eines Musikstückes. Zu manchen kann man tanzen, zu anderen lässt sich marschieren, wieder andere eignen sich zum Schunkeln.

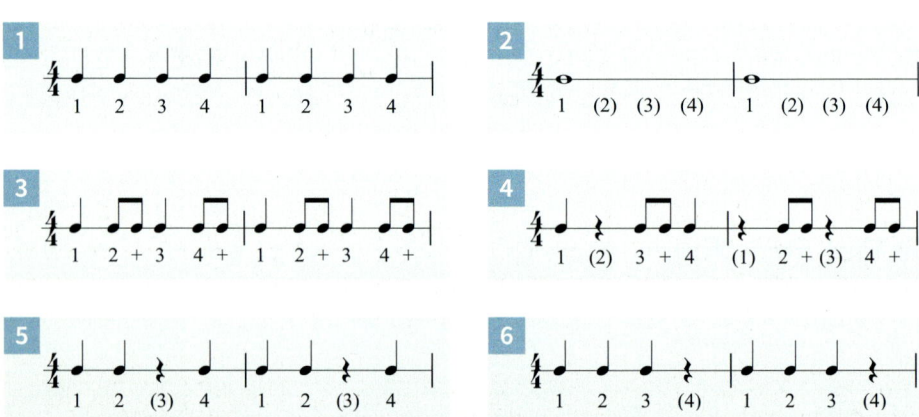

1 a) Klatscht gemeinsam alle Rhythmen 1 bis 6 und sprecht dazu die Zählzeiten. Sprecht für „+" das Wort „und".
   b) Spielt die Rhythmen auf Schlaginstrumenten.
   c) Veranstaltet ein Ratespiel, bei dem ihr euch die Rhythmen gegenseitig vorspielt.

2 Beschreibt die Wirkung, die die Rhythmen auf euch ausüben mit Adjektiven (→ **Werkzeugkasten „Musik mit treffenden Adjektiven beschreiben",
S. 145).**

3 ★ Kombiniert die Rhythmen miteinander und erfindet so ein eigenes Rhythmusstück.

 AB 69

   ★★ Erfindet neue Rhythmen, reiht sie aneinander und erfindet so ein eigenes Rhythmusstück.

4 ★ Unterlegt jeden Rhythmusbaustein mit einem Wort. Jede Silbe steht dabei für eine Note.
   ★★ Unterlegt jeden Rhythmusbaustein mit einem Wort, das den Charakter des Rhythmus ausdrückt. Jede Silbe steht dabei für eine Note.
   ★★★ Fertigt eine Tonaufzeichnung an.

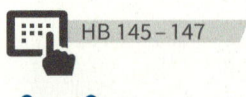 HB 145 – 147

5 Hört euch die Hörbeispiele an. Es erklingen immer mehrere der sechs oben abgedruckten Rhythmen. Welche Rhythmen fehlen jeweils?

6 Singt den Dracula-Rock. Begleitet ihn, indem ihr den Rhythmus 1 mit Klangstäben, Rhythmus 2 mit einer Trommel und Rhythmus 5 mit einer Rassel dazu spielt.

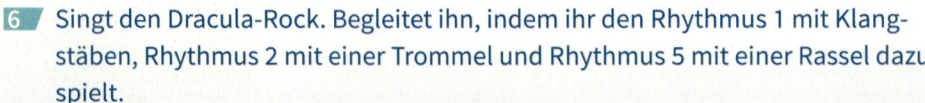

Der Dracula-Rock 'n' Roll

Musik: Max C. Freedman / Jimmy de Knight
Text: Fredrik Vahle

1 - 2 - 3 - 4   Dra - cu - la,   5 - 6 - 7 - 8   Dra - cu - la,

9 - 10 - 11 - 12   Dra - cu - la,   er - wacht,   er-wacht   um   Mit - ter - nacht.

1. Die   Uhr schlägt zwölf Uhr,   Mit - ter - nacht,   die   Lei - chen sind vom   Schlaf er - wacht. Und da

rap - pelt das Ge - biss,   und da   klap-pert das Ge - bein,   und die   Lei - chen tan - zen Rock 'n' Roll im

Mon - den - schein.   Da - dam,   da - dam,   da - dam dam da - dam   dam.

2. Der Mörder, der hat keinen Kopf,
   er nimmt dazu den Blumentopf ...

3. Graf Dracula ist auch schon da,
   er tanzt den neuen Cha-Cha-Cha ...

4. Der Frankenstein dort an der Wand,
   reicht Dracula die Gummihand ...

5. Die Uhr schlägt eins, der Spuk ist aus,
   die Leichen gehn vergnügt nach Haus ...

 AB 70

7 **a)** Erfindet eine weitere gruselige Strophe zum Lied.
Unterlegt jede Note dabei mit einer Silbe.

b) Singt die Strophe eurer Klasse vor und veranstaltet
einen Wettbewerb. Der schaurigste Text gewinnt.

Die Notenwerte

Rhythmus beschreibt die Tondauern in einem Musikstück. Er ist für den Höreindruck des Stückes verantwortlich. Zu manchen kann man tanzen, marschieren, oder schunkeln. Im Fünfliniensystem werden Tondauern in Form von Noten aufgeschrieben. In der Tabelle sind die Tondauern als Notenwerte dargestellt. Die Noten jeder Zeile sind gleich lang und haben folglich zusammengenommen den gleichen Wert. Eine ganze Note dauert doppelt so lang wie eine halbe, eine halbe wiederum doppelt so lange wie eine Viertelnote usw.

Noten	Wert	Modellvergleich	Bezeichnung
𝅝	4/4		Ganze Note
𝅗𝅥　　𝅗𝅥	2/4		Halbe Note
♩　♩　♩　♩	1/4		Viertelnote
♪♪♪♪♪♪♪♩	1/8		Achtelnote
𝅘𝅥𝅲𝅘𝅥𝅲𝅘𝅥𝅲𝅘𝅥𝅲𝅘𝅥𝅲𝅘𝅥𝅲𝅘𝅥𝅲𝅘𝅥𝅲𝅘𝅥𝅲𝅘𝅥𝅲𝅘𝅥𝅲𝅘𝅥𝅲𝅘𝅥𝅲𝅘𝅥𝅲𝅘𝅥𝅲𝅘𝅥𝅲	1/16		Sechzehntel-note

1 Schreibt die oben stehende Tabelle ab. Dabei könnt ihr die Spalte mit dem Modellvergleich weglassen.

2 Mit Vornamen kann man die unterschiedlichen Tondauern einüben und die einzelnen Notenwerte besser kennenlernen. Sprecht die folgenden Namen mit und klatscht oder stampft dazu den Grundschlag mit.

Grundschlag

3 Ihr könnt auch mehrere Vornamen gleichzeitig im Rhythmus sprechen. Übt den folgenden Rhythmus ein.

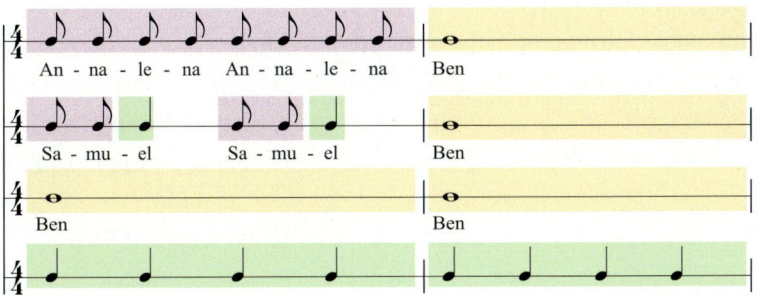

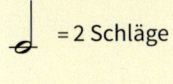
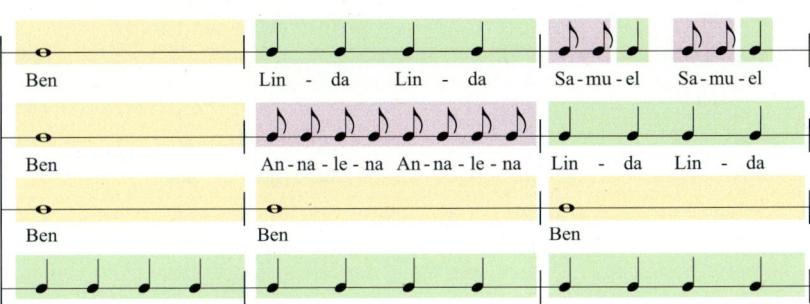

4 a) Mit euren eigenen Vornamen könnt ihr selbst vielschichtige Rhythmen erstellen. Klatscht oder stampft und probiert, welche Tondauern sich zu euren Namen am besten eignen: Achtel, Viertel, Halbe, Ganze.

b) Stellt aus mehreren Namen einen Rhythmus zusammen. Ein Beispiel wie man Namen rhythmisch notieren kann, habt ihr oben kennengelernt. Schreibt auch euren Rhythmus auf und übt ihn ein.

c) Tauscht eure Vornamen-Rhythmen untereinander aus und probt den Rhythmus der anderen.

5 Interpretiert die Abbildung mit den folgenden Schritten.

a) Beschreibt die Abbildung.

b) Was hat die Abbildung mit dem Thema Notenwerte zu tun?

c) Warum hängt die linke Schale der Waage tiefer?

d) Was müsstet ihr tun, damit beide Waagschalen auf gleicher Höhe liegen?

6 Führt den Wiegeversuch mit Bausteinen durch. Verwendet Bausteine als Symbol für die unterschiedlichen Notenwerte (siehe Tabelle).

a) Stellt die Inhalte der beiden Waagschalen durch Bausteine dar.

b) Reiht die Steine einer Waagschale aneinander und vergleicht die Längen (vgl. Abbildung).

c) Fertigt selbst ein Beispiel an, indem ihr zwei gleich schwere Waagschalen mit unterschiedlichen Bausteinen zusammenstellt.

d) Übertragt die Inhalte der beiden Waagschalen in ein Notensystem. Stellt die beiden Darstellungsformen einander gegenüber.

Infobox

Die Angabe über die **Geschwindigkeit** oder das **Tempo** des Stückes steht meist ganz oben auf dem Notenblatt. Sie wird durch Begriffe (zum Beispiel *presto* für schnell) oder eine Zahl angegeben. Diese Zahl stellt die Anzahl der Schläge in einer Minute dar. = 120. Mit einem Metronom kann man sie hörbar machen. (→ S. 201)

Pausenwerte: Die Zeichen für die ganze, die halbe, die Viertel-, die Achtel- und die Sechzehntelpause werden in der Notenzeile hintereinandergeschrieben.

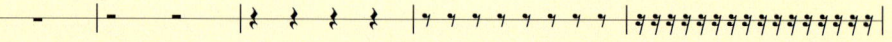

7   Ihr könnt Rhythmen aus Vornamen noch interessanter machen, indem ihr Pausen einfügt. Übt den folgenden Rhythmus und haltet bei jeder Pause den Zeigefinger an die Lippen. Stampft dabei den Grundschlag weiter mit.

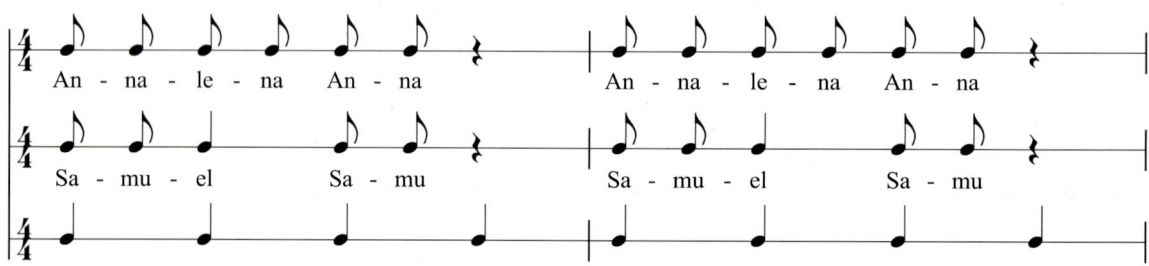

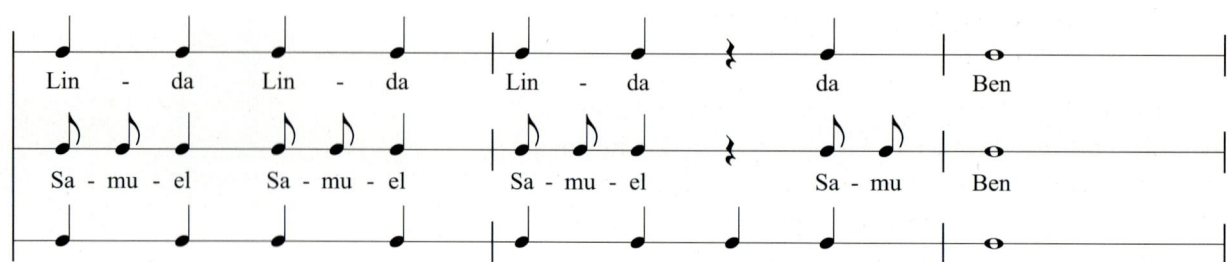

8   Erfindet einen eigenen Rhythmus mit euren Vornamen und fügt Pausen ein. Probt eure Rhythmen.

9   Übt das Schreiben einer Viertelpause. Hilfe bekommt ihr durch die nebenstehende Anleitung.

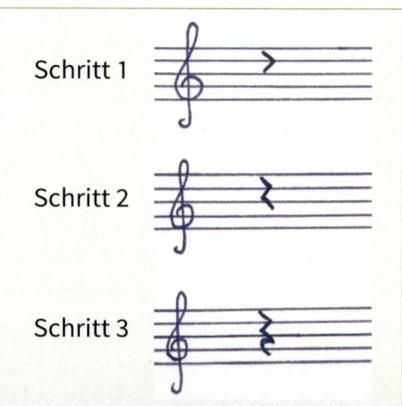

Schritt 1

Schritt 2

Schritt 3

Die Tante aus Marokko

Traditionell

G

(gesprochen)

1. Hab 'ne Tan - te aus Ma - rok - ko und die kommt, (hipp, hopp,) hab 'ne
Sing - ing ja___ ja___ jip - pi jip - pi jeh, (hipp, hopp,) sing - ing

D⁷   G   G⁷

Tan - te aus Ma - rok - ko und die kommt, (hipp, hopp,) hab 'ne Tan - te aus Ma - rok - ko, hab 'ne
ja___ ja___ jip - pi jip - pi jeh, (hipp, hopp,) sing - ing ja___ ja___ jip - pi jip - pi

C   (Am)   G   D⁷   G

Tan - te aus Ma - rok - ko, hab 'ne Tan - te aus Ma - rok - ko und die kommt, (hipp, hopp.)
ja___ ja___ jip - pi jip - pi, ja___ ja___ jip - pi jip - pi jeh, (hipp, hopp.)

2. Und sie kommt auf zwei Kamelen, wenn sie kommt, hoppeldihopp, (2 x)
und sie kommt auf zwei Kamelen, und sie kommt auf zwei Kamelen,
und sie kommt auf zwei Kamelen, wenn sie kommt.
Singing ja ja jippi jippi jeh, hipp hopp, hoppeldihopp, (2 x)
singing ja ja jippi jippi, ja ja jippi jippi,
ja ja jippi jippi jeh, hipp hopp, hoppeldihopp.

3. Und dann schlachten wir ein Schwein, wenn sie kommt, krks-krks, (2 x)
und dann schlachten wir ein Schwein, und dann schlachten wir ein Schwein,
und dann schlachten wir ein Schwein, wenn sie kommt.
Singing ja ja jippi jippi jeh, hipp hopp, hoppeldihopp, krks-krks, (2 x)
singing ja ja jippi jippi, ja ja jippi jippi,
ja ja jippi jippi jeh, hipp hopp, hoppeldidopp, krks-krks.

4. Und dann trinken wir 'ne Flasche, wenn sie kommt, gluck-gluck, ...
5. Und dann essen wir 'ne Torte, wenn sie kommt, schmatz-schmatz, ...
6. Und dann schrubben wir die Bude, wenn sie kommt, schrubb-schrubb, ...
7. Und dann kommt ein Telegramm, dass sie nicht kommt, ohweh ...
8. Und dann kommt ein Telegramm, dass sie doch kommt, juchee, ...

10 In jeder Strophe gibt es besondere Geräusche. Arbeitet in Gruppen.    Hilfekarte
   a) Erfindet Bewegungen, mit denen die Geräusche gut dargestellt werden.
   b) Macht eurer Klasse die Bewegungen vor. Ihr habt gut gearbeitet, wenn die
      Bewegungen den Strophen zugeordnet werden.
   c) Singt das Lied mit euren Bewegungen.

 Zusatzseite

Begleitung zum Lied „Die Tante aus Marokko"

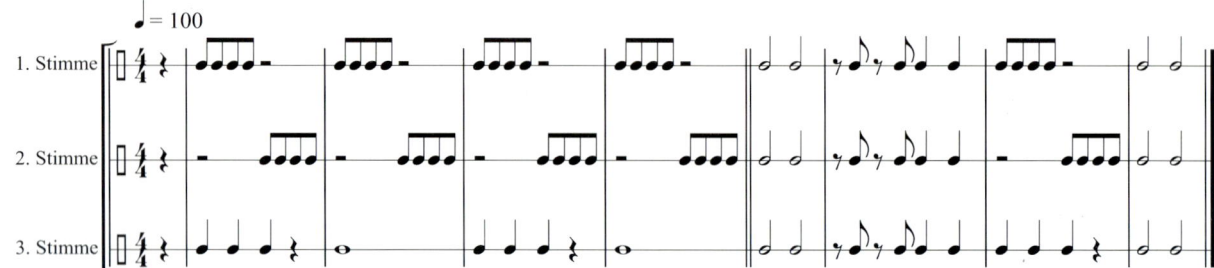

11 Wie schnell wird die Begleitung zum Lied „Die Tante aus Marokko" gespielt?

12 Eine Hälfte der Klasse singt das Lied und die andere Hälfte begleitet es auf Percussion-Instrumenten. **(→ S. 113, 178)**

13 In der Begleitung zum Lied kommen drei verschiedene Pausenwerte vor. Benennt die Takte, in denen sie zu finden sind, sowie die Pausenwerte. **(→ Werkzeugkasten „Sich im Notentext orientieren", S. 39)**

Der Takt

Im Notenbild werden gleiche oder verschiedene Noten- und Pausenwerte zu einer Einheit zusammengefasst. Diese Einheiten heißen Takte und werden durch Taktstriche voneinander getrennt. Damit man sich im Schriftbild eines Musikstücks besser orientieren kann, werden die Takte fortlaufend nummeriert. Am Zeilenanfang oder an wichtigen Stellen werden die Taktnummern abgedruckt. An ihnen könnt ihr euch orientieren, wenn ihr eine bestimmte Stelle im Musikstück beschreiben wollt **(→ S. 39)**.

Die Schläge innerhalb eines Taktes werden von Taktart zu Taktart jeweils unterschiedlich stark betont. Allen Taktarten ist gemeinsam, dass der erste Schlag am deutlichsten betont wird.

Man spricht von einem Auftakt, wenn ein Musikstück mit einem unvollständigen Takt beginnt. Wenn die Schläge zu Beginn des Stückes mit denen am Ende addiert werden, ergibt sich ein vollständiger Takt.

1 Sucht im Liederanhang dieses Buches drei Lieder, die mit einem Auftakt beginnen.

2 Macht zu zweit ein Orientierungsspiel mit Liedern aus dem Liederanhang dieses Buches: Einer/eine von euch nennt ein Lied sowie einen Takt (z. B. „I like the flowers", S. 242, Takt 4) und der/die andere zeigt mit dem Finger auf die betreffende Stelle im Lied und nennt gleichzeitig die Noten und Pausenwerte, die in diesem Takt vorkommen.

Es gibt unterschiedliche Taktarten. Jede Taktart hat ihr eigenes Betonungsmuster. Auf dieser Seite sind drei Lieder abgedruckt. Jedes steht in einer anderen Taktart. Die jeweiligen Taktarten am Beginn der Notenzeile werden mit zwei Zahlen angegeben. Die untere Ziffer steht für den Grundnotenwert des Stückes und die obere gibt an, wie viele davon in einem Takt vorkommen.

Das Lied „Auf einem Baum ein Kuckuck saß" steht im **2/4-Takt**. Das bedeutet, dass in jedem Takt zwei Viertelnoten Platz haben.

= ein Takt dieses Stücks hat zwei Viertelnoten

Man kann das leicht nachprüfen, indem man die Notenwerte innerhalb der einzelnen Takte zusammenzählt. Die einzelnen Takte sind durch einen Taktstrich voneinander abgegrenzt. Bei einem Zweier-Takt wird die erste Zählzeit betont.

Auf einem Baum ein Kuckuck saß

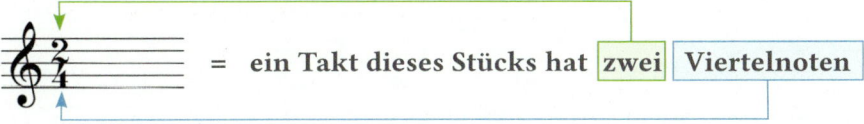

Traditionell

1. Auf ei - nem Baum ein Ku - ckuck – sim - sa - la - dim bam - ba sa - la - du sa - la -
2. Da kam ein jun - ger Jä - gers - sim - sa - la - dim bam - ba sa - la - du sa - la -
3. Der schoss den ar - men Ku - ckuck – sim - sa - la - dim bam - ba sa - la - du sa - la -
4. Und als ein Jahr ver - gan - gen – sim - sa - la - dim bam - ba sa - la - du sa - la -
5. Da war der Ku - ckuck wie - der – sim - sa - la - dim bam - ba sa - la - du sa - la -

- dim – auf ei - nem Baum ein Ku - ckuck saß.
- dim – da kam ein jun - ger Jä - - gers - mann.
- dim – der schoss den ar - men Ku - ckuck tot.
- dim – und als ein Jahr ver - gan - - gen war.
- dim – da war der Ku - ckuck wie - - der da.

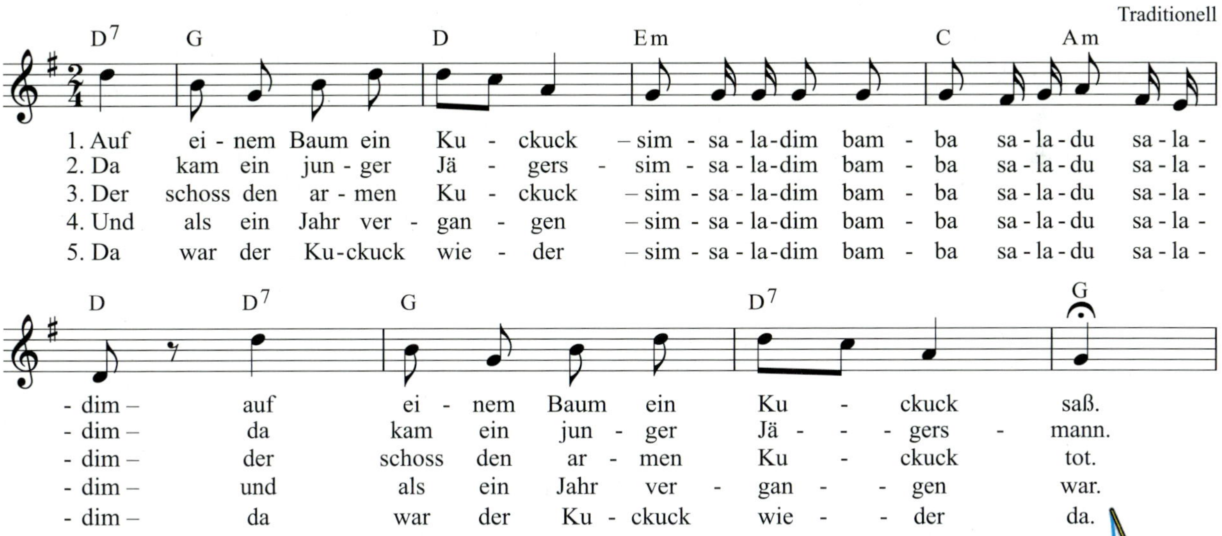

Beim gemeinsamen Musizieren ist es wichtig, dass alle im Takt bleiben. Eine Dirigentin oder ein Dirigent verwenden dafür sogenannte Schlagfiguren. Auf dieser und den folgenden Seiten findet ihr die drei wichtigsten Schlagfiguren, mit denen die Zählzeiten angezeigt werden.

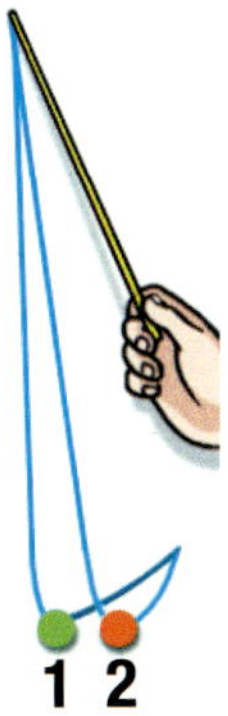

1 2

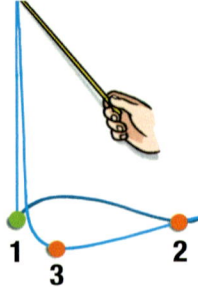

1
3
2

„My Bonnie Is Over the Ocean“ steht im **3/4-Takt**. In jedem Takt finden folglich drei Viertelnoten Platz. Dabei zählt der Auftakt nicht mit. Bei dieser Taktart wird die erste Zählzeit betont. Die Taktart 6/8 ähnelt im Hörempfinden dem 3/4-Takt.

My Bonnie Is Over the Ocean

Traditionell aus Schottland

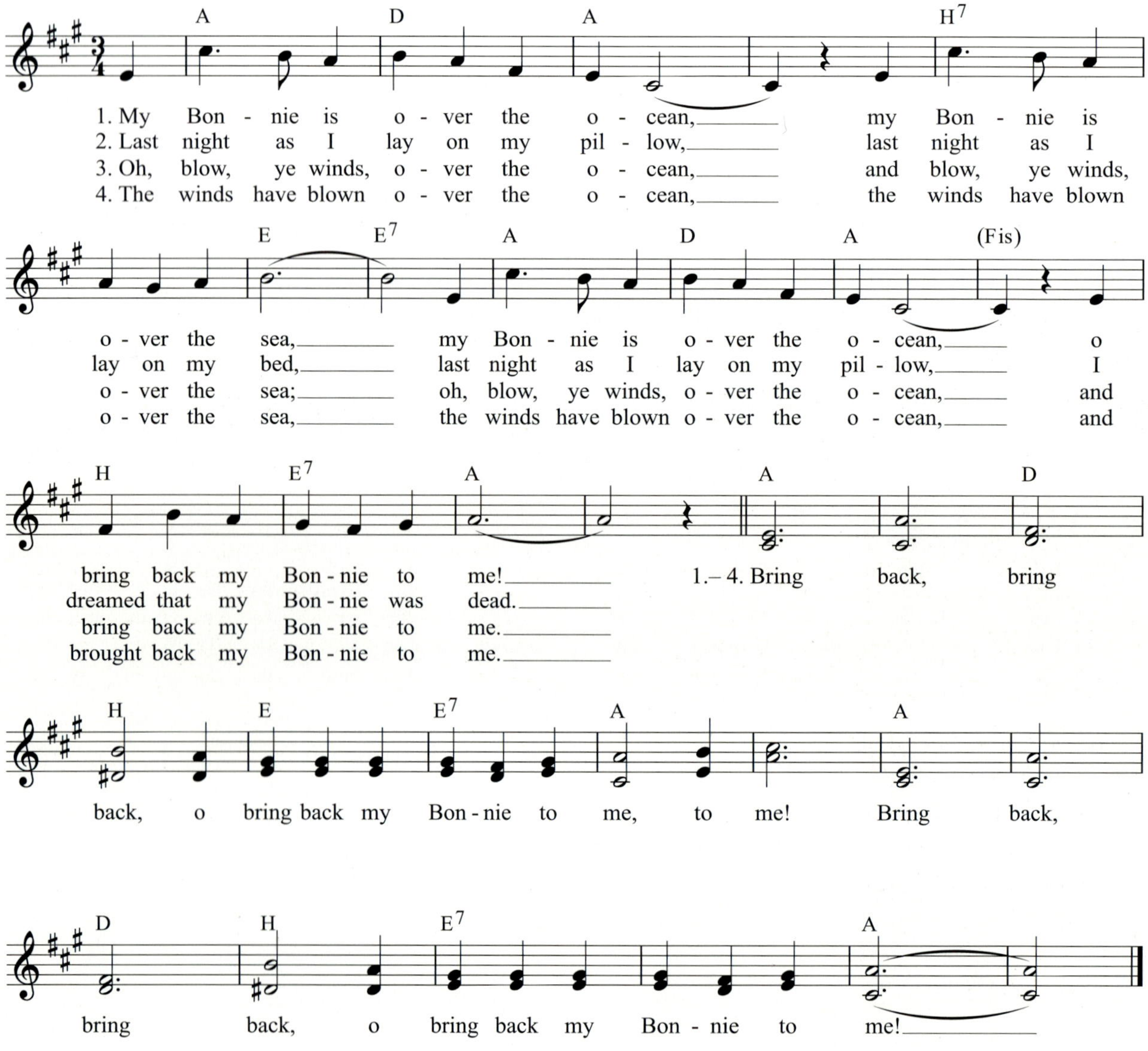

A D A H7
1. My Bon - nie is o - ver the o - cean, my Bon - nie is
2. Last night as I lay on my pil - low, last night as I
3. Oh, blow, ye winds, o - ver the o - cean, and blow, ye winds,
4. The winds have blown o - ver the o - cean, the winds have blown
E E7 A D A (Fis)
o - ver the sea, my Bon - nie is o - ver the o - cean, o
lay on my bed, last night as I lay on my pil - low, I
o - ver the sea; oh, blow, ye winds, o - ver the o - cean, and
o - ver the sea, the winds have blown o - ver the o - cean, and
H E7 A A D
bring back my Bon - nie to me! 1.– 4. Bring back, bring
dreamed that my Bon - nie was dead.
bring back my Bon - nie to me.
brought back my Bon - nie to me.
H E E7 A A
back, o bring back my Bon - nie to me, to me! Bring back,
D H E7 A
bring back, o bring back my Bon - nie to me!

Im **4/4-Takt** (im Notenbild oft mit dem Buchstaben C abgekürzt) gibt es in jedem Takt vier Viertelnoten. Dabei zählt der Auftakt nicht mit. Der 4/4-Takt hat zwei Betonungen. Die erste Zählzeit wird stark und die dritte schwach betont.

Traditionell

1. Die Af - fen ra - sen durch den Wald, der ei - ne macht den an - dern kalt. Die
2. Die Af - fen - ma - ma sitzt am Fluss und an - gelt nach der Ko - kos - nuss. Die
3. Der Af - fen - on - kel, welch ein Graus, reißt gan - ze Ur - wald - bäu - me aus. Die
4. Die Af - fen - tan - te kommt von fern, sie isst die Ko - kos - nuss so gern. Die
5. Der Af - fen - milch - mann, die - ser Knilch, der war - tet auf die Ko - kos - milch. Die

1.–5. gan - ze Af - fen - ban - de brüllt: „Wo ist die Ko - kos - nuss, wo ist die

Ko - kos - nuss, wer hat die Ko - kos - nuss ge - klaut?" „Wo ist die klaut?"

6. Das Affenbaby voll Genuss,
   hält in der Hand die Kokosnuss.
   Die ganze Affenbande brüllt:
   „Da ist die Kokosnuss, da ist die Kokosnuss,
   es hat die Kokosnuss geklaut!"

7. Die Affenmama schreit: „Hurra!
   Die Kokosnuss ist wieder da!"
   Die ganze Affenbande brüllt:
   „Da ist die Kokosnuss, da ist die Kokosnuss,
   es hat die Kokosnuss geklaut!"

8. Und die Moral von der Geschicht':
   Klaut keine Kokosnüsse nicht,
   weil sonst die ganze Bande brüllt: (Refr.)

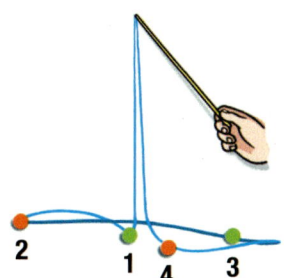

3 Musiziert alle drei Lieder.

    a) Singt die Lieder, während eine Schülergruppe die jeweils betonten Zählzeiten der Stücke auf einer Trommel mitschlägt.

    b) Singt die Lieder, während eine weitere Schülergruppe die Zählzeiten der Stücke mitspricht.

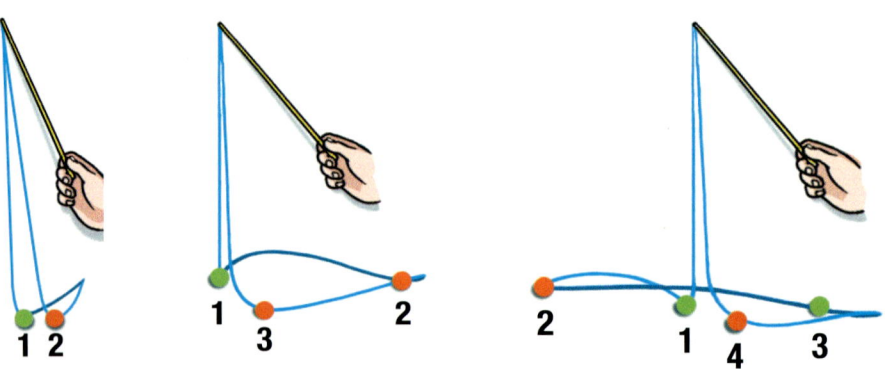

4 Übt gemeinsam die Schlagfiguren zu den drei Taktarten.
Bestimmt einen Dirigenten, der dazu den Takt schlägt.
In diesem Kapitel erhaltet ihr viele Informationen zu den drei Taktarten. Fasst sie in Tabellenform zusammen. Richtet euch dabei nach folgender Tabellenvorlage.

Taktart	Schläge pro Takt	betonte Zählzeiten	Beispiellied
z. B. 2/4	2	1	Auf einem Baum, S. 209
?	?	?	?

5 Recherchiert im Buch und ergänzt die Tabelle in eurem Heft durch weitere Takt- und Liedbeispiele.

6 Führt ein Quiz durch: Singt euch gegenseitig Lieder aus dem Buch vor und findet die Taktarten heraus.

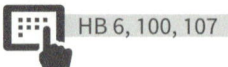 HB 6, 100, 107

7 Hört euch die ersten Takte der folgenden drei Hörbeispiele an und bestimmt die Taktarten der Stücke.

Adi tal: Ein Rhythmus aus Indien

In der klassischen indischen Musik wird die Gliederung von Zeit *tal* (auch: *tāla*) genannt. Es gibt unterschiedliche *tal*. Sie legen die Anzahl der Schläge und der Betonungen innerhalb eines festgelegten Zeitraums fest.

Ein *tal* ist aber nicht eine bloße Folge von Schlägen, die wiederholt wird, sondern ein *tal* umfasst auch rhythmische Patterns. Ein Beispiel ist das sogenannte *adi tal*, das eine musikalische Zeiteinheit von acht Schlägen umfasst. Sie teilt sich wie folgt auf:

4+2+2

Infobox

Ein **Pattern** wird in der Musik ein rhythmisches oder melodisches Muster genannt, das sich wiederholt.

1 Lernt die Handbewegungen für *adi tal* auswendig.

2 Spielt euch *adi tal* gegenseitig vor und findet heraus, auf welchen Schlägen eine Betonung liegt.

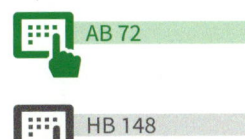

AB 72

HB 148

3 Erkennt ihr den *adi tal* wieder?
   a) Klatscht zusammen mit der Musik.
   b) Schreibt den Text „unnai nambinen ayya caranam, nan" ab. Markiert darüber die Betonungen, die sich aus dem *tal* ergeben.

4 In der Aufnahme hört ihr ein Schlaginstrument, das *Tabla* genannt wird. Fertigt einen Steckbrief über dieses Instrument an (→ **Seite 102, 185**).

   Suche im Web

   Tabla Indien

5 Wenn ihr *adi tal* schon gut im Tempo halten könnt:

   a) Singt, während ihr *adi tal* klatscht, eine Tonleiter aufwärts und dann eine abwärts. Beschreibt, was passiert.
   b) Verdoppelt das Tempo. Beschreibt, was passiert.

Von Tonhöhen, tiefen Tönen und den Schlüsseln dazu

Die Tonhöhe

Als die Notenschrift entwickelt wurde, legte man einen Grundsatz fest, der bis heute ein Kernelement der Notenschrift geblieben ist.

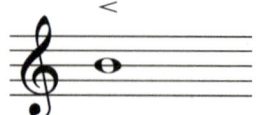

> Unser Notensystem legt die Tonhöhe, die Dauer der Töne und die Betonungen der Töne fest.

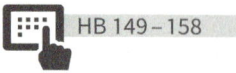
HB 149 – 158

AB 73

1 Hört die Hörbeispiele mit jeweils drei verschiedenen Tönen und ordnet ihnen die Begriffe *tief*, *mittlere Höhe* und *hoch* zu.

2 Auf welchen Musikinstrumenten kann man sehr hoch, auf welchen sehr tief spielen? Sucht sie im Instrumentenkapitel **(→ S. 90 – 119).**
   a) Schaut euch die Abbildungen an. Auf welchem Instrument kann man höhere Töne spielen? Begründet eure Vermutung.
   b) Leitet aus euren Vermutungen einen Merksatz ab, der das Aussehen eines Musikinstrumentes mit der spielbaren Tonhöhe in Verbindung bringt (z.B.: Je größer das Instrument, desto… ; je kleiner das Instrument, desto …).

3 Bislang habt ihr mit Vornamen und Rhythmen experimentiert.
Natürlich kann man auch eine Melodie ergänzen. Übt mit eurer Lehrerin oder
eurem Lehrer den folgenden kleinen Song „Annalena" ein.

Annalena

Musik und Text: Norbert Schläbitz

Im Song „Annalena ..." werden folgende Töne verwendet:

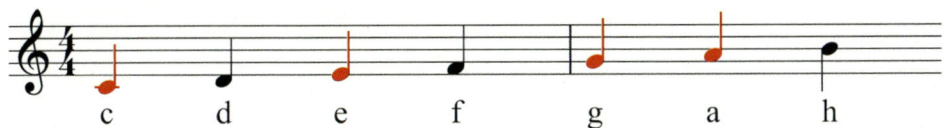

4 Erfindet zu euren Namen eine einstimmige Melodie.

★   Nutzt dazu die rot markierten Töne.

★ ★   Nutzt dazu die roten und schwarzen Töne.

AB 74 – 75

Die Stammtonreihe

Hilfekarte

Im deutschsprachigen Raum werden alle Töne mit einem Buchstaben versehen. Die Stammtöne und ihre Abfolge lauten: c, d, e, f, g, a und h. Auf einem Klavier sind die Stammtöne als weiße Tasten zu finden.

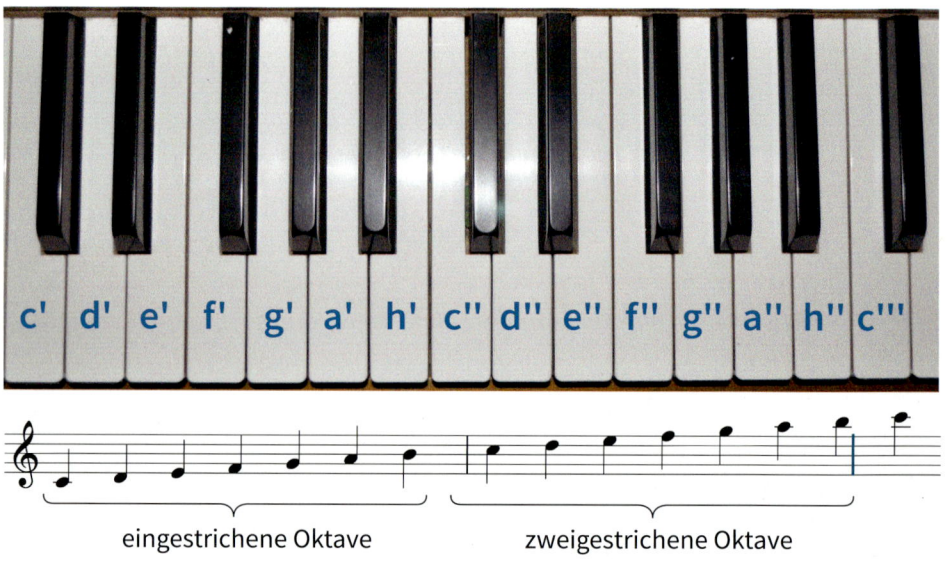

eingestrichene Oktave   zweigestrichene Oktave

1 Zeichnet eine Klaviatur wie die oben stehende. Jede weiße Taste muss dabei 2 cm breit sein. Die schwarzen Tasten sind 1 cm breit. Beschriftet die einzelnen Tasten mit den entsprechenden Stammtönen.

Das Stammtonlied

Musik und Text: Marco Ringel

2 a) Singt das Stammtonlied gemeinsam.

b) Singt das Lied mehrerer Male und tauscht dabei die Worte „Noch ein-mal"
im drittletzten Takt nacheinander durch „jetzt ganz laut", „flüs-ternd jetzt"
und „hüp-fend jetzt" aus. Die eingesetzten Wörter sind gleichzeitig
Handlungsanweisung für die nächste Strophe.

c) Findet selbst Handlungsanweisungen, die man in den drittletzten Takt
einfügen kann. Schreibt diese auf Karten und haltet sie reihum hoch.
Die restlichen Sängerinnen und Sänger müssen die Worte singen und
in der nächsten Strophe umsetzen.

Hilfekarte

Der Violinschlüssel

So wie der Markierungspfeil in der Karte auf eine bestimmte Stelle zeigt, so
deuten Notenschlüssel auf eine bestimmte Stelle. Der Notenschlüssel, der auf
die zweite Linie von unten geschrieben wird, markiert den Ton g. Er wird daher
auch G-Schlüssel oder Violinschlüssel genannt.

1 Schreibt zur Übung fünf Violinschlüssel. Die folgende Abbildung hilft euch bei
der korrekten Ausführung.

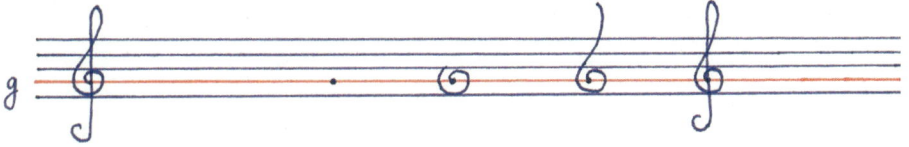

2 Beschreibt die linke Abbildung.

3 Erklärt eurem Partner die Technik des Notenlesens mithilfe der beiden
Abbildungen und den darunterstehenden Fotos der Klaviatur.

Merke!

Notenschlüssel
markieren eine Linie
des Notensystems und
legen damit fest,
welcher Ton darauf
abgebildet wird. Von
diesem Ton ausgehend
kann man nun entlang
der Stammtonreihe
nach oben oder unten
zählen. Die Töne liegen
abwechselnd auf und
zwischen den Noten-
linien.

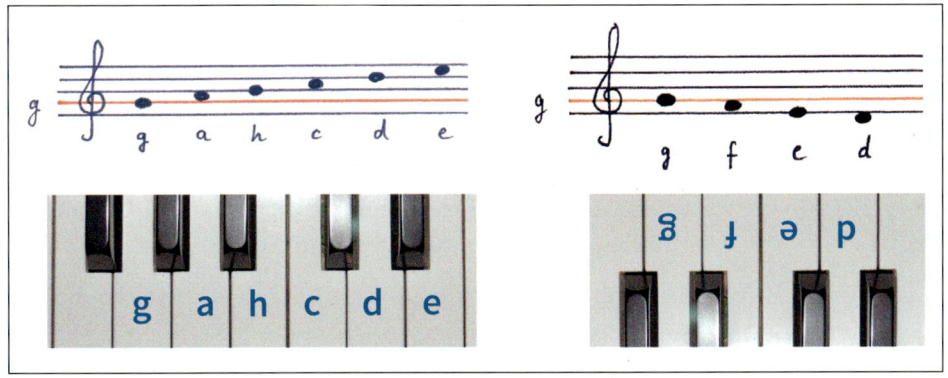

Werkzeugkasten   Noten schreiben

Erinnert ihr euch an die Grundschulzeit? Sicher habt ihr viel geübt, um das Schreiben zu erlernen. Ebenso ist es mit der Notenschrift. Sie muss auch geübt werden und es gibt einige Regeln, die ihr dabei beachten müsst. Richtet euch nach den folgenden Schritten und ihr werdet mit einiger Übung eine schöne Notenhandschrift bekommen.

1. Legt Bleistift und Radiergummi sowie ein Lineal zum Zeichnen der Taktstriche bereit.

2. Schreibt den passenden Notenschlüssel, gegebenenfalls die Vorzeichen und danach die Taktangabe an den linken Rand der Notenzeile.

Eine gute Notenschrift zeichnet sich dadurch aus, dass Noten mit größerem Notenwert auch mehr Platz im Takt einnehmen. So kann der Musiker später deutlicher sehen, wie lang er die einzelnen Noten spielen muss.

3. Plant jetzt eure Takteinteilung. Schätzt, wie groß die Takte in dieser Notenzeile werden und wie viele ihr in der Notenzeile unterbringen könnt. Zieht dann die Taktstriche mit dem Lineal.

4. Tragt die Notenköpfe in die vorbereiteten Takte ein. Vermeidet dabei große „Kugelnotenköpfe". Ein Punkt reicht eigentlich schon als Notenkopf einer Viertel- oder Achtelnote. Alle hohlen Notenwerte sind leicht oval in Richtung der Notenlinien.

5. Fügt jetzt die Notenhälse an. Dabei gilt folgende Regel: Bis zur Note auf der mittleren Notenlinie berühren die Notenhälse den Notenkopf an der rechten Seite und zeigen nach oben. Ab der Mittellinie zeigen sie nach unten und berühren den Notenkopf an der linken Seite. Die Notenhälse sollen ungefähr so lang sein, wie das Notensystem hoch ist.

6. Wenn ihr ein Stück mit zwei oder mehreren gleichzeitig gespielten Notensystemen schreiben wollt, müsst ihr darauf achten, dass die Noten mit den gleichen Zählzeiten exakt untereinanderstehen.

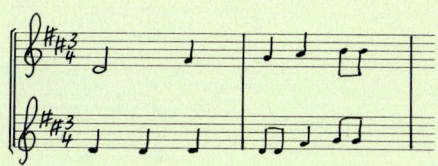

 Schreibt eines der folgenden Musikstücke ab:
★   „Pick a Bale of Cotton" (→ S. 253)
★★   „Die Tante aus Marokko" (→ S. 207)
★★★   „Begleitung zum Lied ‚Die Tante aus Marokko'" (→ S. 208)

Versetzungszeichen oder Vorzeichen

Unser Notensystem kann durch das Einzeichnen von Notenköpfen zwischen und auf die Notenlinien nur die Stammtöne darstellen.

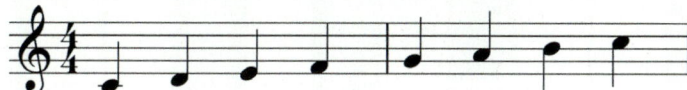

Neben den sieben Stammtönen gibt es noch fünf weitere Töne, die zwischen den Stammtönen liegen. Auf dem Klavier sind das die Töne auf den schwarzen Tasten.

Um diese darzustellen, haben sich im Laufe der Jahrhunderte spezielle Zeichen entwickelt. Sie werden vor die Noten geschrieben und zeigen an, dass diese einen Halbton höher oder tiefer versetzt gespielt werden.

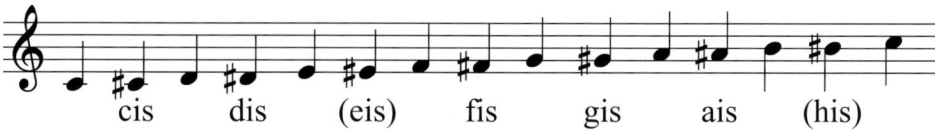

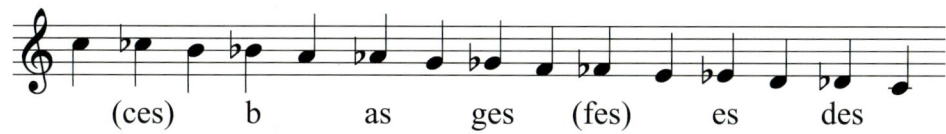

Infobox

Es gibt drei Arten von **Versetzungszeichen**, auch **Vorzeichen** genannt: Das (#) **Kreuz** erhöht den Stammton um einen Halbtonschritt. Die auf der Klaviatur rechts davon gelegene Taste muss gespielt werden.
Das (♭) **Be** erniedrigt den Stammton um einen Halbtonschritt. Die auf der Klaviatur links davon gelegene Taste muss gespielt werden.
Das (♮) **Auflösungszeichen** hebt die Wirkung von Versetzungszeichen dieser Tonhöhe wieder auf.

Versetzungszeichen werden auch Vorzeichen genannt. Steht ein Vorzeichen vor einer Note, gilt es von dieser Stelle an bis zum Ende des Taktes.

möglich

üblich

Steht ein Vorzeichen zu Beginn des Systems, gilt es für das gesamte System.

möglich   üblich

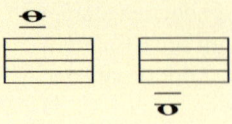
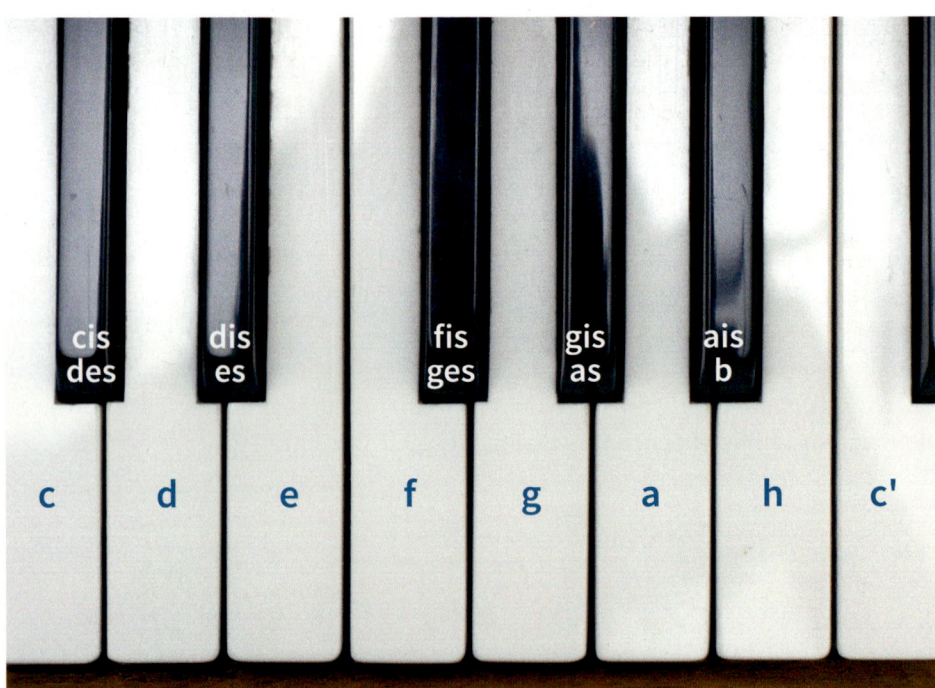

 AB 76

 Hilfekarten

1 Formuliert einen Merksatz, der beschreibt, wie sich die Namen der schwarzen Tasten ergeben. Beachtet dabei, dass es drei Ausnahmen bei der Namensbildung der Töne gibt.

2 Zählt die Tonschritte auf der Klaviatur von c bis c'.

3 In dem folgenden Text sind einige Wörter in Notenschrift verschlüsselt. Entschlüsselt sie und schreibt das Gedicht ab.

AB 77

4 Übersetzt die nachfolgende „Geheimschrift" in eurem Heft.

Hilfekarte

5 a) Erfindet einen Text, in dem ihr Wörter mithilfe der Notenschrift verschlüsselt.
   b) Tauscht eure Rätsel aus und übersetzt den Text eines anderen Klassenmitglieds.

Der Bassschlüssel

Hilfekarte

AB 78

Manche Instrumente klingen sehr tief. Ihre Töne liegen weit unter denen, die mit den fünf Linien des Violinschlüssels dargestellt werden können. Um auch diese Töne im Fünfliniensystem aufschreiben zu können, hilft ein Bassschlüssel, die Positionen der Noten zu finden. Er markiert die Lage des Tons f und wird daher auch f-Schlüssel genannt.

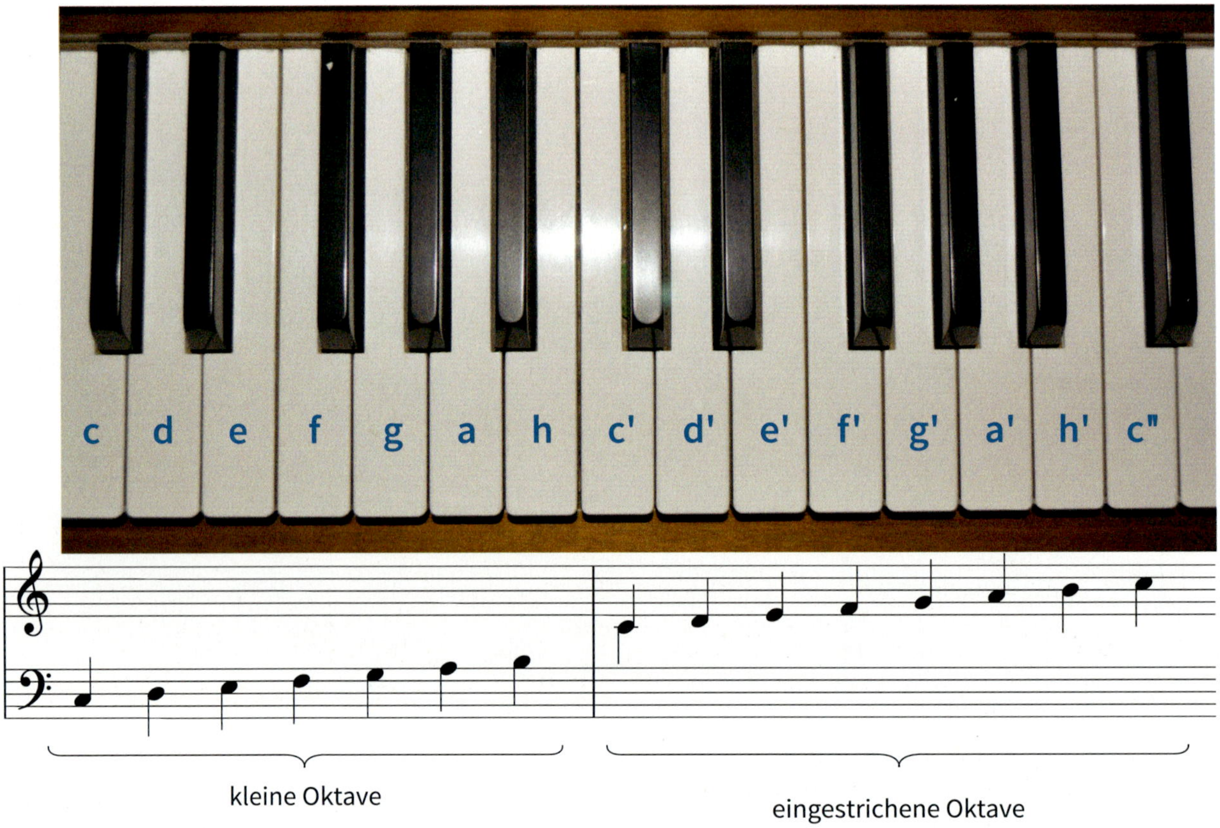

c d e f g a h c' d' e' f' g' a' h' c"

kleine Oktave

eingestrichene Oktave

Der Ton c' stellt die Verbindung zwischen dem Violin- und dem Bassschlüssel dar.

1 Notiert die ersten vier Takte des Liedes „Pommesbuden-Polonä-se" (→ **S. 270**) im Bassschlüssel. Notiert die Töne dabei eine oder zwei Oktaven tiefer. Dabei hilft euch der → **Werkzeugkasten „Noten schreiben", S. 218**.

Tonleitern

Ganztöne und Halbtöne

Man unterscheidet Ganztonabstände und Halbtonabstände. Ein Ganzton besteht aus zwei Halbtönen.

Alle benachbarten Tasten auf dem Klavier – egal ob die Tasten weiß oder schwarz sind – liegen einen Halbton voneinander entfernt. Will man auf dem Klavier einen Ganzton spielen, muss man folglich die übernächste Taste drücken.

Auf der oberen Abbildung sind die Ganztonschritte vom Ton c mit einer eckigen Klammer markiert.

1 ▸ Schreibt eine Ganztonreihe auf. Beginnt beim Ton c (siehe Abbildung).

2 ▸ Probiert auf dem Klavier oder auf einem anderen Instrument diese Ganztonleiter aus. Beschreibt die klangliche Wirkung von aufeinanderfolgenden Ganztönen.

3 ▸ ★ Notiert eine Ganztonleiter. Beginnt beim Ton f.
   ★★ Wie viele unterschiedliche Ganztonreihen gibt es? Begründet eure Antwort.

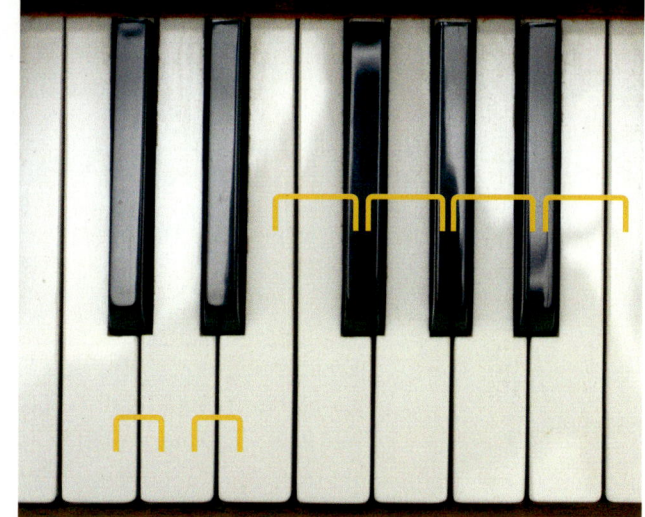

Auf der unteren Abbildung sind die Halbtonschritte vom Ton c aus mit einem spitz zulaufenden Symbol markiert.

4 ▸ Schreibt die auf der Abbildung angegebenen Halbtonschritte auf.

5 ▸ Probiert auf dem Klavier oder einem anderen Instrument diese Halbtonleiter aus. Beschreibt die klangliche Wirkung von aufeinanderfolgenden Halbtonschritten.

6 ▸ Wie viele unterschiedliche Halbtonreihen gibt es? Begründet eure Antwort.

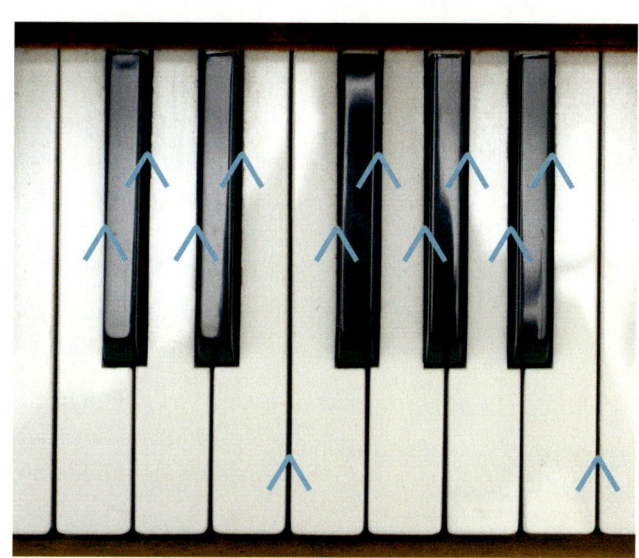

AB 80

Die chromatische Tonleiter

Der Dieb

Musik und Text: Marco Ringel

C	B	C	Gm	A sm	Fm	Gm	B°

Es schleicht sich ein Dieb her - an. Ein ganz schwarz ver - mumm - ter Mann. Die

Hm	E	A	Des	Dm	Hm	Desm	G

Tür geht auf, ganz oh - ne Laut. Nie - mand sieht's, ja, kei - ner schaut.

F	D	C	G⁷	C	Es	Fm	C⁷	F

Dann mit Schreck er - wacht das Haus. Der Dieb je - doch, der ist schon raus.

Eine Tonleiter, die nur aus Halbtonschritten besteht, wird *chromatische Tonleiter* genannt. Sie klingt für unsere Ohren sehr spannungsgeladen, weil jeder Ton auf den nächsten hinleitet.

HB 159 – 160

1 Singt das Lied gemeinsam.

2 Singt das Lied zur Begleitung.

3 Im Lied kommen alle Töne der chromatischen Tonleiter vor. Schreibt eine chromatische Tonleiter von c bis c' in ein Notensystem und beschriftet die Töne. Verwendet für die aufsteigende und für die absteigende Tonleiter die richtigen Versetzungszeichen (Vorzeichen).

4 Das Lied besteht nicht zu hundert Prozent aus Halbtonschritten. Findet den Ganzton.

5 Der Einbrecher war vielleicht gar nicht so geschickt und hat bei seinem Einbruch großen Lärm gemacht. Spielt die Rhythmusbegleitung zum Lied.

Umfallen eines Gegenstandes

Dieb stößt gegen einen Tisch

Klirren eines Glases

Rücken eines Stuhls

6 Spielt und singt das Lied, während eine Gruppe den Einbruch szenisch nachstellt.

Die Dur-Tonleiter

Hilfekarte

Eine Tonleiter ist eine Reihe von aufeinanderfolgenden Ganz- und Halbtonschritten. Tonleitern beginnen und enden mit dem gleichen Ton. Eine Tonleiter kann mit einer echten Leiter verglichen werden. Die einzelnen Töne entsprechen dabei den Sprossen.

Tonleitern unterscheiden sich durch ihren Grundton und die Abstände der einzelnen Töne voneinander. Der Grundton bestimmt den Vornamen der Tonleiter, die Lage der Halbtonschritte bestimmt das sogenannte Tongeschlecht. So ergeben sich Bezeichnungen wie C-Dur, D-Dur, e-Moll und so weiter.

Während in der europäischen Musik heute zumeist nur Dur und Moll unterschieden werden, gibt es auf der Welt noch eine ganze Reihe von weiteren Möglichkeiten, Tonleitern und sogar Tonarten zu konstruieren.

Grundton der Tonleiter	Tongeschlecht der Tonleiter
C	Dur
Vorname	Nachname

1 Schaut euch die Abbildung an. Warum sind die Sprossen mit den Namen e und f sowie h und c näher aneinander?

2 Verfasst eine Infobox zum Begriff „Tonleiter".

3 ★ Findet Beispiele für Tonleitern aus anderen Musiken dieser Welt.

    ★★ Stellt die Informationen auf einem Plakat dar.

    ★★★ Entwickelt eine mediengestütze Präsentation (→ **Werkzeugkasten „Informationen über Musik digital präsentieren", S. 80.)**

Halbtonschritt

Die Abbildung zeigt die Tonleiter von C-Dur auf dem Klavier. Für diese Töne werden nur Stammtöne benötigt. Sie umfasst sieben verschiedene Töne und besteht vorwiegend aus Ganztonschritten. Eine Ausnahme bilden die Stufen 3 und 4 sowie 7 und 8. Dort liegen zwischen den Tönen e und f sowie h und c Halbtonschritte.

> **Merke!**
>
> In einer Dur-Tonleiter liegen die Halbtonschritte zwischen dem 3. und 4. sowie dem 7. und 8. Ton.

4 Spielt die C-Dur-Tonleiter auf einem Instrument und beschreibt den Klang mit Adjektiven (→ **Werkzeugkasten „Musik mit treffenden Adjektiven beschreiben", S. 145**).

Dur-Tonleitern bestehen aus zwei Viertonfolgen, die durch einen Ganztonschritt getrennt sind. Jede Viertonfolge (man nennt sie auch *Tetrachord*) hat den Aufbau Ganzton-, Ganzton-, Halbtonschritt. Jeweils die zweite Viertonfolge einer Tonleiter bildet den Ausgangspunkt für die ersten vier Töne der nächsten Tonleiter.

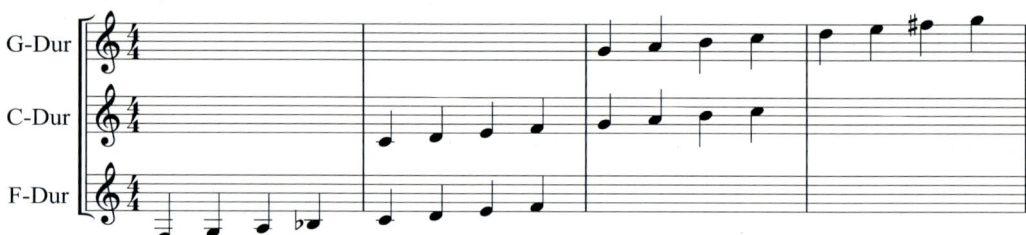

G-Dur

C-Dur

F-Dur

 AB 81

5 Entwerft in eurem Heft eine Tabelle zu den Tonleitern und setzt die Reihe der Tonleitern von G-Dur aufwärts fort.

6 a) Wie viele unterschiedliche Dur-Tonleitern gibt es? Begründet eure Antwort.
b) Zeichnet die Töne von D-Dur mit den Symbolen für Ganz- und Halbtöne in eine Klaviatur ein.

7 ★ Zählt die Ganz- und Halbtonschritte der F-Dur-Tonleiter auf der Klaviertastatur aus.
★★ Erklärt mithilfe der Informationen auf dieser Seite, warum ein Ton der F-Dur-Tonleiter erniedrigt wurde.
★★★ Setzt die Reihe der Tonleitern von F-Dur abwärts fort.

Die Moll-Tonleiter

Die Abbildung zeigt die Tonleiter von a-Moll. Genauso wie die Dur-Tonleiter besteht sie aus sieben Tönen. Der Unterschied besteht in der Lage der Halbtöne.

Merke!

Die Halbtonschritte einer Moll-Tonleiter liegen zwischen dem 2. und 3. sowie dem 5. und 6. Ton der Tonleiter.

1 Spielt die a-Moll-Tonleiter auf einem Instrument und beschreibt den Klang mit Adjektiven (→ **Werkzeugkasten „Musik mit treffenden Adjektiven beschreiben", S. 145).**

2 ★ Schreibt eine e-Moll-Tonleiter.
   ★★ Schreibt die Töne von d-Moll mit den Symbolen für Ganz- und Halbtöne in eine Klaviatur.

AB 82

Lieder in Dur und Moll

Die Tongeschlechter Dur und Moll verbinden wir häufig mit bestimmten Stimmungen. So sagen wir, Dur klingt oft fröhlich und wird aus diesem Grund auch für Lieder verwendet, die einen lustigen Text haben. Dagegen sprechen wir einer Melodie in Moll oft einen traurigen Charakter zu. Allerdings ist es nicht immer so klar, denn es gibt auch schnelle und mitreißende Lieder in Moll.

AB 83

Die oidn Rittersleut

Musik und Text: Karl Valentin

1. Zu Grün-wald im I-sar-tal___ glaubt mir's Leut', da war ein-mal___
2. So ein al-ter Rit-ters-mann hat-te sehr viel Ei-sen an,___
3. Einst ein Rit-ter Ku-ni-bert,_ hock-te sich ver-kehrt auf's Pferd,
4. Musst'ein Rit-ter ein-mal pie-seln, ließ er's in die Rüs-tung rie-seln,
5. Zu Grün-wald drunt' d'Rit-ters-leut,_ leb'n nicht mehr seit lan-ger Zeit, die

D   Hm

da ham ed - le Rit - ter g'haust, de - ne hat's vor gar nix 'graust.
d'meis-ten Rit - ter, muss ich sag'n, hat des-halb der Blitz er-schlag'n.
woll - te er nach hin - ten sehn'n, braucht' er sich nicht um - zu-drehn.
hatt' er das Vi - sier net of - fen, ist der ar - me Kerl er-soff'n.
Geis - ter von den-sel - ben spu-ken nachts in den Ge - wöl - ben.___

Ja, so

Em   A   D

1.– 5. war'ns, ja, so war'ns, ja, so war'ns, die oi - dn Rit-ters-leut, ja, so

G   D

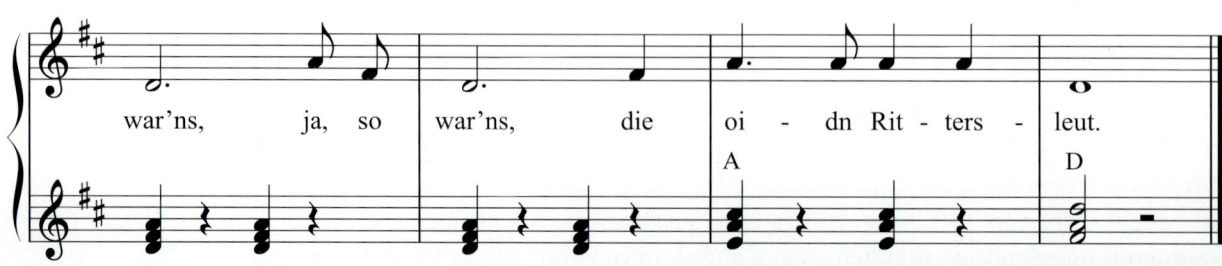

war'ns, ja, so war'ns, die oi - dn Rit-ters - leut.

A   D

1 Warum ist das Lied „Die oidn Rittersleut" ein typisches Lied für das Tongeschlecht Dur?

2 Erfindet weitere Strophen zum Lied „Die oidn Rittersleut" und führt sie der
Klasse vor. Die Silbenzahl der Strophen und das Reimschema müssen gleich
bleiben.

Hilfekarte

Šešir moj

Traditionell aus Serbien

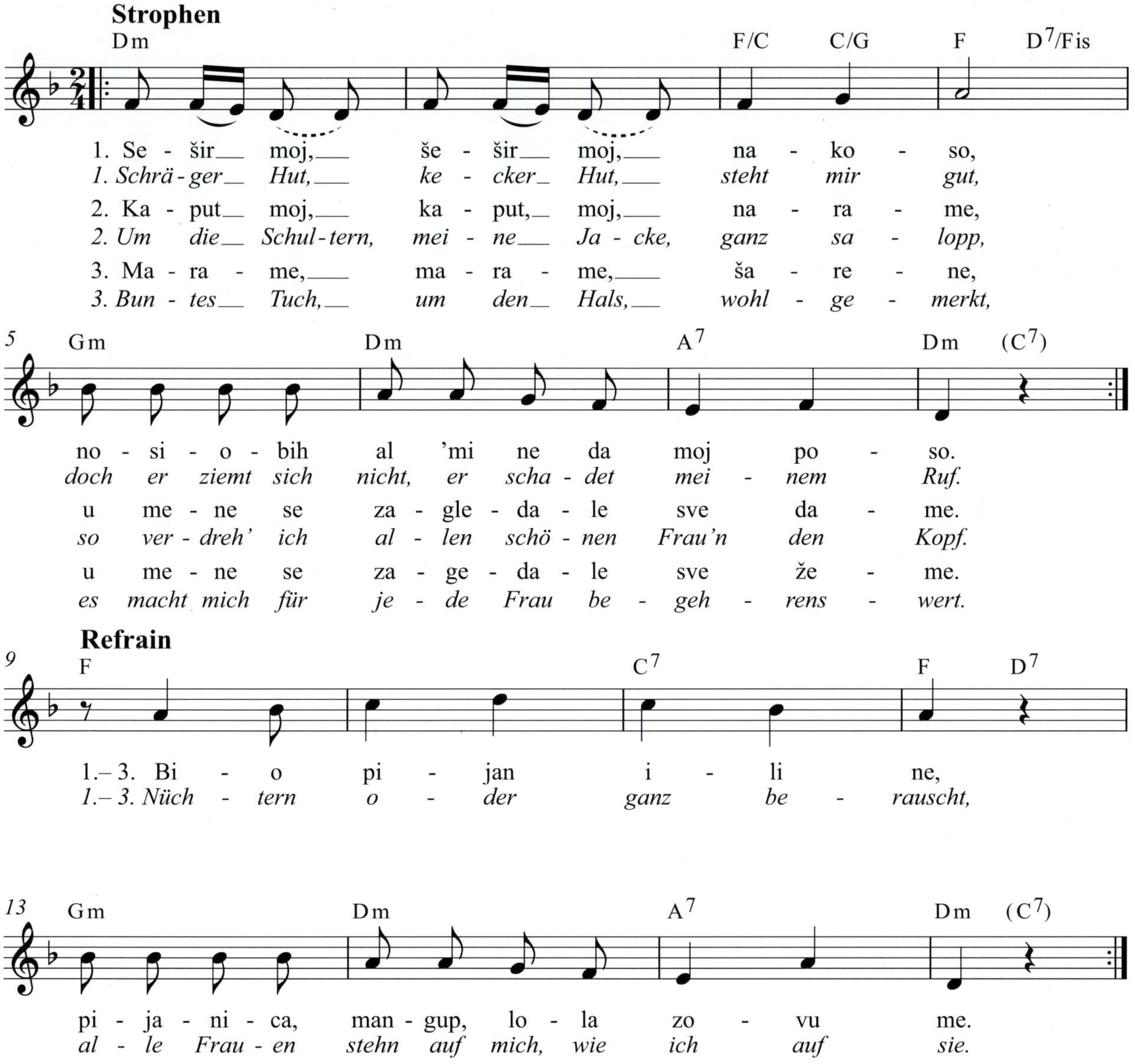

Strophen

1. Se - šir moj, še - šir moj, na - ko - so,
1. Schrä - ger Hut, ke - cker Hut, steht mir gut,
2. Ka - put moj, ka - put, moj, na - ra - me,
2. Um die Schul - tern, mei - ne Ja - cke, ganz sa - lopp,
3. Ma - ra - me, ma - ra - me, ša - re - ne,
3. Bun - tes Tuch, um den Hals, wohl - ge - merkt,

no - si - o - bih al 'mi ne da moj po - so.
doch er ziemt sich nicht, er scha - det mei - nem Ruf.
u me - ne se za - gle - da - le sve da - me.
so ver - dreh' ich al - len schö - nen Frau'n den Kopf.
u me - ne se za - ge - da - le sve že - me.
es macht mich für je - de Frau be - geh - rens - wert.

Refrain

1.– 3. Bi - o pi - jan i - li ne,
1.– 3. Nüch - tern o - der ganz be - rauscht,

pi - ja - ni - ca, man - gup, lo - la zo - vu me.
al - le Frau - en stehn auf mich, wie ich auf sie.

3 Auf Seite 227 habt ihr eine d-Moll-Tonleiter gebildet. Vergleicht die darin
vorkommenden Töne mit denen im Lied „Šešir moj".

Intervalle und Akkorde

Intervalle

Hilfekarte

Ein Intervall bezeichnet den Abstand zwischen zwei Tönen. Dabei können sie nacheinander oder zusammen erklingen. Im Laufe der Jahrhunderte haben sich einheitliche Bezeichnungen durchgesetzt. Dies erleichtert die Verständigung über Musik.

Anleitung zum Bestimmen von Intervallen

Prime   Sekunde   Terz   Quarte   Quinte   Sexte   Septime   Oktave

Intervallname	Bedeutung
Prime	der 1. Ton
Sekunde	der 2. Ton
Terz	der 3. Ton
Quarte	der 4. Ton
Quinte	der 5. Ton
Sexte	der 6. Ton
Septime	der 7. Ton
Oktave	der 8. Ton

Stammtonintervalle kann man leicht bestimmen, indem man vom unteren Ton des Intervalls entlang der Stammtonleiter bis zum oberen Ton zählt. Schaut euch dazu auch die Abbildung auf → **Seite 226** (Klaviatur) an. Die dadurch ermittelte Zahl könnt ihr anhand der Tabelle in den entsprechenden Intervallnamen übersetzen.

1 Beschreibt die Illustration und interpretiert sie.

2 Schreibt die Tabelle ab und ergänzt sie um eine Spalte mit einem Beispiel ausgehend vom Ton c.

3 Findet fünf unterschiedliche Intervalle und bestimmt sie.

4 Übt im Team das Bestimmen von Intervallen, indem ihr euch gegenseitig Aufgaben stellt.

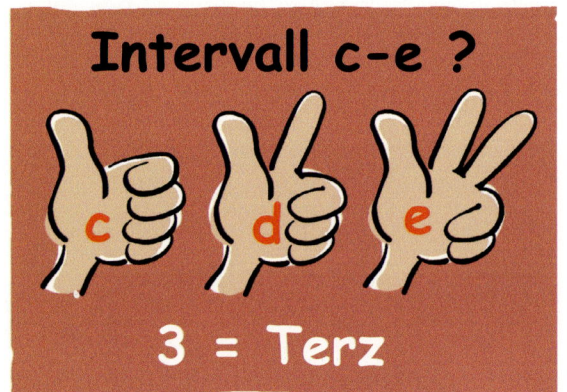

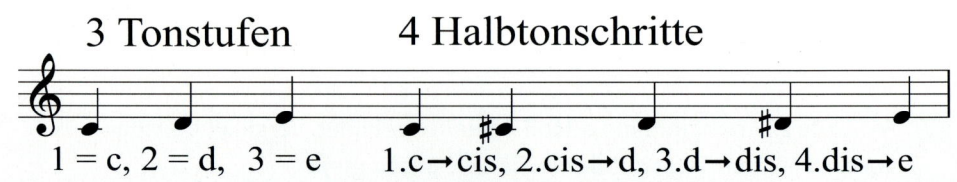

3 Tonstufen   4 Halbtonschritte

1 = c, 2 = d, 3 = e   1.c→cis, 2.cis→d, 3.d→dis, 4.dis→e

Es werden zwei Arten von Intervallen unterschieden. Nehmen wir ein Intervall als wohlklingend wahr, so wird es als *konsonantes Intervall* bezeichnet. Auch wenn jeder ein Intervall unterschiedlich hören mag, so empfindet unser europäisches Gehör bis heute vor allem die Intervalle Prime, Terz, Quarte, Quinte, Sexte und Oktave als wohlklingend.

Bei einem *dissonanten Intervall* wird dagegen eine Schärfe verspürt und wir haben den Eindruck, dass sich beide Töne „aneinander reiben". Diese Empfindung schreiben wir der Sekunde und der Septime zu, auch wenn der eine oder andere die Intervalle anders hört.

5 Spielt die abgebildeten Intervalle auf einem Instrument und beschreibt ihre Wirkung mit Adjektiven (→ **Werkzeugkasten „Musik mit treffenden Adjektiven beschreiben", S. 145**).

| Prime | Sekunde | Terz | Quarte | Quinte | Sexte | Septime | Oktave |

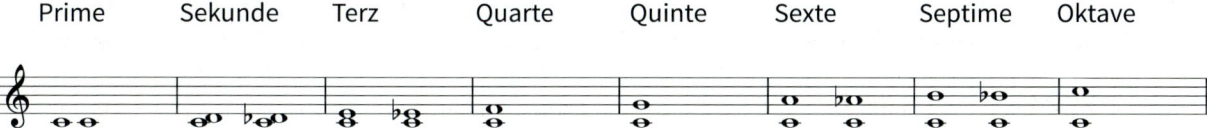

6 Singt die jeweiligen Liedanfänge oder Passagen (→ **Seite 232**).

7 Bestimmt vorgespielte Intervalle mithilfe der Tabelle (→ **Seite 232**).

8 Übt in der Gruppe das Hören von Intervallen. Ein Gruppenmitglied spielt, das andere bestimmt das Intervall.

9 Übt in der Gruppe das Hören von Intervallen, indem ein beliebiges Intervall genannt und durch das andere Gruppenmitglied nachgesungen wird. (→ **Seite 232**).

10 Stellt im Liederanhang an zehn Liedern fest, mit welchen Intervallen sie beginnen.

11 Es ist sehr schwer, ein Lied zu finden, das mit einer Septime beginnt. Versucht, Gründe dafür zu finden.

12 ★　In der Tabelle (→ **Seite 232**) erklingen alle Intervalle aufwärts. Findet Lieder, die mit einem Intervall nach unten beginnen und erstellt eine entsprechende Tabelle in eurem Heft.

★★　Durchsucht den Liedanhang dieses Buches und erstellt eine Tabelle, in der jedes Lied entsprechend seinem Anfangsintervall eingeordnet ist.

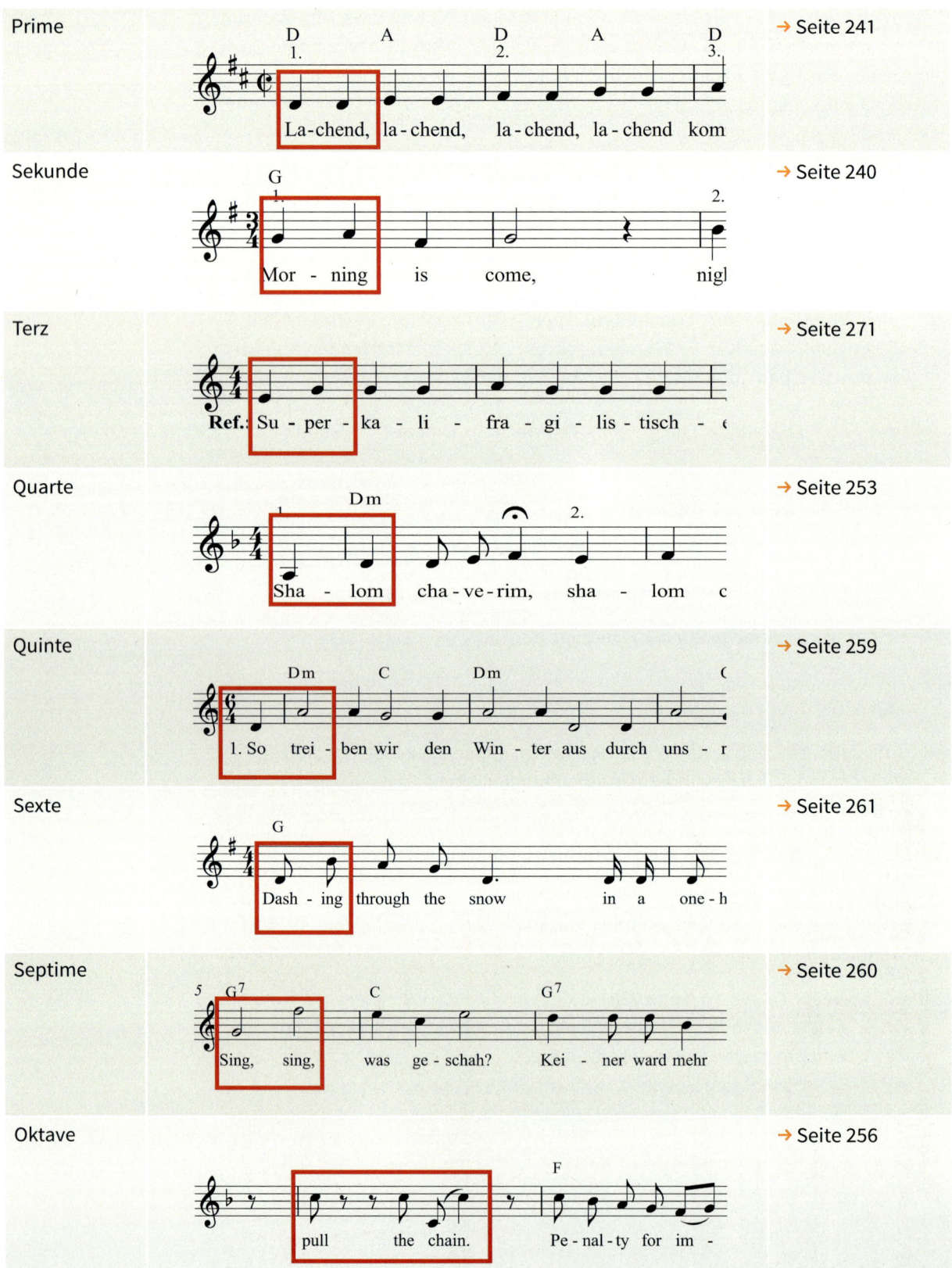

Prime
D   A   D   A   D
La-chend, la-chend, la-chend, la-chend kom
→ Seite 241

Sekunde
G
Mor – ning   is   come,   nigl
→ Seite 240

Terz
Ref.: Su – per – ka – li – fra – gi – lis – tisch – e
→ Seite 271

Quarte
Dm
Sha – lom   cha – ve – rim,   sha – lom   c
→ Seite 253

Quinte
Dm   C   Dm   (
1. So   trei – ben wir   den   Win – ter aus   durch uns – r
→ Seite 259

Sexte
G
Dash – ing   through the   snow   in   a   one – h
→ Seite 261

Septime
G^7 C G^7
Sing,   sing,   was   ge – schah?   Kei – ner ward mehr
→ Seite 260

Oktave
F
pull   the   chain.   Pe – nal – ty for im –
→ Seite 256

Kleine und große Intervalle

Neben den acht Grundintervallen können die Abstände noch feiner bestimmt werden. Dazu verwendet man die Bezeichnungen *rein*, *klein* und *groß*. Reine Intervalle sind die Prime, Quarte, Quinte und Oktave.

Entscheidend für die Bestimmung ist die Anzahl der Halbtonschritte vom unteren zum oberen Ton des Intervalls. Die Tabelle (→ **Seite 234**) zeigt einige Beispiele für kleine und große Intervalle.

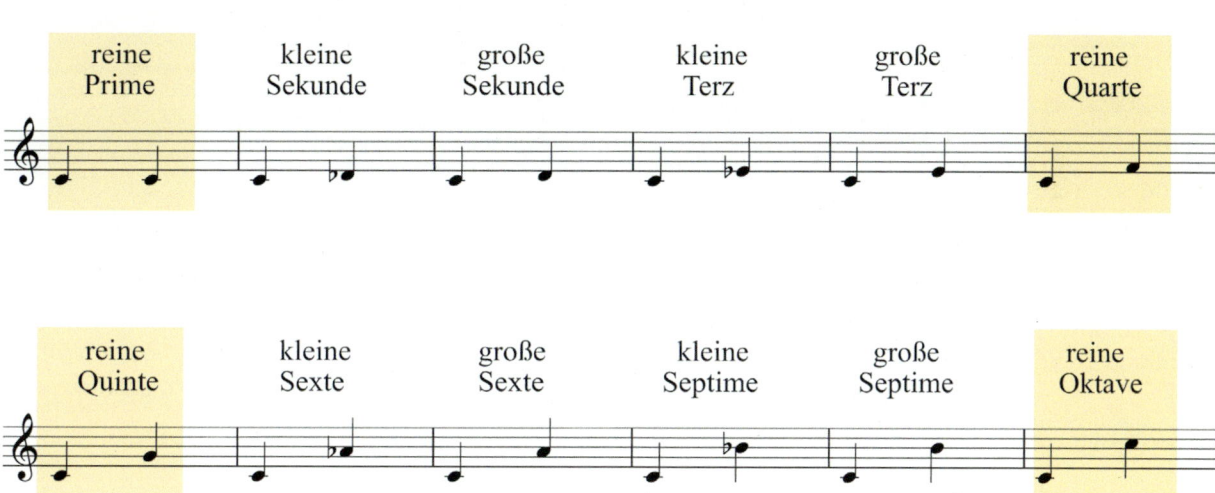

Prime	c bis c		0 Halbtonschritte
kleine Sekunde	c bis des		1 Halbtonschritt
große Sekunde	c bis d		2 Halbtonschritte
kleine Terz	c bis es.		3 Halbtonschritte
große Terz	c bis e		4 Halbtonschritte
kleine Sexte	c bis as		8 Halbtonschritte
große Sexte	c bis a		9 Halbtonschritte
kleine Septime	c bis b		10 Halbtonschritte
große Septime	c bis h		11 Halbtonschritte
Oktave	c bis c		12 Halbtonschritte

Akkorde

Wenn mindestens drei Töne zur gleichen Zeit erklingen, dann spricht man von einem Akkord (lat. *accordare*: zusammenklingen). Es gibt sehr viele Arten von Akkorden. Die einfachste Form sind die vier Grundakkorde oder Grunddreiklänge. Sie eignen sich sehr gut zur Liedbegleitung. Genauso wie die Tonleitern haben die Akkorde einen Vor- und einen Nachnamen. (→ S. 225) Der Vorname ist der unterste Ton des Akkords. Der Nachname leitet sich vom Akkordtyp her. Ein Dur-Akkord, der auf dem Ton F beginnt, heißt beispielsweise F-Dur.
Die Akkordtöne können auch in schneller Abfolge nacheinander gespielt werden. Man spricht dann von *gebrochenen Akkorden*.

Hilfekarte

gebrochener Akkord

Grundton des Akkords	Akkordtyp
F	Dur
Vorname	Nachname

1 Formuliert einen Merksatz zum Begriff „Akkord".

Die vier Grundakkorde

Die Grundakkorde bestehen aus zwei übereinanderliegenden Terzen. Je nachdem, welcher Art die Terzen (→ S. 234) sind, entstehen die vier Grundakkordarten. Die Tonhöhe ist dabei nicht entscheidend.

Akkordtyp	Dur-Akkord	Moll-Akkord	Verminderter Akkord	Übermäßiger Akkord
obere Terz	kleine Terz	große Terz	kleine Terz	große Terz
untere Terz	große Terz	kleine Terz	kleine Terz	große Terz
Wirkung	?	?	?	?
Beispiel	kT / gT	gT / kT	kT / kT	gT / gT

2 Findet zu jedem Akkordtyp mehrere Beispiele.

3 ★　　Euch werden vier Akkorde vorgespielt. Beschreibt jeweils die Wirkung.
　★★　Spielt euch gegenseitig Akkorde vor und versucht zu hören, ob es sich um einen Dur-, Moll-, verminderten oder übermäßigen Akkord handelt.

4 Erfindet eine Geschichte, die mit diesen vier Grundakkorden unterlegt wird. Berücksichtigt dabei die Wirkung, die diese Akkorde auf euch haben.

5 Spielt die beiden Akkorde des Liedes „What Shall We Do With a Drunken Sailor" (→ S. 254), auf Orff-Instrumenten und begleitet damit euren Gesang.

Leitereigene Akkorde

 Hilfekarte

Über jeden Ton einer Tonleiter lassen sich sogenannte leitereigene Akkorde bilden. Diese entstehen, wenn über die einzelnen Töne der Tonleiter jeweils zwei Terzen gesetzt werden.

Dem folgenden Beispiel liegt die C-Dur-Tonleiter zugrunde. Die Akkordarten der verschiedenen Stufen sind jedoch bei allen anderen Dur-Tonleitern gleich.

1 a) Bestimmt für die abgebildeten Akkorde, ob sie in Dur oder Moll stehen.
   b) Welcher Akkord passt weder zu Dur noch zu Moll?

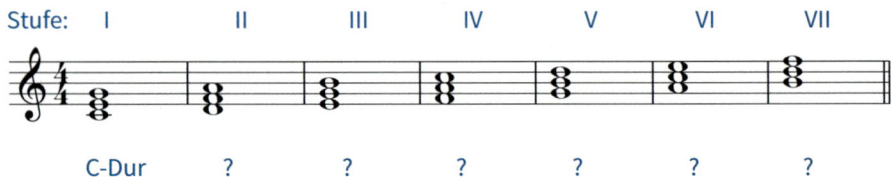

 AB 84

Mithilfe der leitereigenen Dur-Akkorde kann fast jedes Lied begleitet werden. Dazu sind nur wenige Regeln zu beachten. (**→ Werkzeugkasten „Ein Lied in Dur begleiten", S. 237**)

Auf ins Winterland

Musik und Text: Norbert Schläbitz

Früh-ling, Som - mer, Herbst und dann   Win - ter - zeit,   so   kalt   das Land.
Ne - bel-schwa - den   ab   und an,   schnee - be - deckt   sind

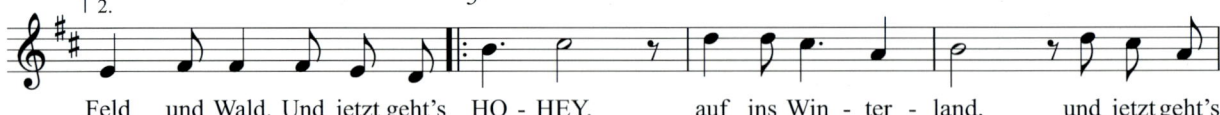

Feld   und Wald. Und jetzt geht's   HO - HEY,   auf ins Win - ter - land,   und jetzt geht's

HO - HEY,   auf   ins Win - ter -,   auf   ins Land, und jetzt geht's auf ins Land.   Komm!

2 a) Schreibt die Melodie des Liedes ab. (**→ Werkzeugkasten „Noten schreiben", S. 218**) Lasst zwischen den Notenzeilen genügend Platz.
   b) Schreibt die passenden Begleitakkorde über die entsprechenden Töne.
   (**→ Werkzeugkasten „Ein Lied in Dur begleiten", S. 237**)

3 Spielt die Begleitung des Liedes auf Instrumenten.

 AB 85

4 Erfindet weitere Strophen. Singt und spielt die Begleitung dazu.

Werkzeugkasten   Ein Lied in Dur begleiten

1. Bestimmt die Grundtonart des Liedes. Meistens ist der letzte Ton des Liedes der Grundton.

auf ins Land.   Komm!

2. Schreibt die Grundtonleiter des Stückes auf.

3. Bildet einen Dur-Akkord, indem ihr jeweils zwei Terzen über die I., IV. und V. Stufe der Tonleiter schreibt. Wenn ihr dazu nur Töne verwendet, die auch in der Grundtonleiter (Schritt 2) vorkommen, bildet ihr automatisch Dur-Akkorde.

D-Dur   G-Dur   A-Dur

4. Begleitet nun das Lied, indem ihr mindestens den ersten Ton eines Taktes mit einem Akkord begleitet. Ihr könnt dazu jeden der drei Akkorde verwenden, solange der zu begleitende Ton einer der drei Akkordtöne ist.

D-Dur   G-Dur

Früh - ling, Som - mer   Herbst   und   dann

5. Die Begleitung sollte mit dem Akkord auf der ersten Stufe enden.

6. Spielt die Begleitung zur Gesangsstimme und tauscht je nach Geschmack Akkorde aus oder fügt weitere Akkorde auf anderen Zählzeiten hinzu.

Lieder

Einige Liedausschnitte aus dem Anhang werden auf dieser Doppelseite präsentiert.

1 Recherchiert im Liederanhang, um welche Lieder es sich handelt.

2 Benennt, welche Takte aus den Liedern jeweils wiedergegeben werden.

3 Erläutert, wie ihr vorgegangen seid.

4 Singt die jeweiligen Ausschnitte.

Entscheidet euch für ein Lied dieser Seite, das ihr gemeinsam singen wollt.

Kanons von früh bis spät

Morning Is Come

Traditionell aus England

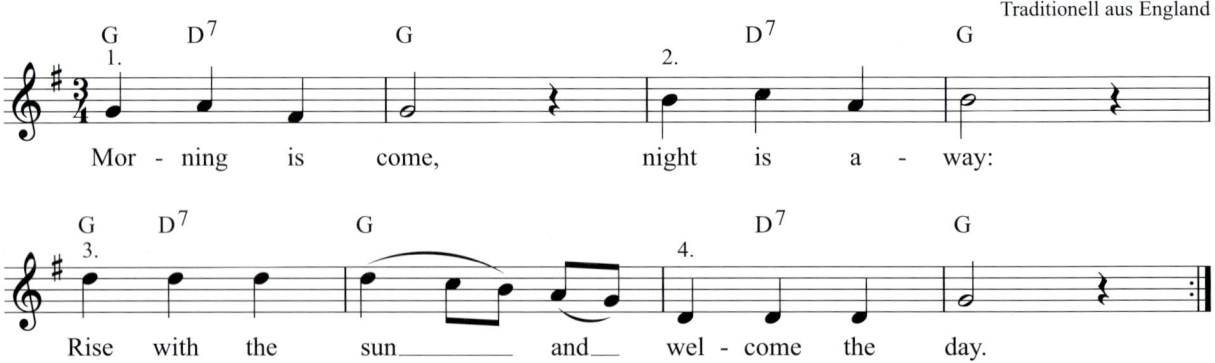

Mor - ning is come, night is a - way:

Rise with the sun_____ and__ wel - come the day.

Hello, Good Morning

Musik und Text: Lorenz Maierhofer

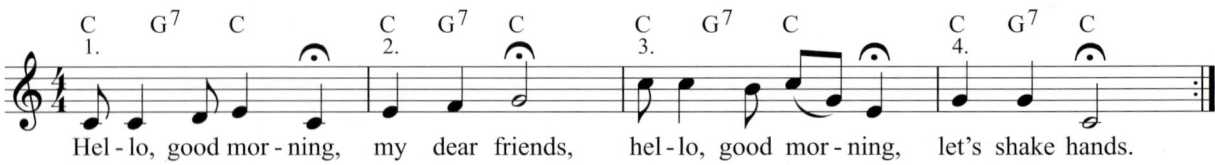

Hel - lo, good mor - ning, my dear friends, hel - lo, good mor - ning, let's shake hands.

Textvarianten:

Singen verbindet, macht bekannt,
singend, so reichen wir die Hand.

Hello, how are you / Hello good evening / ...
my dear friends,
Hello, how are you / Hello good evening / ...
let's shake hands!

Wir wünschen alles Gute heut',
dass dich das Leben stets erfreut!

Hallo Django

Musik und Text: Uli Führe

Swing-Feeling

| Em | Em/G | Am/Fis | H⁷ | Em | E⁷/D |

1.

Dum   de Dum   de Dum   de dum de dum de   Dum   de Dum   de

4   Am/C   Am   Em Fis⁷   H⁷

2.

Dum   de dum de dum de Dap dap dap dap   Dau wau wau wau   Schu-wi du-a___

8

Schu-wi du-ap___ da da da   Schu-wi du-wi du - a   Schu-wi du-wi da

11

3.

Dap dap dap dap   Dau wau wau wau   Dua schu-wi da   Schu-wi du-wi du - ap

15

Schu-wi du-wi du - ap   Schu-wi du-wi da   Dap dap dap dap   Dau wau wau wau

Lachend kommt der Sommer

Musik und Text: Cesar Bresgen

| D | A | D | A | D | A | D | A |

1.   2.   3.

La-chend, la-chend,   la-chend, la-chend kommt der Som-mer   ü-ber das   Feld,

5   D   A   D   A   D   A   D A

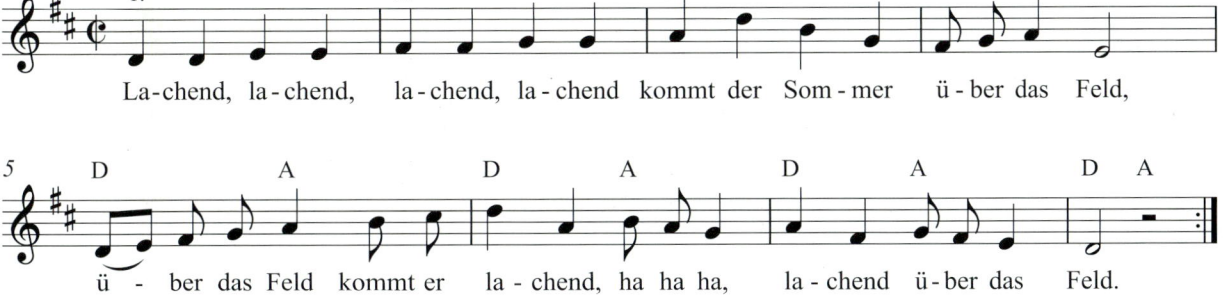

ü - ber das Feld kommt er   la-chend, ha ha ha,   la-chend ü-ber das   Feld.

I Like the Flowers

Traditionell aus England

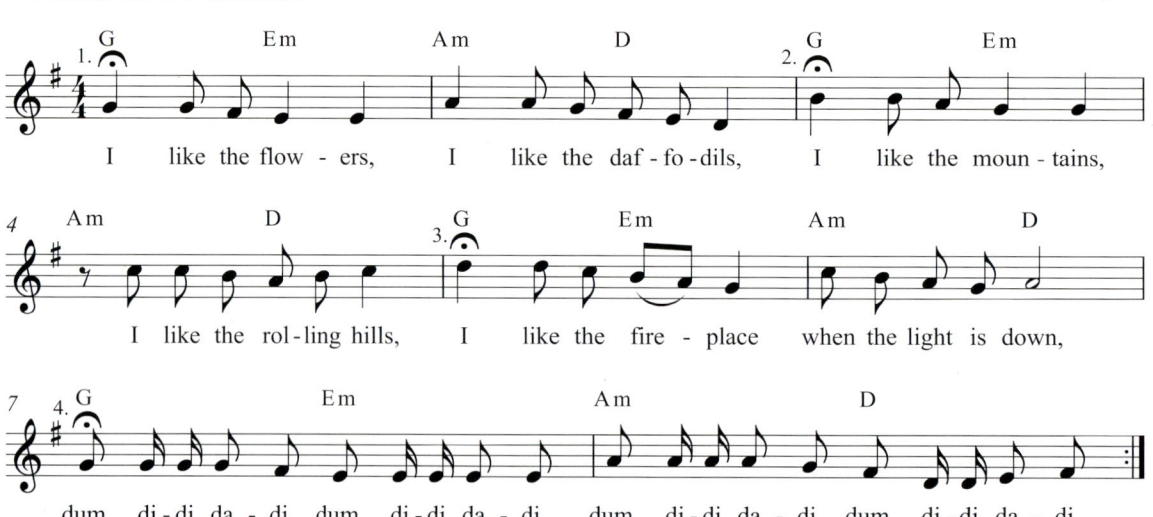

G Em Am D G Em
1. 2.
I like the flow - ers, I like the daf - fo - dils, I like the moun - tains,
4 Am D G Em Am D
3.
I like the rol - ling hills, I like the fire - place when the light is down,
7 G Em Am D
4.
dum, di - di da - di, dum, di - di da - di, dum, di - di da - di, dum, di - di da - di.

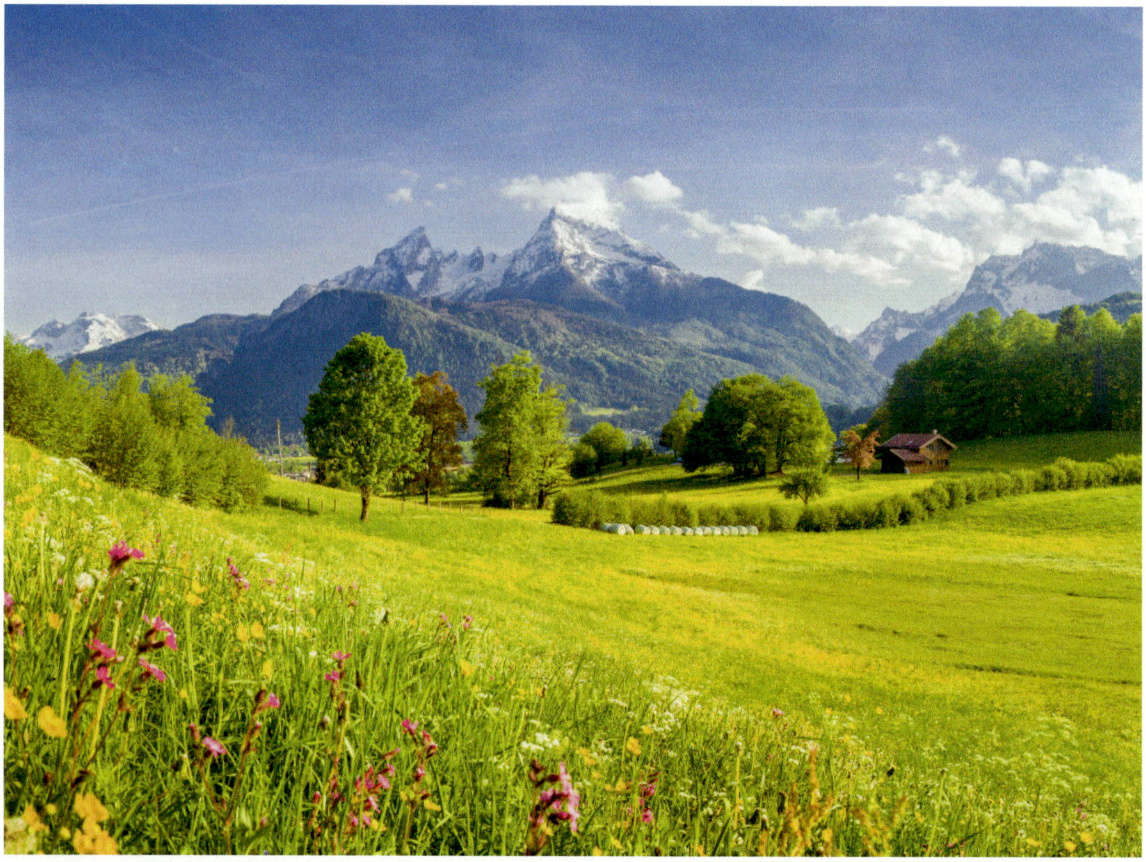

[1] **daffodils:** Narzissen

Zwei kleine Wölfe

Musik und Text mündlich überliefert
(nach I Like The Flowers)
Bearbeitung: Werner Rizzi

Zwei klei-ne Wöl-fe gehn das Nachts im Dun-keln. Man hört den ei-nen zu dem

an-dern mun-keln: „Wa-rum gehn wir denn im-mer nur des Nachts her-um?_ Man

tritt sich an den Wur-zeln ja die Pfo-ten krumm! Wenn's nur schon hel-ler wär! Ba

singen oder pfeifen
du bi di bi du. Wenn nur der Wald mit Ster-nen-licht be-leuch-tet wär!" Ba du ba

dum, ba dum, ba dum, ba du ba du ba dum, ba dum, ba dum, ba du ba du ba.

Abendstille überall

Musik: Otto Laub
Text: Fritz Jöde

A - bend - stil - - le ü - - ber - all,

nur am Bach_ die Nach - - ti - gall

singt ih-re Wei-se kla-gend und lei-se durch das Tal.

Gruseliges, Schauriges und andere Geistergeschichten

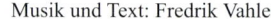

Musik und Text: Fredrik Vahle

Wer hat Angst vor Dracula?

1. Wer hat Angst vor Dra - cu - la? Wer hat Angst vor Dra - cu - la, wenn
er er - wacht um Mit - ter - nacht? Die Uhr schlägt zwölf. Was
ist denn das? Ver - flixt noch mal, da rührt sich was! Da klap - pert ein Ge -
biss wie toll! Herr Dra - cu - la tanzt Rock 'n Roll. Bei Nacht, bei Nacht, bei
Nacht, bei Nacht, im Schi - Scha - Schu - bi - dupp Mon - den - schein.

2. Er hat die Ringelsocken an
und tanzt so schaurig schön, der Mann.
Die Fledermäuse wundern sich.
So kennen sie ihr Herrchen nicht.
Bei Nacht, bei Nacht, bei Nacht, bei Nacht,
im Schi-Scha-Schubidupp Mondenschein.

3. Nur einmal ist er so geschafft.
Er trinkt statt Blut nur Traubensaft.
Dann springt er wieder auf wie toll.
Wer ist der King beim Rock'n Roll?
Herr Dracula, Herr Dracula,
im Schi-Scha-Schubidupp Mondenschein.

4. Und vor dem ersten Morgenrot
isst Dracula sein Blutwurstbrot.
Da staunt der Friedhofswärter sehr.
Wo kommt denn nur das Schmatzen her?
Bei Nacht, bei Nacht, bei Nacht, bei Nacht,
im Schi-Scha-Schubidupp Mondenschein.

5. Doch da bricht schon der Morgen an,
was Dracula nicht leiden kann.
Er macht den letzten Überschlag
in seinen alten Eichensarg.
Bei Nacht, bei Nacht, bei Nacht, bei Nacht,
im Schi-Scha-Schubidupp Mondenschein.

Wenn die Turmuhr Zwölfe schlägt

Musik: Felix Janosa
Text: Jörg Hilbert / Felix Janosa

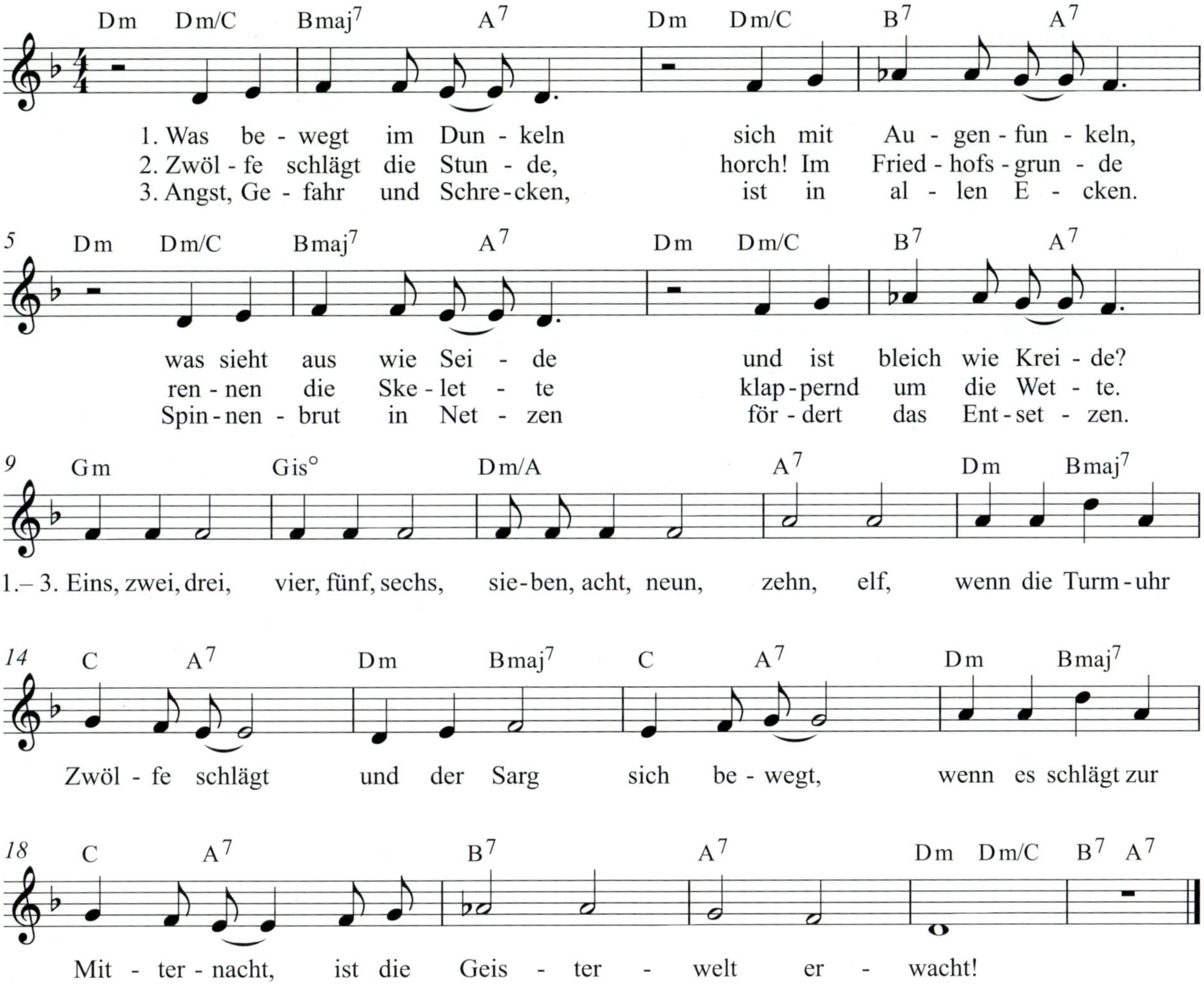

Dm Dm/C Bmaj7 A7 Dm Dm/C B7 A7
1. Was be - wegt im Dun - keln sich mit Au - gen - fun - keln,
2. Zwöl - fe schlägt die Stun - de, horch! Im Fried - hofs - grun - de
3. Angst, Ge - fahr und Schre - cken, ist in al - len E - cken.
5
Dm Dm/C Bmaj7 A7 Dm Dm/C B7 A7
was sieht aus wie Sei - de und ist bleich wie Krei - de?
ren - nen die Ske - let - te klap - pernd um die Wet - te.
Spin - nen - brut in Net - zen för - dert das Ent - set - zen.
9
Gm Gis° Dm/A A7 Dm Bmaj7
1.– 3. Eins, zwei, drei, vier, fünf, sechs, sie - ben, acht, neun, zehn, elf, wenn die Turm - uhr
14
C A7 Dm Bmaj7 C A7 Dm Bmaj7
Zwöl - fe schlägt und der Sarg sich be - wegt, wenn es schlägt zur
18
C A7 B7 A7 Dm Dm/C B7 A7
Mit - ter - nacht, ist die Geis - ter - welt er - wacht!

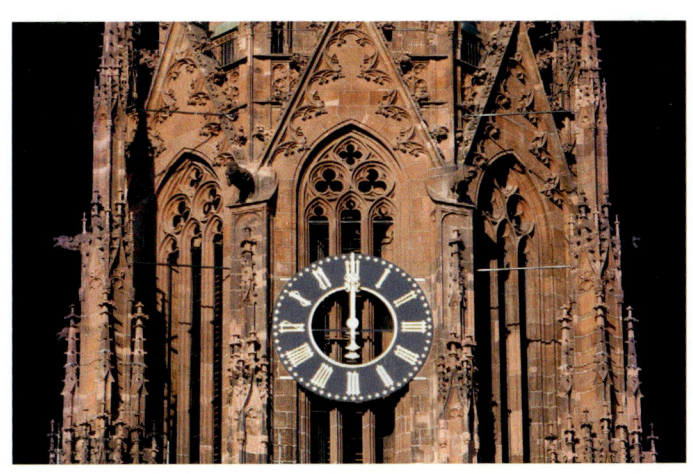

Der Mörder ist immer der Gärtner

Musik und Text: Reinhard Mey

1. Die_ Nacht liegt wie Blei auf Schloss Dark-moor,_____ Sir Hen-ry liest
2. Bei Mai-gret_ ist schon seit zwei Stun-den_____ ein Fahr-stuhl an-
3. Am_ Ha-fen-damm Süd wur-de neu-lich_____ ein Hilfs-leucht-turm-

Fi-nan-cial Times._____ Zwölf-mal schlägt ge-spens-tisch die Turm-uhr,_____ der
dau-ernd blo-ckiert._____ In-spek-tor Du-pont ist ver-schwun-den,_____ der
wart um-ge-bracht._____ In-spek-tor van Dyke, stets vor-ei-lig,_____ hat

But-ler hat Aus-gang bis eins. Da schleicht sich im fla-ckern-den_
Fahr-stuhl wird grad' re-pa-riert. Da öff-net sich laut-los die_
drei Tä-ter schon im Ver-dacht: Die Wir-tin zur Schleu-se, denn die

Lam-pen-schein fast_ laut-los ein Schat-ten zur_ Tü-re he-rein und
Tür_ zum Schacht, es er-tönt ei-ne Stim-me, die_ hä-misch lacht. In-
schielt und die hinkt. Der_ Käp-t'n, der schiffs-brü-chig, im Rum_ er-trinkt. Der

stürzt auf Sir Hen-ry, der-sel-be lebt ab, und_ nimmt sein Ge-
spek-tor Du-pont traf im Fahr-stuhl ein Schuss, der_ Amts-arzt stellt
Lot-se, der vor-gibt, Na-po-leon zu sein. A-ber da irrt van

heim-nis_ mit in das Grab. sach-lich_ fest: E-xi-tus.} 1.–3. Der Mör-der war wie-der der
Dyke, kei-ner war's von den drei'n.}

Gärt - ner, und er plant schon den näch - sten Coup. Der

Mör - der ist im - mer der Gärt - ner, und der schlägt er - bar-mungs-los,

der schlägt er - bar - mungs - los, der schlägt er - bar - mungs - los zu.

4. Die steinreiche Erbin zu Manster,
   ist wohnhaft im fünfzehnten Stock,
   dort schläft sie bei offenem Fenster,
   Big-Ben schlägt gerad' two o'clock.
   Ganz leis' bläht der Wind die Gardinen auf,
   auf die Erbin zeigt matt-schwarz ein stählerner Lauf,
   und ein gellender Schrei zerreißt jäh die Luft,
   auch das war wohl wieder der Gärtner, der Schuft.
   Der Mörder war wieder der Gärtner ...

5. In seinem Gewächshaus im Garten,
   steht in grüner Schürze ein Mann,
   der Gärtner rührt mehrere Arten
   von Gift gegen Blattläuse an.
   Der Gärtner singt, pfeift und lacht verschmitzt,
   seine Heckenschere, die funkelt und blitzt,
   Sense, Spaten und Jagdgewehr stehen an der Wand,
   da würgt ihn von hinten eine meuchelnde Hand.
   Der Mörder war nämlich der Butler,
   und der schlug erbarmungslos zu.
   Der Mörder ist immer der Butler –
   man lernt eben täglich dazu.

Kriminal-Tango

Musik: Piero Trombetta
Text: Kurt Feltz

1. Und sie tan-zen ei-nen Tan-go, Ja-cky Brown und Ba-by Mil - ler.
2. Und sie tan-zen ei-nen Tan-go, al - le, die da-von nichts ah - nen.
3. Und sie tan-zen ei-nen Tan-go, Ja-cky Brown und Ba-by Mil - ler.

Und er sagt ihr lei - se: „Ba - by, wenn ich aus-trink', machst du dicht."
Und sie fra-gen die Ka - pel - le: „Hab'n Sie nicht was Hei - ßes da?"
Und die Kri-po kann nichts fin - den, was da - ran ver - däch - tig wär'.

Dann be-stellt er zwei Man - hat - tan, und dann kommt ein Herr mit
Denn sie kön-nen ja nicht wis - sen, was da zwi-schen Tag und
Nur der Herr da mit dem Knei - fer, dem der Schuss im Dunk-eln

Knei - fer. Jack trinkt aus und Ba - by zit-tert, doch dann löscht sie schnell das
Mor - gen, in der nächt-li-chen Ta - ver-ne bei dem Tan - go schon ge-
galt, könnt' viel-leicht noch et-was sa-gen, doch der Herr, der sagt nichts

Licht. Kri-mi-nal-Tan-go in der Ta - ver - ne. Dunk-le Ge-
schah. Kri-mi-nal-Tan-go in der Ta - ver - ne. Dunk-le Ge-
mehr. Kri-mi-nal-Tan-go in der Ta - ver - ne. Dunk-le Ge-

stal - ten, ro - te La - ter - ne. A-bend für A - bend
stal - ten, ro - te La - ter - ne. Glü - he-nde Bli - cke,
stal - ten, ro - te La - ter - ne. A-bend für A - bend

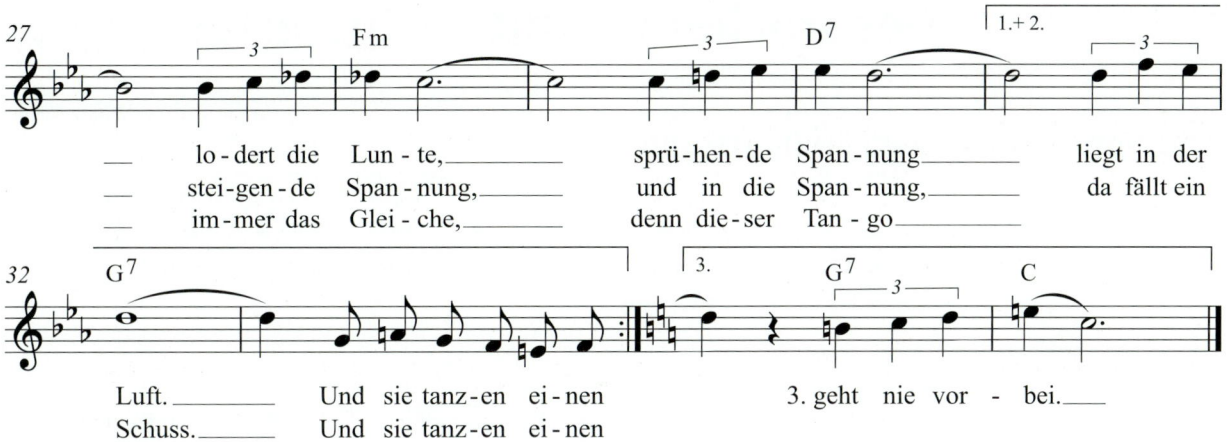

27
Fm
D7
1.+ 2.
— lo - dert die Lun - te, sprü - hen - de Span - nung liegt in der
— stei - gen - de Span - nung, und in die Span - nung, da fällt ein
— im - mer das Glei - che, denn die - ser Tan - go
32
G7
3.
G7
C
Luft. Und sie tanz - en ei - nen
Schuss. Und sie tanz - en ei - nen
3. geht nie vor - bei.

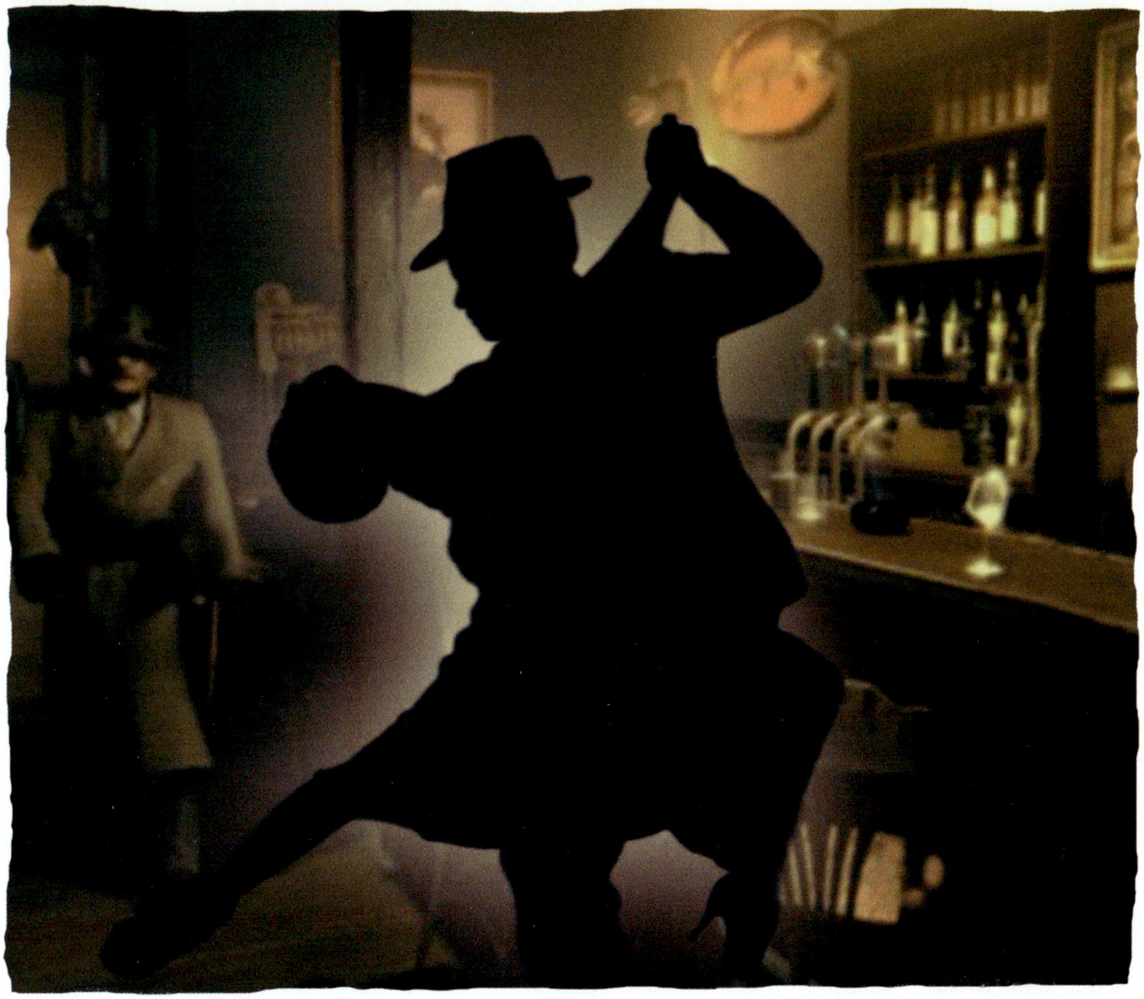

Gesprochenes und Geflüstertes

Musik und Text: Rainer Schmitt

Sprechkanon vom Frühaufstehn

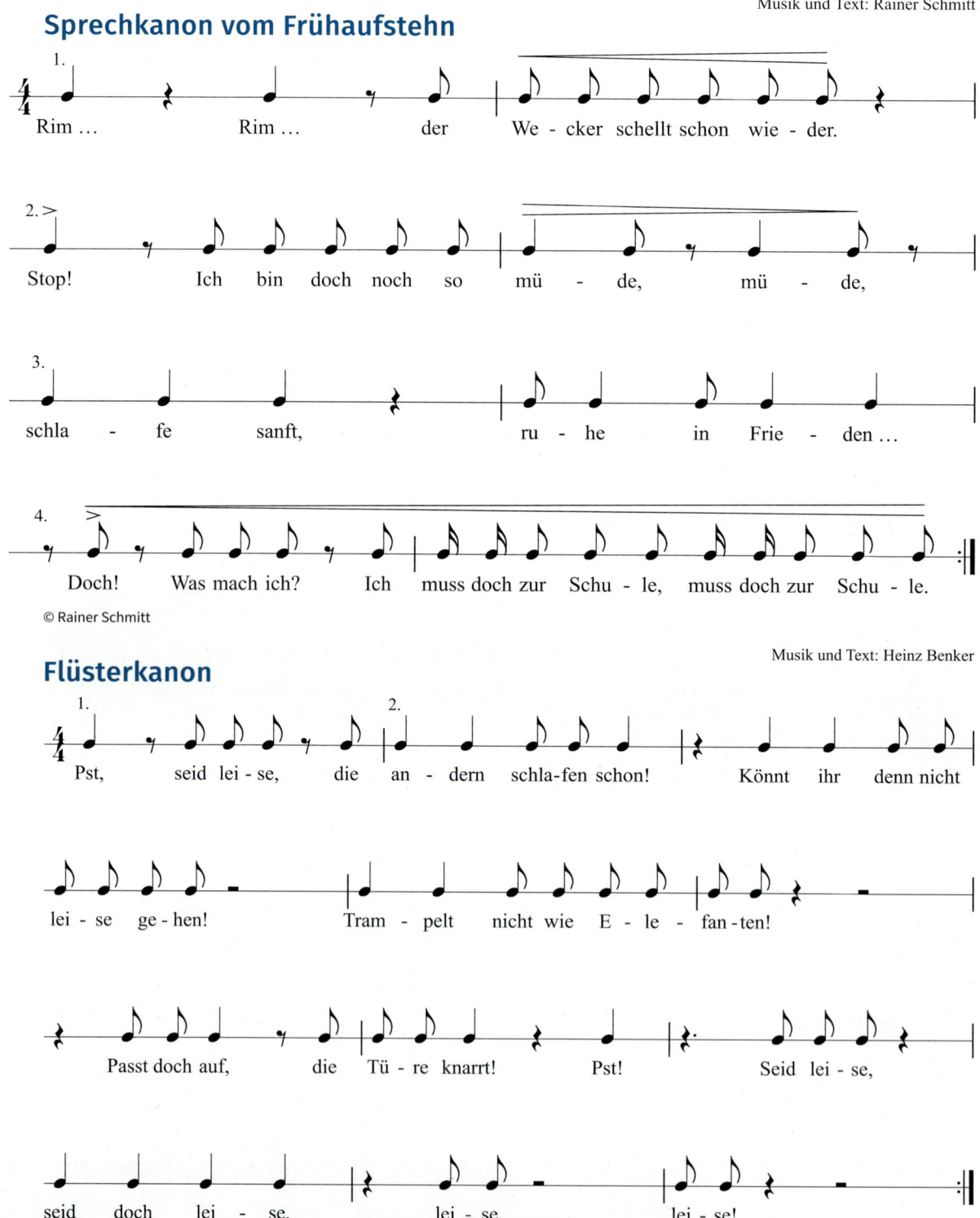

1. Rim … Rim … der We - cker schellt schon wie - der.

2. Stop! Ich bin doch noch so mü - de, mü - de,

3. schla - fe sanft, ru - he in Frie - den …

4. Doch! Was mach ich? Ich muss doch zur Schu - le, muss doch zur Schu - le.

© Rainer Schmitt

Musik und Text: Heinz Benker

Flüsterkanon

1. Pst, seid lei - se, die an - dern schla-fen schon! 2. Könnt ihr denn nicht

lei - se ge - hen! Tram - pelt nicht wie E - le - fan -ten!

Passt doch auf, die Tü - re knarrt! Pst! Seid lei - se,

seid doch lei - se, lei - se, lei - se!

© Musikverlag Zimmermann, Mainz

Fußball-Report

Musik und Text: Heinz Benker

An - stoß!   Le - der rollt,   Links - au - ßen, Rechts - au - ßen,   zu - rück zur Mit - te,

foul!   Drib - beln   drib - beln,   gib doch ab!   Ach - tung

Hin - ter - mann!   Drib - beln   drib - beln, drib - beln   Schuss!

Ab - seits, ab - seits Schieds - rich - ter tril - lert,   Schluss - mann,   Lat - te,   Schieds - rich - ter tril - lert,

Ab - stoß!   Fehl - pass!   Wir wol - len jetzt end - lich ein   Tor sehn.   Wir wol - len jetzt end - lich ein

Tor sehn, end - lich   ein   Tor   sehn!   Schuss!   Nach - schuss!   Tor!   Tor!

— Tor!   Eins   zu   Null,   eins   zu Null!   Tor!   Tor!   Tor!   Tor!
(Zwei   zu   Null,   zwei   zu Null!)

Un - halt - bar,   un - halt - bar,   un - halt - bar.   Ein   wun - der - ba - rer Schuss,   ein
(Tor!)

wun - der - ba - rer Schuss,   ein   wun - der - ba - rer Schuss in die lin - ke   E - cke,   in die lin - ke

E - cke,   in die lin - ke   E - cke.   An - stoß!   wun - der - ba - rer Schuss ins Tor!

𝄇 Dal segno al fermata ⌒

Stippvisite bei Nachbarn

La Cucaracha

Traditionell aus Mexiko
deutscher Text: Lorenz Maierhofer

1. Aus den Fu-gen, aus den E-cken ja, ich glaub', sie will mich ne-cken,
Zwi-schen Töp-fen, zwi-schen Tas-sen,_ ach, ich kann es gar nicht fas-sen,_
2. Ja, sie nascht an mei-nen Spei-sen,_ und ich könn-te es be-wei-sen,_
Hör' sie ki-chern, hör' sie la-chen, im-mer treibt sie dum-me Sa-chen,

1. mei-ne klei-ne Cu-ca-ra-cha,_ ü-ber-all ist sie zu
mei-ne klei-ne Cu-ca-ra-cha,_ fühlt sich wohl bei mir zu
2. mei-ne klei-ne Cu-ca-ra-cha,_ fühlt sich wohl bei mir zu
mei-ne klei-ne Cu-ca-ra-cha,_ fühlt sich wohl bei mir zu

1. 1.–2. Haus'!
2. Haus'! **Ref.:** La cu-ca-ra-cha, la cu-ca-ra-cha,

was ich mach' ist ei-ner-lei, La cu-ca-ra-cha, la cu-ca-ra-cha,
was ich ma-che, was ich tu'

1. sie ist im-mer mit da-bei. La cu-ca
2. lass mich bit-te mal in Ruh'!

© Musikverlag Helbling, Rum

¹ **cucaracha:** Spanisch für Küchenschabe, aber auch ein Spitzname für ein Küchen-mädchen

Pick a Bale of Cotton

Musik und Text: Lonnie Donegan
(nach einem Traditional aus den USA)

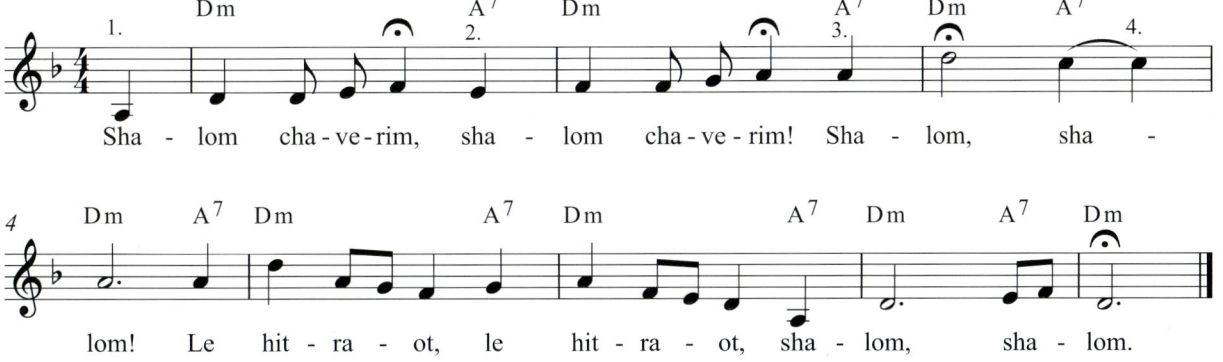

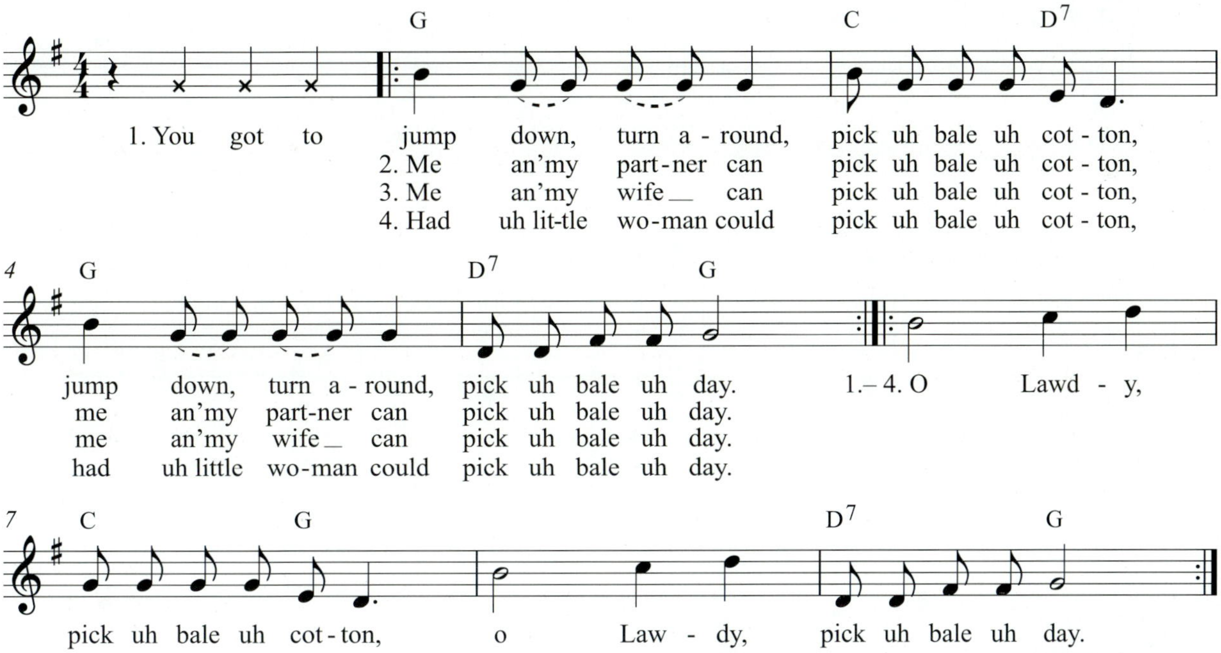
G C D7
1. You got to jump down, turn a - round, pick uh bale uh cot - ton,
2. Me an'my part-ner can pick uh bale uh cot - ton,
3. Me an'my wife __ can pick uh bale uh cot - ton,
4. Had uh lit-tle wo-man could pick uh bale uh cot - ton,
4 G D7 G
jump down, turn a - round, pick uh bale uh day. 1.– 4. O Lawd - y,
me an'my part-ner can pick uh bale uh day.
me an'my wife _ can pick uh bale uh day.
had uh little wo-man could pick uh bale uh day.
7 C G D7 G
pick uh bale uh cot - ton, o Law - dy, pick uh bale uh day.

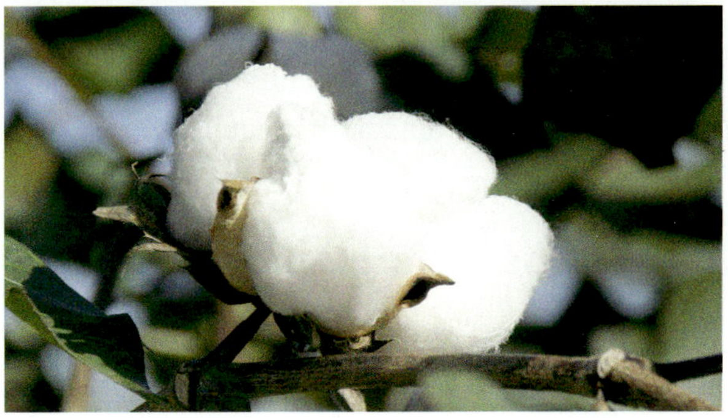

Shalom chaverim

Traditionell aus Israel

Dm A7 Dm A7 Dm A7
1. 2. 3. 4.
Sha - lom cha - ve - rim, sha - lom cha - ve - rim! Sha - lom, sha -
4 Dm A7 Dm A7 Dm A7 Dm A7 Dm
lom! Le hit - ra - ot, le hit - ra - ot, sha - lom, sha - lom.

What Shall We Do With a Drunken Sailor?

Traditionell aus England

2. Take him and shake him and try to awake him ...

3. Give him a dose of salt and water ...

4. Put him in a hole with an angry weasel ...

5. Put him in a long boat till he's sober ...

6. Pull out the plug and wet him all over ...

7. That's what to do with a drunken sailor ...

Vem kan segla förutan vind?

Traditionell aus Norwegen und Schweden
Textübertragung: Peter Hammersteen

2. Jag kan segla förutan vind!
   Jag kan ro utan åror!
   Men ej skiljas från vännen min
   utan att fälla tårar!

2. Ich kann segeln ohne Wind,
   rudern ohne Ruder!
   Doch nicht scheiden von meinem Freund,
   ohne dass Tränen fließen.

Sveti Juraj
St. Georgslied

Traditionell aus Kroatien
deutscher Text: Norbert Schläbitz

1. Sve - ti Ju - raj kres na - lo - ži,
1. Hei - li - ger Ge - org, leg ein Feu - er,
2. Kak na - lo - ži tak po - go - ri,
2. Wo es ent - flammt ist, lei - tet es den Pfad,
3. Ko - mu bu - mo, čer - ku - da - li,
3. Wohin führt dein Weg, mei - ne Toch - ter, Toch - ter mein?

sve - ti Ju - raj kres na - lo - ži,
Hei - li - ger Ge - org, leg ein Feu - er,
Kak na - lo - ži tak po - go - ri.
wo es ent - flammt ist, lei - tet es den Pfad.
ko - mu bu - mo, čer - ku - da - li.
Lass' ich dich geh'n, ei - ne Toch - ter, Toch - ter mein?

Sve - ti Ju - raj kres na - lo - ži,
Hei - li - ger Ge - org, leg ein Feu - er,
Ho - di, Ju - raj, k nam k ve - če - ri,
Leuch - te mir a - bends, dass es mich be - ra - te,
Je li k sun - cu, je li me - se - cu,
Ob zu den Ster - nen o - der zu dem Mon - de da,

sve - ti Ju - raj kres na - lo - ži.
Hei - li - ger Ge - org, leg ein Feu - er.
kaj se bu - mo spo - mi - na - li.
leuch - te mir a - bends, dass es mich be - ra - te.
je li k dro - bim zvez - di - ca - ma.
ob zu den Ster - nen o - der zu der Son - ne da,

Vorwärts, seitwärts und zurück

To Stop the Train
(Kanon)

Traditionell aus England

To stop the train in cases of e-mer-gen-cy just pull the chain,

pull the chain. Pe-nal-ty for im-pro-per use: five pounds!

Der Sitz-Boogie-Woogie

Musik und Text: Hans Poser

Leu-te, habt ihr schon ein-mal pro-biert ei-nen Boo-gie Woo-gie,

weil sich je-der herr-lich a-mü-siert bei 'nem Boo-gie Woo-gie.

Und wir brau-chen gar kein Sa-xo-phon, denn wir sin-gen sel-ber un-sern Boo-gie Woo-gie!

Hüp-fen da-bei fröh-lich hin und her, vor und auch zu-ru-cki!

case of emergency: Notfall – **chain:** Kette (der Notbremse) – **penalty:** Strafe – **improper use:** falscher Gebrauch

Hava nagila

Musik und Text: Abraham Zvi Idelsohn
unter Verwendung eines jüdischen Volksliedes

Ha - va_____ na - gi - la, ha - va_____ na - gi - la,

ha - va_____ na - gi - la, ve - nis - me - cha, cha.

Ha - va ne - ran - ne - na, ha - va ne - ran - ne - na, ha - va ne -

ran - ne - na, ve - nis - me - cha. U - - - ru, u - ru

a - chim, ur' na a - chim be - lev ssa - mey - ach, ur' na a - chim be -

lev ssa - mey - ach, ur' na a - chim be - lev ssa - mey - ach, ur' na a - chim be -

lev ssa - mey - ach, ur' na a - chim, *(klatschen)* ur' na a - chim,

(klatschen) ur' na a - chim be - lev ssa - mey - ach._____

Durchs Jahr gesungen

Petruschka

Traditionell aus der Ukraine
deutscher Text: Fritz Schröder

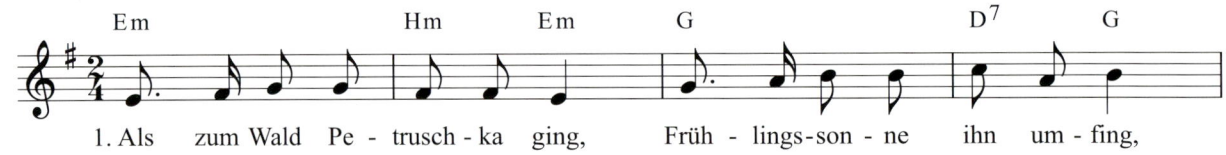

1. Als zum Wald Pe - trusch - ka ging, Früh - lings-son - ne ihn um - fing,

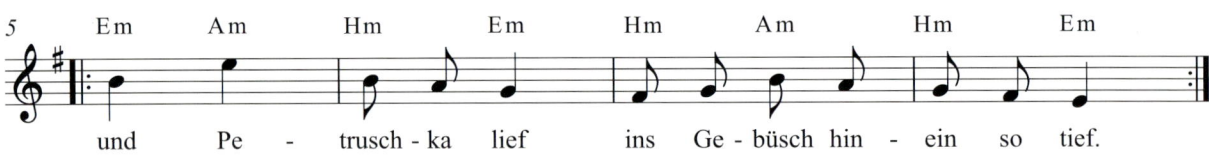

und Pe - trusch - ka lief ins Ge - büsch hin - ein so tief.

2. Plötzlich stand Kathinka da.
Er küsst sie und sie sagt: „Ja!"
Und Petruschka war
ganz verliebt mit Haut und Haar.

3. Und sie sprach beim Finkenschlag:
„Morgen ist mein Hochzeitstag.
Komm Petruschka mein!
Morgen gibt es Schnaps und Wein!"

4. Bei Kathinkas Fest man bot
Wodka, Wein und Zuckerbrot.
Doch Petruschka kam
nicht zum Fest als Bräutigam.

5. Die Kathinka ärgert sich,
dass er sie so ließ im Stich.
O Petruschka, das
war durchaus kein guter Spaß.

6. Vetter Mischa kommt herbei,
tröstet sie und trinkt für zwei.
O Petruschka, schau:
Nun wird Katja Mischas Frau!

So treiben wir den Winter aus

Traditionell

1. So trei-ben wir den Win-ter aus durch uns-re Stadt zum Tor hin-aus mit

sein Be-trug und Li-sten, den rech-ten An-ti-chris-ten.

2. Wir stürzen ihn von Berg zu Tal,
damit er sich zu Tode fall';
wir jagen ihn über die Heiden,
dass er den Tod muss leiden.

3. Nun hab'n wir den Winter ausgetrieben,
so bringen wir den Sommer herwied'r,
den Sommer und den Maien,
die Blümlein mancherleien.

Hejo, spann den Wagen an

(Kanon)

Traditionell

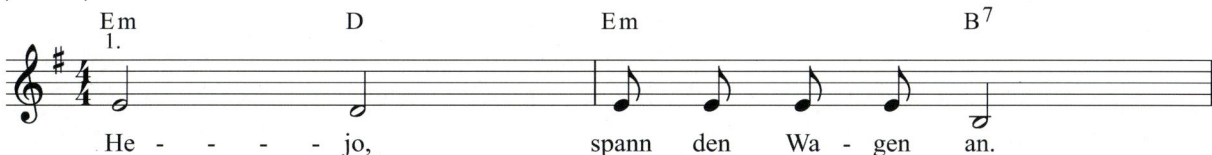

1. He - - - jo, spann den Wa-gen an.

2. Denn der Wind treibt Re-gen ü-bers Land.

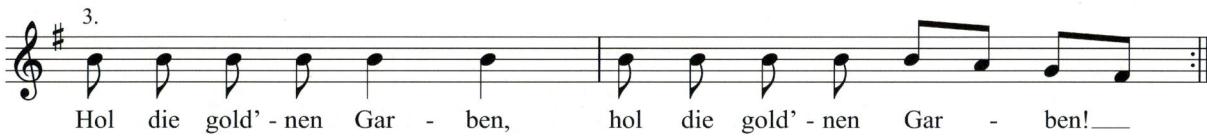

3. Hol die gold'-nen Gar-ben, hol die gold'-nen Gar-ben!___

Zogen einst fünf wilde Schwäne

Traditionell
Text: Karl Plenzat

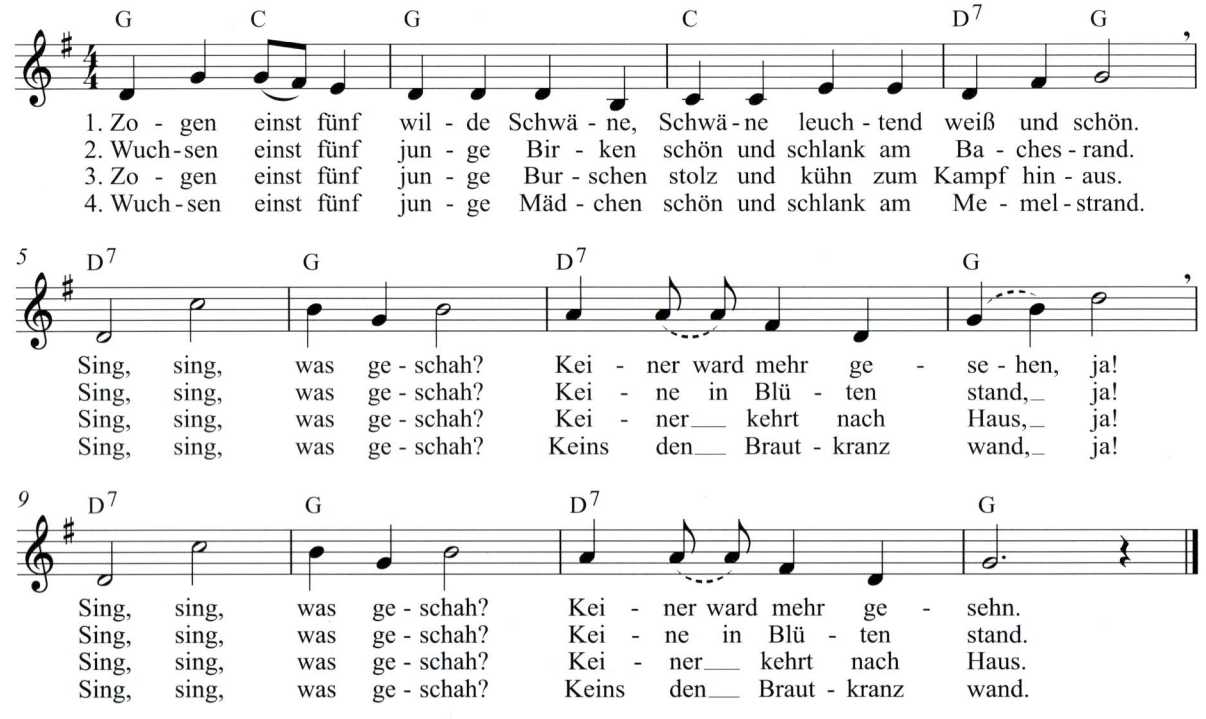

1. Zo - gen einst fünf wil - de Schwä - ne, Schwä - ne leuch - tend weiß und schön.
2. Wuch - sen einst fünf jun - ge Bir - ken schön und schlank am Ba - ches - rand.
3. Zo - gen einst fünf jun - ge Bur - schen stolz und kühn zum Kampf hin - aus.
4. Wuch - sen einst fünf jun - ge Mäd - chen schön und schlank am Me - mel - strand.

Sing, sing, was ge - schah? Kei - ner ward mehr ge - se - hen, ja!
Sing, sing, was ge - schah? Kei - ne in Blü - ten stand, ja!
Sing, sing, was ge - schah? Kei - ner kehrt nach Haus, ja!
Sing, sing, was ge - schah? Keins den Braut - kranz wand, ja!

Sing, sing, was ge - schah? Kei - ner ward mehr ge - sehn.
Sing, sing, was ge - schah? Kei - ne in Blü - ten stand.
Sing, sing, was ge - schah? Kei - ner kehrt nach Haus.
Sing, sing, was ge - schah? Keins den Braut - kranz wand.

Jingle Bells

Musik und Text: James Piermont

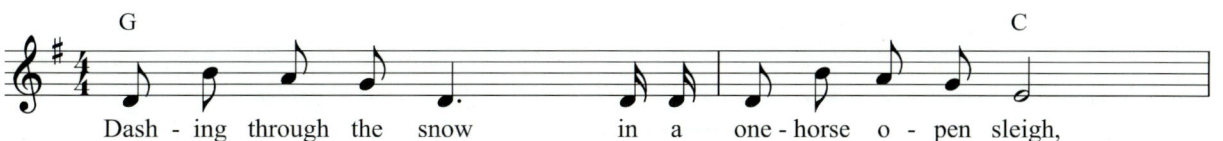

Dash - ing through the snow in a one - horse o - pen sleigh,

o'er the fields we go, laugh-ing all the way. Bells on bob-tail ring,

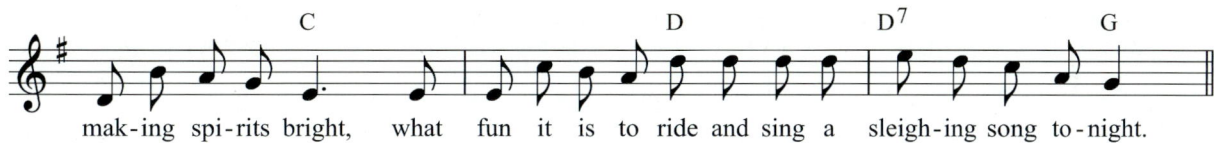

mak-ing spi-rits bright, what fun it is to ride and sing a sleigh-ing song to-night.

Ref.: Oh! Jin - gle bells, jin - gle bells, jin - gle all the way,

Oh! What fun it is to ride in a one-horse o-pen sleigh. Oh! one-horse o-pen sleigh.

Hört, der Engel helle Lieder

Traditionell aus Frankreich
deutscher Text: Lieselotte Holzmeister

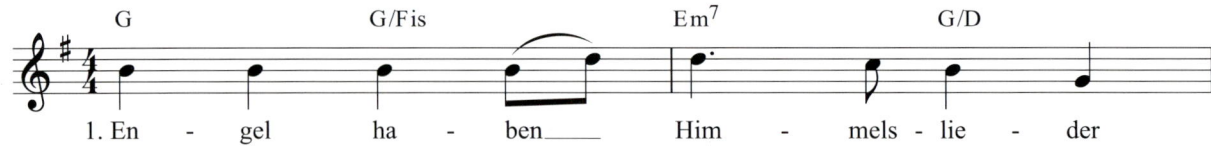

1. En - gel ha - ben___ Him - mels - lie - der

auf den___ Fel - dern___ an - ge - stimmt. E - cho hallt vom___

Ber - ge wie - der, dass es je - des___ Ohr ver - nimmt.

Ref.: Glo - - - - - - - - - - - ri - a

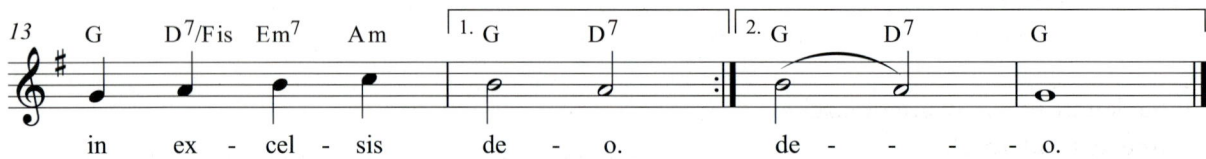

in ex - cel - sis de - o. de - - - o.

2. Hirten, was ist euch begegnet,
   dass ihr so voll Jubel seid?
   Gott hat euch die Welt gesegnet,
   Christ erschien der Erdenzeit.
   Gloria in excelsis Deo!

3. Er gibt allen Menschen Frieden,
   die des guten Willens sind.
   Freude wurde uns beschieden
   durch ein neugebornes Kind:
   Gloria in excelsis Deo!

Vom See und vom Meer

Surfen auf'm Baggersee

Musik: Chuck Berry
deutscher Text: Guntmar Feuerstein

1. Sie war-ten auf _ den Som - mer _ und woll'n die Son-ne sehn. _
Sie ha-ben al-le ein Surf - brett _ in der Ga-ra-ge stehn. _

Sie wol-len kei - nen Re - gen, _ sie mö-gen kei-nen Schnee,

denn sie wol-len al-le sur - fen _ auf 'm Bag-ger - see. _

Al - le wol - len sur - fen _ auf 'm Bag-ger - see. _

2. Sie kommen aus Wanne-Eickel
und aus Paderborn,
und auch die Leute aus Dortmund,
die sind beim Surfen vorn.
So lernen auch die Kleinen
das Surfer-A-B-C,
denn sie wollen alle surfen
auf'm Baggersee.

3. Und jedes Wochenende,
da fahr'n sie alle raus,
auf jedem Auto ein Surfbrett
in kilometerlangen Staus.
Frag sie mal nach Fußball,
da sag'n sie alle „Nee",
denn sie wollen surfen
auf'm Baggersee.

Wir lagen vor Madagaskar

Musik und Text: Just Scheu

1. Wir lagen vor Madagaskar und hatten die Pest an Bord. In den
2. Wir lagen schon vierzehn Tage, kein Wind durch die Segel pfiff. Der
3. Der lange Hein war der erste, der soff von dem faulen Nass. Die

Kesseln, da faulte das Wasser und täglich ging einer über Bord.
Durst war die größte Plage, da liefen wir auf ein Riff.
Pest gab ihm das Letzte, und wir ihm ein Seemannsgrab.

Ref.: Ahoi, Kameraden, ahoi, ahoi. Lebwohl, kleines

Mädel, lebwohl, lebwohl. Ja, wenn das Schifferklavier an

Bord ertönt, ja da sind die Matrosen so still, ja so still, weil ein jeder nach seiner

Heimat sich sehnt, die er gerne einmal wiedersehen will.

De Hamborger Veermaster

Traditionell

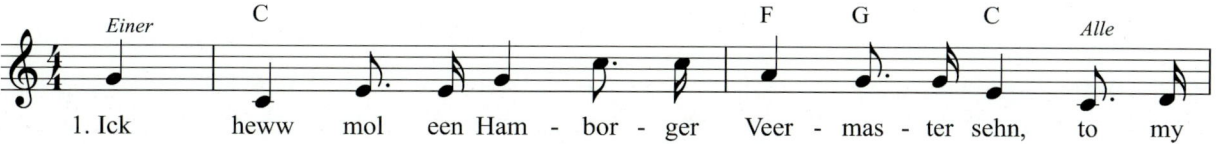

1. Ick heww mol een Ham - bor - ger Veer - mas - ter sehn, to my

how - day, to my how - day, de Mas - ten so scheew as den

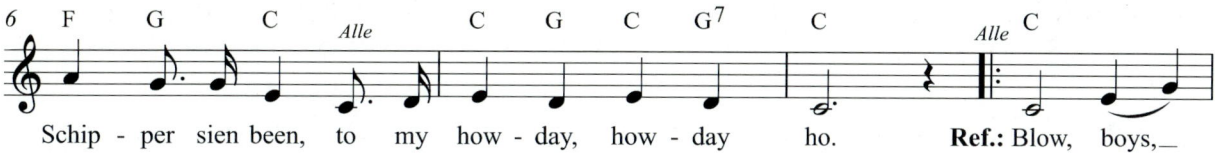

Schip - per sien been, to my how - day, how - day ho. **Ref.:** Blow, boys,—

blow for Ca - li - for - ni - o! There is plen - ty of gold, so

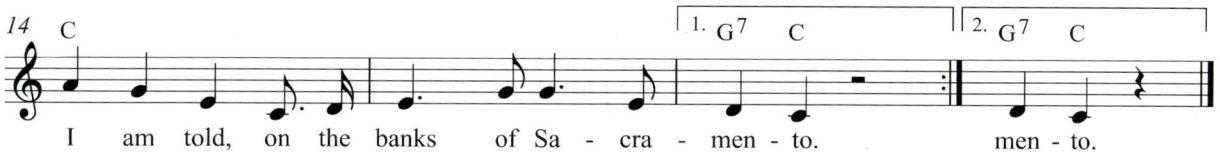

I am told, on the banks of Sa - cra - men - to. men - to.

2. Dat Deck weer von Isen,
vull Schiet un vull Smeer,
dat weer de Schietgäng
ehr schönste Pläseer.

3. Dat Logis weer vull Wanzen,
de Kombüüs weer vull Dreck,
de Beschüten de löpen
von sülben all weg!

4. Dat Soltfleesch weer gröön
un de Speck weer vull Maden,
Kööm geew dat blooß
an'n Wiehnachtsabend.

5. Un wull'n wi mol seil'n,
ick segg dat jo nur,
denn lööp he dree vörut
un veer wedder retur.

6. As dat Schipp,
so weer ok de Kaptein,
de Lüüd för dat Schipp
wörrn ok blooß schanghait.

---

[1] **Veermaster:** Viermaster – **to my howday (to me hoodah)**: an meinem Festtag – **blow, boys:** strengt euch an, Jungs –
Schietgäng: Schrubbkommando – **Beschüten:** Schiffszwieback (Dauerbrot)– **all:** schon – **Soltfleesch:** Salzfleisch –
Moden: Maden – **Kööm:** Branntwein (Kümmelbranntwein) – **seilen:** segeln – **lööp he dree vörut:** läuft er drei voraus –
veer wedder retur: vier wieder zurück – **Lüüd:** Leute – **schanghait:** heimtückisch angeworben

Quietschvergnügt

Sascha

Traditionell aus Russland

1. Sa - scha liebt nicht gro - ße Wor - te, denn er war von eig - ner Sor - te,
konn - te hoch im Bo - gen spu - cken und mit bei - den Oh - ren zu - cken.

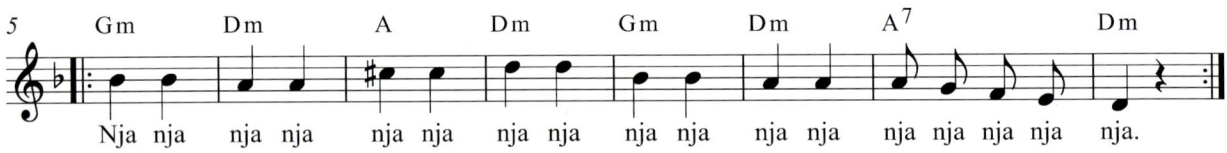

Nja nja nja nja nja nja nja nja nja nja nja nja nja nja nja nja nja.

2. Saschas Vater war ein Pferde-
händler, der auch reiten lehrte.
In der Stunde zehn Kopeken,
Sascha musste Pferde pflegen. Nja ...

3. Sascha hasst die alten Böcke,
haut in Trümmer manche Stöcke,
tritt die Mähren mit den Füßen,
lässt sie seine Laune büßen. Nja ...

4. Doch die kleinen Pferde bissen
Saschas Knochen und zerrissen
seine Kleider und begannen
dieses schöne Lied und sangen. Nja
...

Mein kleiner grüner Kaktus

Musik: Bert Reisfeld / Albrecht Marcuse
Text: Hans Herda

1. Blu - men im Gar - ten, so zwan - zig Ar - ten von Ro - sen,

Tul - pen und Nar - zis - - - sen, leis - ten sich heu - te

die fei - nen Leu - te. Das will ich al - les gar nicht wis - sen.

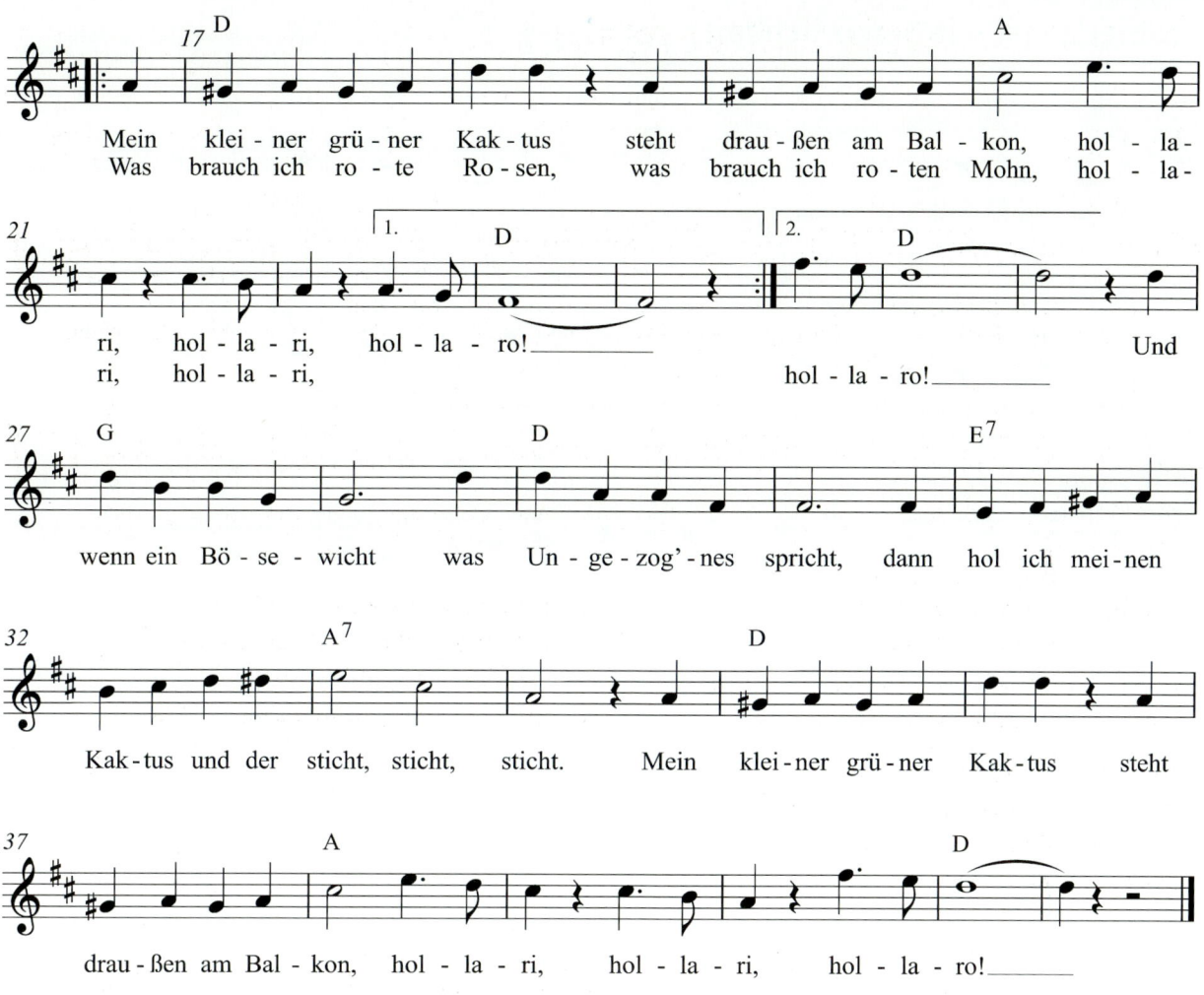

Mein klei - ner grü - ner Kak - tus steht drau - ßen am Bal - kon, hol - la -
Was brauch ich ro - te Ro - sen, was brauch ich ro - ten Mohn, hol - la -

ri, hol - la - ri, hol - la - ro!_____ Und
ri, hol - la - ri, hol - la - ro!_____

wenn ein Bö - se - wicht was Un - ge - zog' - nes spricht, dann hol ich mei - nen

Kak - tus und der sticht, sticht, sticht. Mein klei - ner grü - ner Kak - tus steht

drau - ßen am Bal - kon, hol - la - ri, hol - la - ri, hol - la - ro!_____

2. Man find't gewöhnlich die Frauen ähnlich den Blumen, die sie gerne tragen.
   Doch ich sag' täglich: Das ist nicht möglich, was soll'n die Leut' sonst von mir sagen.
   Mein kleiner grüner Kaktus ...

3. Heute um Viere klopft's an die Türe, nanu, Besuch so früh am Tage?
   Es war Herr Krause vom Nachbarhause, er sagt: „Verzeih'n Sie, wenn ich frage.
   Sie hab'n doch einen Kaktus da draußen am Balkon, hollari, hollari, hollaro!
   Der fiel soeben runter, was halten Sie davon? Hollari, hollari, hollaro!
   Er fiel mir aufs Gesicht, ob s' glauben oder nicht,
   jetzt weiß ich, dass Ihr grüner Kaktus sticht, sticht, sticht.
   Bewahr'n Sie Ihren Kaktus gefälligst anderswo, hollari, hollari, hollaro!"

Probier's mal mit Gemütlichkeit

Musik: Terry Gilkyson
deutscher Text: Stefan Raab

1./3. Pro - bier's mal___ mit Ge - müt - lich - keit,__ mit Ru - he und Ge -

müt - lich - keit__ und schmeiß die blö - den Sor - gen ü - ber Bord.

Und wenn du stets ge - müt - lich bist__ und et - was ap - pe -

tit - lich ist,__ dann nimm es dir, e - gal von wel - chem Ort!

Was soll__ ich wo - an - ders, wo's mir nicht ge - fällt?

Ich ge - he nicht fort hier, auch__ nicht für Geld.

Die Bie - nen brum - men in der Luft, er - fül - len sie mit Ho - nig -

duft, ja, mit Ge - müt - lich - keit kommt auch das Glück zu dir!

Marmor, Stein und Eisen bricht

Musik: Christian Bruhn / Drafi Deutscher
Text: Rudolf Günter Loose

1. Wei - ne nicht, wenn der Re - gen fällt,__ } dam, dam, dam, dam.
2. Kann ich ein - mal nicht bei dir sein,__ } dam, dam, dam, dam.
3. Nimm den gol - de - nen Ring von mir,__ }

es gibt ei - nen, der zu dir hält.__ } dam, dam, dam, dam.
denk da - ran,__ du bist nicht al - lein.__ } dam, dam, dam, dam.
bist du trau - rig, dann sagt er dir:__ }

Ref.: Mar - mor, Stein und Ei - sen bricht, a - ber un - se - re

Lie - be nicht! Al - les, al - les__ geht vor - bei,__ doch wir sind uns treu!

Mar - mor, Stein und Ei - sen bricht,__ a - ber

uns' - re Lie - be nicht!__ Al - les, al - les, al - les

geht vor - bei,__ doch wir sind uns treu!__

D.S. ohne Wdh.

Pommesbuden-Polonäse

Musik: Felix Janosa
Text: Felix Janosa / Jörg Hilbert

G · Am · C · D7

Pom - mes - bu - den - Po - lo - nä - se, Dop - pel - frit - ten, Ma - jo - nä - se,

3 G · Am · D7 · G

hal - bes Hähn - chen mit Sa - lat, Ketsch - up drauf, de - li - kat!

5 G · C · D7 · G

1. Zwei Schasch - lik mit Kro - ket - ten und noch drei Bou - let - ten.
2. Nun wol - len wir be - stel - len fünf - mal Fri - ka - del - len.
3. Sechs Cur - ry - wurst mit Frit - ten wol - len wir er - bit - ten.

8 G · C · D7 · G

Co - la, gan - zer Li - ter, vier - mal Gy - ros Pi - ta.
Gy - ros und Sou - vla - ki, da - zu ei - nen Ra - ki.
Senf drauf, bit - te reich - lich, schmeckt doch un - ver - gleich - lich!

10 G · C · D7 · G

Da - rauf ei - ne gro - ße La - dung Jä - ger - so - ße,
Piz - za und Sa - la - mi, Na - si Go - reng, Ba - mi,
Auf die Ap - fel - ta - sche, Mag - gi aus der Fla - sche,

12 G · C · D7 · G

und zum Schluss 'ne tol - le, di - cke Früh - lings - rol - le.
Kraut - sa - lat, To - ma - ten, Schnit - zel, gut ge - bra - ten.
But - ter - brot mit Schmalz, ja, reich mir mal das Salz da!

© Eres Edition Musikverlag Horst Schubert, Lilienthal/Bremen

Superkalifragilistischexpiallegorisch

Musik: Richard M. Sherman / Robert Sherman
Text: Hans Bradtke

Ref.: Su - per - ka - li - fra - gi - lis - tisch - ex - pi - al - le - go - risch.

Die - ses Wort ist wun - der - bar und au - ßer - dem rhe - to - risch.

Will man mei - ne Mei - nung hö - ren, sag' ich ka - te - go - risch:

Su - per - ka - li - fra - gi - lis - tisch - ex - pi - al - le - go - risch. *Fine*

Bum di-del di-del di-del dum di-del dei bum di-del di-del di-del dum di-del dei

1. Als klei - ner Jun - ge war ich lei - der im - mer ziem - lich stumm und
2. Ich zog mal in die wei - te Welt und sah mir al - les an. Ich
3. Ein schö - nes Mäd - chen traf ich dann, das mir sehr gut ge - fiel. Es

al - le Leh - rer in der Schu - le hiel - ten mich für dumm. Doch
kam in die - se Stadt zu - rück als weit - ge - reis - ter Mann. Bei
hat - te sehr viel dies und das und sehr viel Sex - Ap - peal. Sie

dann hab' ich ein Wort ge - lernt, das ihr euch mer - ken könnt. Seit
Fürs - ten und bei Kö - ni - gen, da ging ich aus und ein. Die
hielt mich für sym - pa - thisch, a - ber lei - der nicht für schlau. Da

33

D | | | | | G

ich es kann, da gel - te ich als sehr in - tel - li - gent. Oh …
all - ge - mei - ne Mei - nung war, der muss Pro - fes - sor sein. Oh …
sag - te ich mein Zau - ber - wort, nun ist sie mei - ne Frau. Oh …

Major Tom – Völlig losgelöst

Musik und Text: Pierre Schilling

Em

1. Gründ - lich durch - ge - checkt   steht sie da und
2. Ef - fek - ti - vi - tät   be - stimmt das Han - deln,
3. Erd - an - zieh - ungs - kraft   ist ü - ber - wun - den,
4. Im Kon - troll - zen - trum,   da wird man pa - nisch, der

3 Am   D

war - tet auf den Start: Al - les klar! Ex -
man ver - lässt sich blind   auf den an - der'n.
al - les läuft per - fekt,   schon seit Stun - den.
Kurs der Kap - sel, der   stimmt ja gar nicht.

5 Em

per - ten strei - ten sich   um ein paar Da - ten,
Je - der weiß ge - nau,   was von ihm ab - hängt,
Wis - sen - schaft - li - che   Ex - pe - ri - men - te,
„Hal - lo, Ma - jor Tom,   kön - nen Sie hö - ren?

7 Am   D

die Crew hat dann noch   ein paar Fra - gen,
je - der ist im Stress,   doch Ma - jor
doch was nüt - zen die   am En - de,
Woll'n Sie das Pro - jekt   denn so zer - stö - ren?"

9 C   Am   Em

doch   der Cownt - down läuft.
Tom   macht ei - nen Scherz.
denkt   sich Ma - jor Tom.
Doch   er kann nichts hör'n.

2. Die

Refrain:

13 H   G   D   Am

(nach 2.) Dann hebt er ab und völ - lig los - ge - löst von der
(nach 4.) er schwebt_ wei - ter {

18 C   G   D   Am   C   Em

Er - de schwebt das Raum - schiff völ - lig schwe - re - los.   *Da Capo*

25 G   D   Am   C

Ah_____   *Fade out*

Über Freundschaft und Liebe

Musik sein

Musik und Text: Oliver Avalon, Wincent Weiss, Sascha Wernicke,
Kevin Zaremba, Fabian Strangl, David Müller

♩ = 80

C (2 Takte Vorspiel)

1. Was für ei - ne Nacht, bin mit 'nem Schä - del auf - ge - wacht. Gieß den Kaf -
(2.) letz - te mal am Meer, 'ne hal - be E - wig - keit schon her. Pack' mei - ne

- fee wie in Zeit - lupe ins Glas. Dem „Wenn du
Bes - ten und das Nö - tigste zu - sam - men. End - lich mal

Am   F
magst kannst du noch blei - ben" folgt ein un - si - che - res Schwei - gen. Du schließt die
raus aus uns' - rer Hei - mat, sie wird im Spie - gel im - mer klei - ner. Und schon da

C
Tür, es wird still, ich schau' dir nach. **Ref.:** Und mit dir Trom-
vor - ne küsst das Salz - was - ser den Sand.

F G   Am   C   F   G   Am
- pe - ten, Gei - gen und Chö - re, ir - gend - was ge - gen die Stille hier. Dann Pau - ken - schläge

F G   Am   C   Dm C/E F⁹
auf Trom - mel - wir - bel und ein lei - ses Kla - vi - er. Ey da müss - te Mu - sik

F   G   Am   G/B
sein, ü - ber - all wo du bist. Denn wenn es am schöns -

C   G   C/E
- ten ist, spiel es wie - der und wie - der. Ey da müss - te Mu -

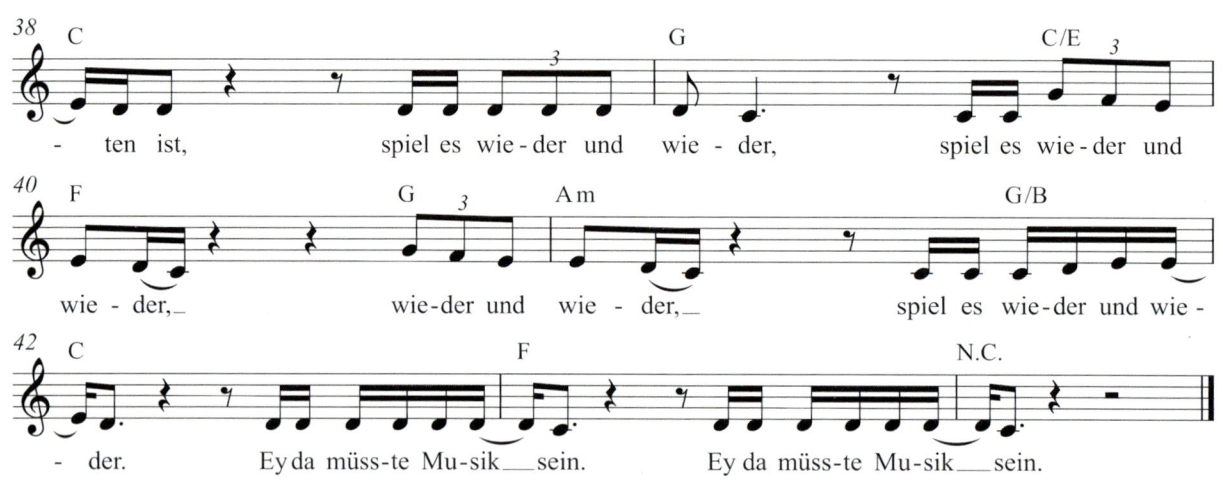

38
C G C/E
- ten ist, spiel es wie - der und wie - der, spiel es wie - der und
40
F G Am G/B
wie - der, wie-der und wie - der, spiel es wie-der und wie -
42
C F N.C.
- der. Ey da müss-te Mu-sik sein. Ey da müss-te Mu-sik sein.

I Don’t Care

Musik und Text: Edward Christopher Sheeran, Max Martin, Johan Karl Schuster, Frederick Gibson, Bear Pooh, Justin Bieber

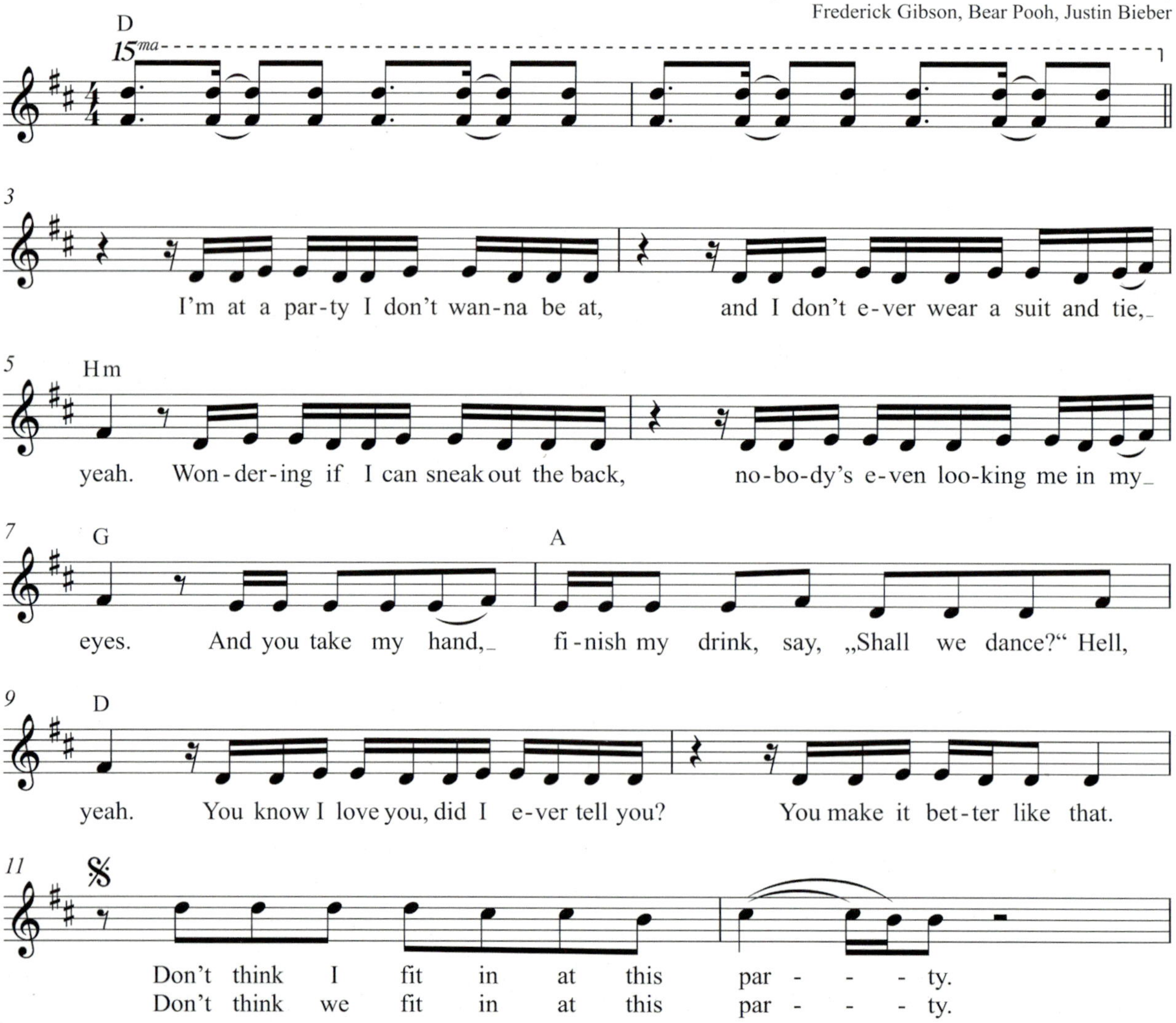
D
15ma
3
I’m at a par-ty I don’t wan-na be at, and I don’t e-ver wear a suit and tie,
5
Hm
yeah. Won-der-ing if I can sneak out the back, no-bo-dy’s e-ven loo-king me in my
7
G A
eyes. And you take my hand, fi-nish my drink, say, „Shall we dance?“ Hell,
9
D
yeah. You know I love you, did I e-ver tell you? You make it bet-ter like that.
11
Don’t think I fit in at this par - - - ty.
Don’t think we fit in at this par - - - ty.

48 D

I don't like no-bo-dy but you. I hate ev-'ry-one here.

50 N.C.

I don't like no-bo-dy but you, ba - by, yeah. 'Cause I don't

52 D

care_____ when I'm with my ba-by, yeah._ All the bad things dis-ap-pear.
care as long as you just hold me near._ You can take me an-y-where.

54 Hm

_ And you're mak-ing me feel like may-be I am some-bo - dy._
_ And you're mak-ing me feel like I'm_ loved by some-bo - dy._

56 G A D *8va- - - - - - - - - - - - - - - - - - -*

I can deal with the bad nights,_ when I'm with my ba-by, yeah. Ooh, ooh, ooh, ooh, ooh, ooh.

59 1. (*8va*)- 2. (*8va*)- N.C.

_ 'Cause I don't _

© Sony/ATV Music Publishing (UK) Ltd/Sony/ATV Songs LLC/Sony/ATV Music Publishing (Germany) GmbH, Berlin.
Promised Land Music Ltd. MXM Music/Kobalt Publishing Ltd. London

Greensleeves

Traditionell aus England, 16. Jh.

2. If you disdent thus[3] to disdain,
   it does the more enrupture me,
   and even so, I still remain
   a lover in captivity.

3. I have been ready at your hand
   to grant whatever you would crave
   I have both waged life and land,
   your love and good will for to have.

4. Alas, my love, that you should own
   a heart of wanton vanity,
   so must I mediate alone
   upon your insincerity.

5. Greensleeves, now fare well, adieu,
   to God I pray to prosper thee[4],
   for I am still your lover true,
   come once again and love me.

---

[1] alas: Äußerung von Bedauern – [2] normalerweise green sleeves; hier wegen der Zusammenschreibung als Name oder vielleicht sogar als Kosename, etwa „Grünärmelchen" – [3] so – [4] you

Die wichtigsten Gitarrenakkorde

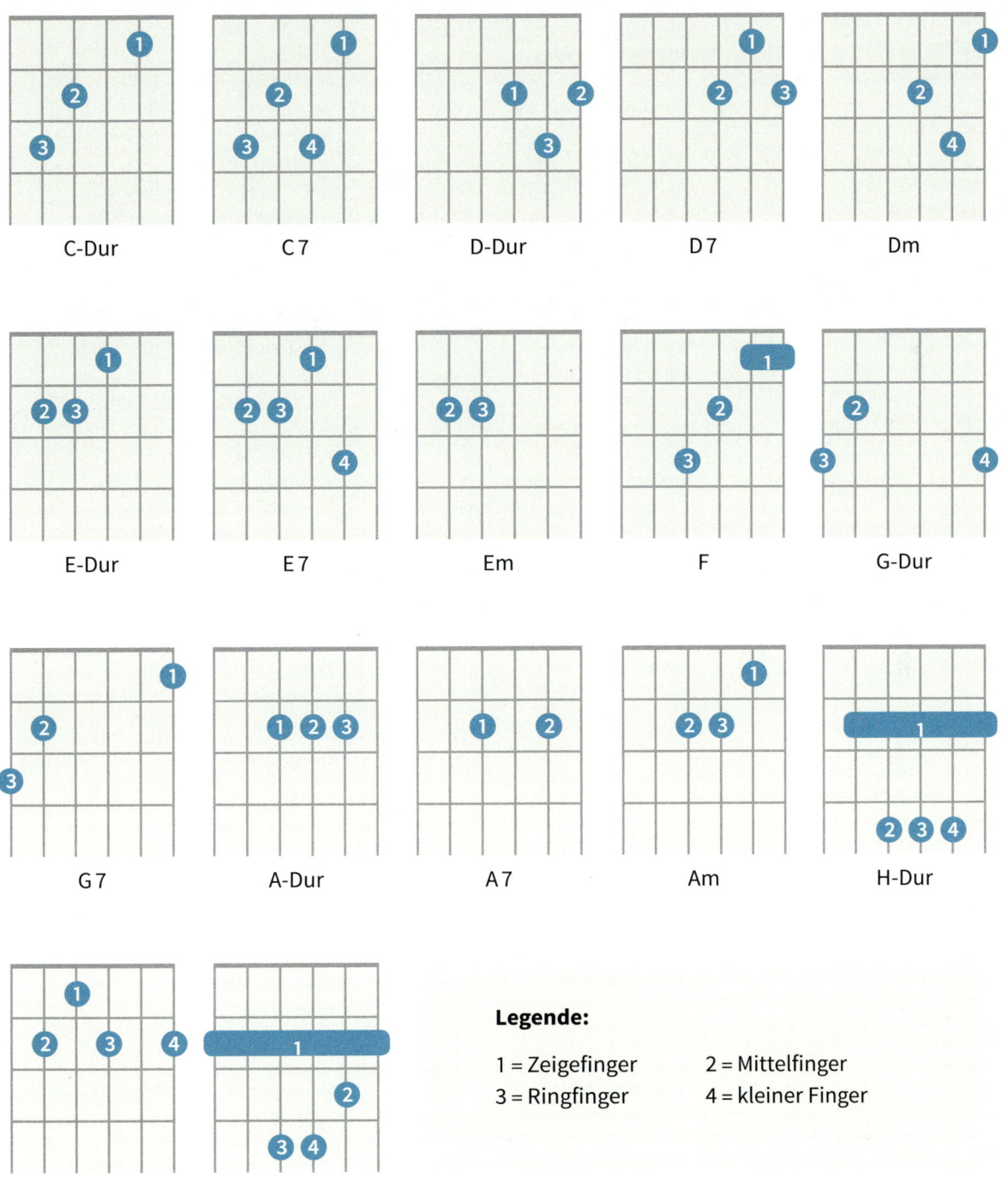

C-Dur   C 7   D-Dur   D 7   Dm

E-Dur   E 7   Em   F   G-Dur

G 7   A-Dur   A 7   Am   H-Dur

H 7   Hm

Legende:

1 = Zeigefinger   2 = Mittelfinger
3 = Ringfinger   4 = kleiner Finger

Liederverzeichnis

Personenregister

Sachregister

Textquellen

Seite 10: „Nie haben die Vögel so schön gepfiffen …", aus: Helga de la Motte-Haber, Musik und Natur. Naturanschauung und musikalische Poetik, Laaber: Laaber 2000, S. 214

Seite 12: Liv Ryno: Gewitternacht, aus: Praxis Deutsch, Nr. 145, September 1997

Seite 12: Josef Guggenmos: Der Wind, aus: Ders., Ich will dir was verraten, Verlag Beltz und Gelberg, Weinheim 1962

Seite 13: Georg Britting: Fröhlicher Regen, aus: Sämtliche Werke, Taschenbuchausgabe in 23 Bänden, Verlag Georg-Britting-Stiftung, Band 1, S. 49 Lizenzgeber Nymphenburger Verlag

Seite 13: Erwin Moser: Gewitter, aus: Hans-Joachim Gelberg (Hrsg): Überall und neben dir, Beltz Verlag, Weinheim und Basel 1986, 1989, S. 260

Seite 14: Karoline Kono: Septembermorgen, aus: Konrad Notzen (Hrsg.): Verstehen und Gestalten, Oldenbourg Verlag, München 1995, S. 102

Seite 31: Der Winter, aus: Werner Braun, Antonio Vivaldi, Concerti grossi, op. 8, Nr. 1–4, Die Jahreszeiten, übersetzt von Werner Braun, Fink Verlag 1975, Beilage S. 10 f.

Seite 52: Köln alla Turca, aus: https://www.grenzgang.de/programm/koeln-alla-turca-weidengasse/, Agentur GRENZGANG, Köln

Seite 71: Ausschnitt aus Dido und Aeneas: aus: Nahum Tate, Dido und Aeneas, Libretto (Übersetzung: Anja Rosenbrock)

Seite 133: Der von Kürenberger: Ich zôch mir einen valken, aus: Walther Killy (Hrsg.), Die deutsche Literatur vom Mittelalter bis zum 20. Jahrhundert, Bd.1/2, dtv Verlagsgesellschaft, München 1988

Seite 155: Mozartbriefe, aus: Internationale Stiftung Mozarteum Salzburg (Hrsg.): Mozart. Briefe und Aufzeichnungen. Gesamtausgabe, gesammelt und erläutert von A. Bauer und Otto Erich Deutsch, Bärenreiter Verlag, Kassel u. a. 1962/1963

Seite 168: Là sui monti dell'est (from „Turandot") Music by Giacomo Puccini. Lyrics by Guiseppe Adami and Renato Simoni. Copyright © 1926 by Casa Ricordi Srl. All Rights Reserved. International Copyright Secured. Reproduced by kind permission of Hal Leonhard Europe Srl obo Casa Ricordi Srl

Bildquellen

|action press, Hamburg: REX FEATURES LTD 19.2. |Ahlers, Michael, Lüneburg: 183.2, 183.3, 183.4, 194.2, 194.3, 194.5, 194.6, 194.7, 194.8, 196.1, 196.2, 196.3, 196.4, 196.5, 196.6. |akg-images GmbH, Berlin: 66.1, 149.5, 157.1, 164.2, 200.2; Beethoven-Haus Bonn 162.6; Bildarchiv Monheim/VG Bild-Kunst, Bonn 2020 186.2; Kate Rothko-Prizel & Christopher Rothko / VG Bild-Kunst, Bonn 2020 21.1; Kraft, Herbert 124.1, 162.2; silencefoto / SimoneVoigt 109.1, 109.2, 162.3; UIG / Marka 23.3. |Alamy Stock Photo, Abingdon/Oxfordshire: agefotostock 71.1; Cornwall, Iconic 41.1; Delimont, Danita 149.2; FineArt 162.4; Granger Historical Picture Archive 139.1; HBimages 45.3; Heritage Image Partnership Ltd 258.2; LE PICTORIUM 66.3; WENN Rights Ltd 74.2; World History Archive 71.2. |Alamy Stock Photo (RMB), Abingdon/Oxfordshire: Art Collection 3 22.1; Borisov, Sergey 149.4; Historic Images 240.3; Kruse, Joana 247.2; Storms Media Group 29.2; The History Collection 22.2. |Albrecht, Hartmut, Stolberg: 125.1. |Apple: iMovie 80.6. |Audacity, http://www.audacity.de, Birkirka: 80.4. |Baumann, Susanne, Paderborn: 3.1, 40.1, 40.2, 204.1, 204.3, 204.6, 204.11, 205.6, 216.1, 217.2, 217.3, 218.1, 218.2, 218.3, 218.4, 218.5, 219.1, 222.1, 227.1. |Berghahn, Matthias, Bielefeld: 18.2. |Berlin Phil Media GmbH, 10117 Berlin: 57.1. |Binder, Martin, Wilhelmsdorf: 195.1, 195.2, 195.3. |bpk-Bildagentur, Berlin: Petersen, Knud 133.1. |Bridgeman Images, Berlin: Lebrecht Music Arts 66.2; United Archives/Roba Archive 60.4. |C.F. Peters Ltd & Co. KG, Leipzig: Abdruck mit freundlicher Genehmigung von C. F. Peters Musikverlag Leipzig, London, New York 85.1, 86.1. |Deutsche Orchester-Stiftung, Berlin: Foto: Frank Vinken, Ullrich Oberst/ Grafik: Uwe Stanzl/Deutsche Orchester-Stiftung/www.abenteuer-klassik.de 114.1. |Domke, Franz-Josef, Hannover: 49.1, 101.1, 118.1; Medienpädagogischer Forschungsverbund Südwest (www.mpfs.de) 43.1, 43.2. |Dortmunder Bachchor an St. Reinoldi e. V., Dortmund: 40.3. |Fabian, Burkhard, Berlin: 103.3, 111.1, 112.3, 113.1, 117.1, 117.2, 117.3, 117.4, 117.5. |Falk Verlag, Ostfildern (Kemnat): 41.2, 217.1. |Focus Photo- u. Presseagentur GmbH, Hamburg: Langer, Martin 45.4. |fotolia.com, New York: Balk, Stefan 178.2; ben_photos 188.1; Brands,

Helmut 55.2; Calcagno, Claudio 188.3; di Campo, Frederico 127.2; dvs71 103.1; Gultaev, Yevgeny 178.1; Jung, Christian 220.3, 223.1, 223.2, 226.1; Karppinen, Antti 106.4; Lebedinskiy, Vladislav 106.2; Leitner, Bernd 104.1; Losevsky, Pavel 42.4; macroart 103.4; MUE 103.5, 105.1, 106.1; photlook 179.1; racamani 167.2; Roge, Mik 106.3; Schwenk, Steffen 267.2; Thiele, Mario 188.5; Volf, Radek 194.4; yellowj 188.2; Young, Steve 194.1. |Fotostudio Henke, Paderborn: 35.1, 35.2, 42.2, 42.3, 42.5, 42.6, 68.1, 107.4, 107.5, 128.1, 193.1, 197.1, 197.2. |G. Henle Verlag, München: Haydn, Streichquartette op. 71 und 74, Abdruck mit freundlicher Genehmigung des Verlags 149.1. |Getty Images, München: Photo by Jesse Grant/Getty Images for NAMM) 29.3; Popperfoto 115.1; WireImage/Brecheisen, Barry 176.3. |Haydn-Geburtshaus, Rohrau: „Haydn-Geburtshaus", Museum-Gedenkstätte / Foto: Heiling, Nicole 149.3. |Hechelmann, Friedrich, Insy: aus: Das große Bilderbuch zum Schreiben, auf Seite 21. Ausgewählt und illustriert von Friedrich Hechelmann. (c) 1990 by Edition Weitbrecht im K. Thienemann Verlag, Stuttgart und Wien. ISBN 3-522-70860-1 238.2. |Interfoto, München: Friedrich 61.2; Sammlung Rauch 200.1. |iStockphoto.com, Calgary: BernardAllum 165.2; damircudic Titel; FooTToo 45.2; grapix 58.1; Maica Titel. |LWL, Münster: LWL-Archäologie für Westfalen / Tobias Angerer 123.1. |megamohr-graphics, Haiterbach: 127.3. |Momm, Milo Pablo, Berlin: 138.1. |OpenOffice.de - Arne König, Verden: 80.5. |Pettersson, Daniel, Umeå: Fredriksson, Daniel 109.3. |Picture-Alliance GmbH, Frankfurt/M.: AA/Balci, Gokhan 105.3; akg-images 18.1, 30.1, 143.1, 185.2; allOver/Thomas, Karl 20.1; Bloomberg News/Landov/Goodnough, Kari 253.2; DeFodi 42.1; dpa 76.2; dpa / Mayer, Bernd 36.2; dpa / Pedersen, Britta 171.4; dpa/Bein, Matthias 189.1, 190.1; dpa/Dedert, Arne 41.3; dpa/Hiekel, Matthias 61.1; dpa/MAXPPP/Serge, Mercier 60.5, 71.3; dpa/Revierfoto 46.1; dpa/Schmidt, Norbert 76.1; dpa/Steinberg, Wolfram 245.2; epd/Orth, Falk 77.1; Eventpress Radke 29.1; Hurek, Markus C. 263.2; imageBROKER/Falkenstein, H.-D. 129.4; IMAGNO / Trumler, Gerhard 149.6; May, Frank 77.4; Mayall, Paul 129.3; Newscom/Scheller, Joy 185.1; orion/Shotshop 259.2; REUTERS/Ebenbichler, Dominic 77.2; REUTERS/Peter, Thomas 185.3; vintage.de/Juettner, Burkhard 105.5; ZB/Pedersen, Britta 77.3; ZB/Thieme, Wolfgang 74.1; ZUMAPRESS.com/P.J. Heller 23.2. |Puchbauer, Michael, Paderborn: 42.7, 55.1. |Schickhaus, Stefan, Wiesbaden: 2.1, 2.2, 2.3, 2.4, 2.5, 2.6, 2.7, 2.8, 3.2, 3.3, 3.4, 3.5, 3.6, 3.7, 3.8, 3.9, 17.3, 24.1, 32.1, 33.1, 37.1, 37.2, 37.3, 37.4, 38.1, 39.1, 39.2, 39.3, 39.4, 47.1, 53.2, 54.1, 82.1, 82.2, 82.3, 82.4, 82.5, 82.7, 82.8, 83.1, 87.2, 88.1, 89.1, 100.2, 104.4, 110.2, 110.3, 110.4, 112.1, 113.2, 116.1, 132.2, 140.1, 140.2, 141.1, 141.2, 142.1, 144.1, 150.1, 152.1, 152.2, 152.3, 153.2, 154.1, 157.2, 158.1, 159.2, 160.1, 160.2, 163.1, 165.1, 167.1, 181.1, 182.1, 182.2, 183.1, 183.5, 191.1, 192.1, 192.2, 201.2, 201.3, 202.1, 202.2, 202.3, 202.4, 202.5, 202.6, 203.1, 204.2, 204.4, 204.5, 204.7, 204.8, 204.9, 204.10, 204.12, 204.13, 204.14, 204.15, 204.16, 204.17, 204.18, 204.19, 204.20, 204.21, 204.22, 204.23, 204.24, 204.25, 204.26, 204.27, 204.28, 204.29, 204.30, 204.31, 204.32, 204.33, 204.34, 204.35, 204.37, 205.1, 205.2, 205.3, 206.1, 206.3, 207.1, 208.1, 209.1, 209.2, 210.2, 211.1, 214.1, 214.2, 215.1, 215.2, 216.2, 216.3, 219.2, 219.3, 219.4, 220.1, 220.2, 220.4, 221.1, 221.3, 222.2, 222.3, 224.1, 225.1, 226.2, 226.3, 227.2, 228.1, 229.2, 230.1, 230.3, 231.1, 232.1, 232.2, 232.3, 232.4, 232.5, 232.6, 232.7, 232.8, 233.1, 234.1, 234.2, 234.3, 234.4, 234.5, 234.6, 234.7, 234.8, 234.9, 234.10, 235.1, 235.2, 235.3, 235.4, 235.5, 236.1, 236.2, 237.1, 237.2, 237.3, 237.4, 238.1, 238.3, 238.4, 239.1, 239.3, 240.1, 240.2, 241.1, 241.2, 242.1, 243.1, 243.2, 244.1, 245.1, 246.1, 247.1, 248.1, 249.1, 250.1, 250.2, 251.1, 252.1, 253.1, 253.3, 254.1, 254.2, 255.1, 256.1, 256.2, 257.1, 258.1, 259.1, 259.3, 260.1, 261.1, 262.1, 263.1, 264.1, 265.1, 266.1, 266.2, 267.1, 268.1, 269.1, 270.1, 271.1, 272.1, 272.2, 273.1, 274.1, 275.1, 276.1, 276.2, 277.1, 278.1, 279.1. |Schläbitz, Achim: 174.1, 176.1. |Schläbitz, Norbert, Wendisch Evern: 10.1, 10.3, 11.1, 11.2, 12.1, 14.1, 16.1, 16.2, 17.1, 17.2, 90.1, 91.2, 91.4, 91.6, 92.2, 92.4, 93.2, 93.3, 174.2, 175.1, 186.3. |Shutterstock.com, New York: 100pk 270.2; Eatmann 105.4; HSBortecin 52.2; Leremy 9.2, 14.2, 23.1, 53.1, 68.2, 84.1, 84.3, 86.2, 89.2, 97.1, 100.1, 107.2, 132.1, 142.2, 159.1, 163.2, 164.3, 167.3, 175.2, 176.2, 182.3, 183.6, 197.3, 201.1, 202.7, 202.8, 204.36, 205.4, 206.2, 206.4, 208.2, 212.1, 229.1, 235.6, 237.5, 239.4; Rolf_52 45.1. |Staatstheater Oldenburg, Oldenburg: Foto: Andreas J. Etter 60.1, 63.2; J. Etter, Andreas 63.1; Walzl, Stephan 60.2, 60.3, 62.1, 64.1, 64.2, 65.1, 65.2, 65.3, 65.4, 65.5. |Stage Entertainment GmbH, Hamburg: htt-